| 台湾研究系列 |

台湾近代历史的全新视角

——深受中华传统文化影响的前辈台胞

林　泉　著

九州出版社 JIUZHOUPRESS | 全国百佳图书出版单位

图书在版编目（CIP）数据

台湾近代历史的全新视角 ：深受中华传统文化影响的前辈台胞 / 林泉著. -- 北京 ：九州出版社，2016.6
ISBN 978-7-5108-4501-7

Ⅰ. ①台… Ⅱ. ①林… Ⅲ. ①历史人物—生平事迹—台湾省—近代 Ⅳ. ①K820.858

中国版本图书馆CIP数据核字(2016)第143928号

台湾近代历史的全新视角：深受中华传统文化影响的前辈台胞

作　　者	林　泉　著
出版发行	九州出版社
地　　址	北京市西城区阜外大街甲35号（100037）
发行电话	(010)68992190/3/5/6
网　　址	www.jiuzhoupress.com
电子信箱	jiuzhou@jiuzhoupress.com
印　　刷	北京九州迅驰传媒文化有限公司
开　　本	787毫米×1092毫米　16开
印　　张	14　　彩插6P
字　　数	236千字
版　　次	2016年7月第1版
印　　次	2016年7月第1次印刷
书　　号	ISBN 978-7-5108-4501-7
定　　价	45.00元

1911 年梁启超与栎社会员

1919 年台湾文社在台中瑾园成立，前排左二为林献堂，后排右四为瑾园主人林子瑾

求学时代的林子瑾

林献堂西装像

林子瑾坐像

林献堂坐像

连横西装像

林祖密戎装像

连横便服像

林祖密故居“宫保第”

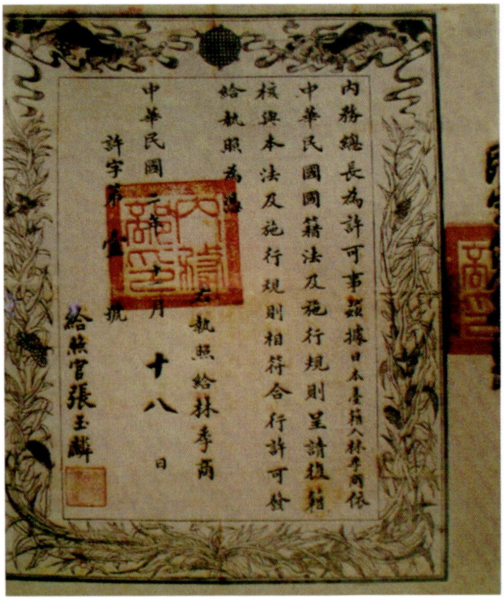

內務總長為許可事據日本臺籍人林季商依
中華民國國籍法及施行規則呈請復籍
核與本法及施行規則相符合行許可發
給執照為憑
右執照給林季商
中華民國二年十月十八日
許字第壹號
給照官張玉麟

林祖密复籍档案

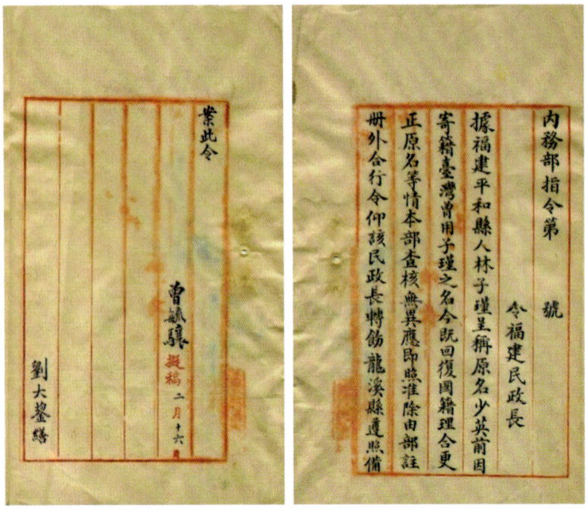

內務部指令第　號
令福建民政長
據福建平和縣人林子瑾呈稱原名少英前因
寄籍臺灣曾用子理之名今既回復國籍理合更
正原名等情本部查核無異應即照准除由部註
冊外合行令仰該民政長轉飭龍溪縣遵照備
案此令
曾毓駿 擬稿 二月十六
劉大鋆 繕

民国政府民政部有关林子瑾仍用原名林少英的批件

台湾议会设置请愿运动

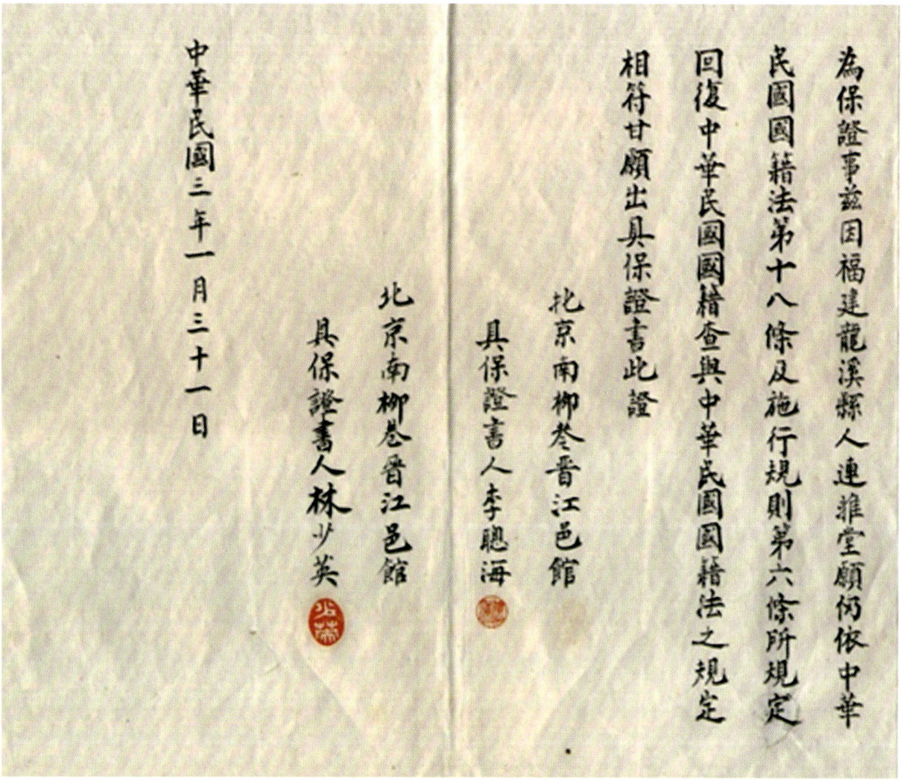

為保證事茲因福建龍溪縣人連雅堂願仍依中華
民國國籍法第十八條及施行規則第六條所規定
回復中華民國國籍並與中華民國國籍法之規定
相符甘願出具保證書此證

北京南柳巷晉江邑館
具保證書人李聰海

北京南柳巷晉江邑館
具保證書人林少英

中華民國三年一月三十一日

林子瑾用原名林少英为连横做保证人的档案

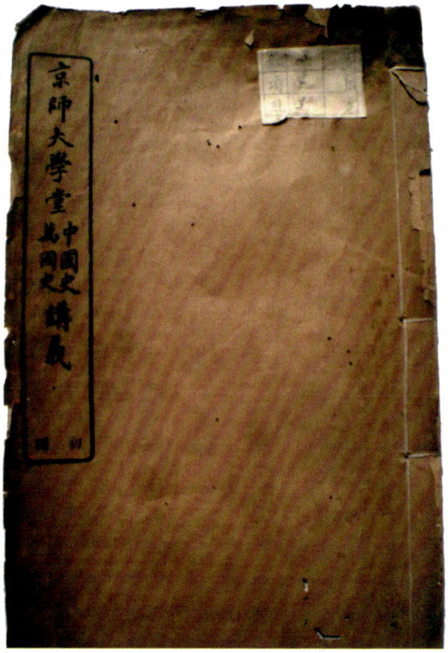

林子瑾从北京携回台湾的京师大学堂讲义原件

林子瑾从北京携回台湾的民国元年刊印的《方言》原件

民国元年刊印的《方言》序

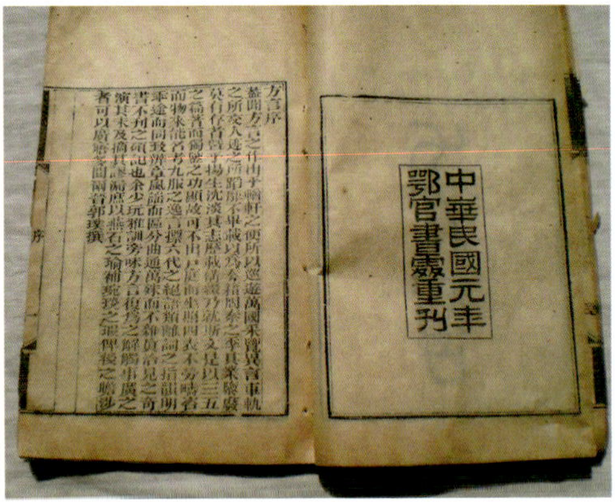

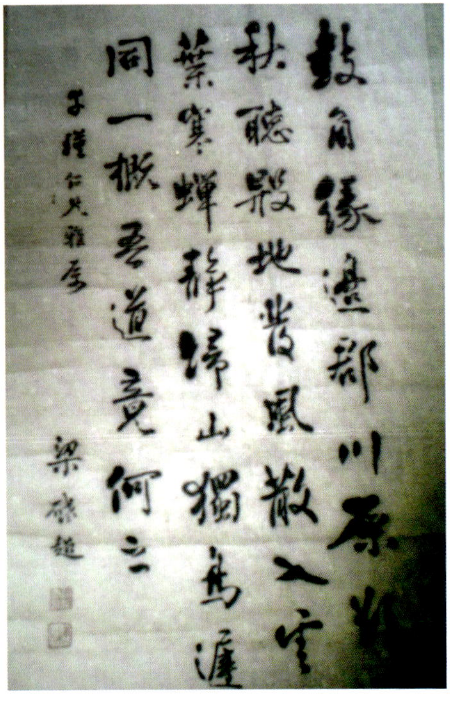

梁启超赠林子瑾的题诗真迹

前 言

本书不是一部正规的台湾近代史，而是对台湾近代史内容新的探讨及其论证、说明，其中尤以文化和思想发展史为重点。这是因为一切社会政治、经济活动都与社会文化的发展密切相关。中华民族的历史源远流长、波澜壮阔，博大精深的中华传统文化是传承至今的世界优秀古文化之一。海峡两岸的民众均系华夏子孙，实际上，至今都在传承中华民族文化，并一直以此为自豪。传统文化自强不息的民族气节与振兴中华的爱国主义本为一体，传承这种精神对人们一生的立足和行为也有重要的影响。近代既是中国社会发生急剧变革的时代，同时又是中西文化激烈碰撞的时代。所以总的说来，我愿以文化为重点、从文化传承的角度上研究台湾近代史。考虑到学术的严肃性，既然是新探讨，所以就需要对新内容予以严格考证，也需要占用一定篇幅予以充分论证和说明，并附有一些非正式纳入近代史的材料，以为佐证。

中国近代史一般从 1840 年开始延伸到 1949 年，历经 109 年。台湾自古就是中国的组成部分。在历史上，无论朝廷或官方政策的变化如何，两岸民众实际上却一直存在不断密切的往来，在近代则有更进一步的发展。近代史的 109 年当中，尽管台湾有长达 50 年即约一半时间是在日本的统治下，在那些黑暗的岁月里，台湾同胞在骨子里仍然坚定地认同祖国、坚持传承中华文化。这是台湾近代史内容中的主体，也是一大亮点。其实台湾日据时期的历史既是台湾民众抗日的血泪史，也可以说是一部近代台湾民众与祖国藕断丝连的认同史。他们认同祖国，自觉设法不断坚持与祖国联系。台湾民众一切抗日活动也是源于对祖国的认同观。

民族文化认同是国家认同的基础，当今两岸关系中的认同问题受到了一定重视。2007 年海峡两岸出版交流中心、九州出版社隆重出版的《馆藏民国台湾档案汇编》的介绍中提到该书内容包括“台湾同胞冲破重重阻挠申请恢复祖国国籍、回国求学、参政议政、参加革命运动等的相关档案，如连雅堂、吴子瑜、林子瑾等申请复籍及民国北京政府有关部门的相关批复、办理经过等”。这里所提到的恢复国籍等问题就是认同问题。所以在台湾近代史中，特别是日据时期，除了以记载日本在台湾的残酷统治及台湾岛内具规模的武装和非武装抗日活动之外，也要挖掘和记载两岸民间典型的自觉认同活动、自发保持与祖国交流活动的历史现象。但是在现有台湾近代史书籍中，这点普遍较为缺乏。试举例说明：在认同问题上，2005 年胡连会的时候，胡锦涛赠连战的珍贵礼物就是上述台胞连雅堂民初认同祖国、恢复中国国籍的有关档案材料。当时人们由于对台胞认同祖国活动的历史缺乏了解而感到十分惊讶，我在美国一次欢迎中国社会科学院台湾研究所所长到访的会上提到这一史实，人们却也如听新闻一样议论，因为在台湾近代史中根本没有认同活动的内容和记载。而胡连会是具有历史意义的事，必将记入史册。这就显出了历史记载连贯性的问题，说明我们的台湾近代史研究中，的确存在对当年台湾民众认同祖国的重要活动未得到人们的及时挖掘和重视而载入史册。在日本殖民统治台湾时期两岸民间自觉文化交流的方面，更是少有记载。台湾近代确实曾经存在这样一代台胞及其后一批社会人士，他们的行为虽很具特色，但又很有共性，那就是坚定地认同祖国。这里选择了前辈台胞中的三位代表人士，就是林祖密和上面提到的连雅堂与林子瑾。他们实际上对当时及其后以至今日台湾的社会发展状况有相当的历史影响。其实透过人物思想的内在联系和关联研究来观察历史事件的真正发展轨迹是相当重要的。林子瑾、连雅堂和林祖密可巧是同龄人，三人同是在 19 世纪末叶的 1878 年生于台湾。他们有近似的成长环境。他们生活的年代，正是中华民族饱受列强欺辱、灾难深重的年代。又如前述，那既是中国社会转型的大时代，也是中西文化激烈碰撞的新时代。不但他们生长的地域都是祖国的边陲宝岛台湾，而且先人都是闽南到台湾的移民。他们自幼就彼此相识，而且还曾有交流和交往。他们有过共同的观念、思想意识和追求。他们都深深热爱自己的家乡台湾，也深深热爱自己的祖国，而且把对两者的深爱统一起来。因此他们都是当时被人们称为的“祖国派”。他们的行踪都是坚决地从当时日本占领的台湾奔往祖国大陆，甚至最终都在不同年代殁于大陆。这是他们很突出的相同之处。这些共性也绝非偶然，说到底，他们是受中华传统文化深刻影响的一代台胞的代表人物。传统文化在他们头脑中生了根，于是他们能在当时错综复杂的环境中一直挺立，克服种种困难，和日本侵略者明争暗斗，用坚定的步伐迈向祖国大陆。他们又有各自的特点，分别在不同问题上发挥了各自的重要历史作用。林祖密武略文韬，参加辛亥革命后孙中山发起的护法运动，最后牺牲了生命。他的有关行动记载不甚充分，很有进一步发掘、研究、探索的必要。对连雅堂的研究多侧重名著《台湾通史》的构成，而其他方面也需进行研究。林子瑾自 1924 年后就长期生活在大陆，现在的台湾学界对他早期在台湾文化启蒙和抗日民族运动中的重要作用和影响系统研究甚少，尚需有所开展。近来有的学者已经开始注意对他的研究，而且为了前后完整，对他到大陆后的情况也深感兴趣。通过史料研究，可以看出林子瑾先生不但曾是日据后台湾新文化、新文学运动的真正奠基人，而且也是日据后最早认同祖国和参加祖国建设的实践者之一。所以这代台胞的确是台湾近代文化发展和知识界中值得研究的一代人。本人有感于他们的思想发展、经历和事迹具有一定的代表性。尽管有人认为在他们身上可能存在这样或那样的缺点，但我是从台湾近代思想文化发展的系统而考虑选择他们为代表，在这三位前辈身上也能寻找到台湾近代思想发展的一些线索和轨迹。研究这一代知识界的思想观念与转变的发展过程和他们当时的动态相当重要、特别是他们的祖国情怀和认同是很值得关注的问题。综上所述，大有对历史上日据台湾时期的自觉认同现象和两岸交流的历史深入讨论、研究的必要，从这两大方面的典型事例对台湾近代史的内容加以适当充实和丰富。在近代史中回顾典型认同和两岸文化交流的历史，找回曾在一定程度上被淡忘和忽略的历史记忆、对于阐明历史发展趋向和寻找大陆与台湾关系的连贯性、加强和传承台湾民众对祖国的认同观念也是十分必要和具有重要现实意义的。也只有做到这点，才是真正反映了当时历史的真实全面情况。所以台湾近代史不能只是日本统治台湾的历史，更重要的是台湾民众认同和保持和祖国关系的历史，是全面的抗日斗争史。

除了认同和民间交流问题之外，写作本书还有另一个主要原因：人民群众创造了历史，民众是历史的泥土。这点在台湾近代史的日据时期尤为明显。日本统治者的统治情况仅是一个方面，而民众的抗争活动则是更为重要的方面，在一定程度上，民众的抗争活动也牵着日本统治者的鼻子走，使他们坐卧不安，手忙脚乱。所以要有充分准确的记载，需要深入挖掘资料。我是从挖掘文献资料的研究工作和追忆前辈台湾同胞的口述两个角度来观察台湾近代的。经数十年研究发现，现有台湾近代史文献研究中，除了没有充分注意上述的认同问题和该历史时期两岸民间交流活动问题以外，确实在一定程度上，还存在资料挖掘不够深入的问题，因而也存在重要研究空白或有重要疏漏的问题以及需要商榷的问题。有些事件发展轨迹不够连贯，甚至一些事件的开始年代都有不确切处。试简单举几例：例如梁启超对台湾的重要影响问题，现在的挖掘和记载、分析仍然相当有限，脉络不清晰，需要增补。从梁启超启蒙性的原则指导“仿爱尔兰”到台湾非武装的抗日运动的蓬勃开展是经过了一系列艰苦努力的探索、认识和实践过程，即台湾非武装抗日民族运动的初始状态和发展的重要过程，此前并无认真研究。它是前辈台胞密切合作进行实践而造就的一个系统工程，不能孤立研究，我在本书中对新发现的资料及发展脉络进行了重要补充。台湾的文化启蒙内容、渊源、起始时间、发展线索在现有台湾近代史书籍中并不确切，几乎形成模糊概念；台胞认同祖国、恢复国籍和民初接受祖国的影响之间的关系问题，则是本书中新提出的史实；现有有关台湾近代史书籍中还存在对台湾近代文化、思想发展、新旧文学发展轨迹的叙述也并不够连贯和明确等等问题。总之，存在很多需要进一步与大家商榷的问题，我在此做了一些新的探讨。

在这些问题中，确实存在一些至今鲜为人知的内容和来龙去脉以及石沉大海、未经深挖的文献资料。我思考到这些问题，总想本着对历史负责的精神，以个人所知，对台湾近代文化历史研究逐步走向完整化做些重要补充。为了加强学术文献研究的严肃性，本书系对台湾前辈口述内容与馆存档案和民间保存的史料进行一一慎重核实而写就。我本人从事台湾近代的历史文献研究多年，积累数十年研究心得，也总会形成自己的一些看法、观点。鉴于描述历史的人总离不开他自己的史观和立场，我就索性也把自己的看法明确夹杂写在其中了。本书试图尊重历史事实，从传统文化的根源上寻找事物发展的真正轨迹，从全新的角度审视台湾近代的变化。因此在一定程度上，本书除了挖掘资料、充实了一些发展环节和填补了一些空白之外，也对台湾近代史、思想史发展轨迹提出了一些新的观点，寻找事物发展的真正内在线索，反映前人本来造就历史的一个系统工程，为学界提供一些新的线索，所以说明和分析、讨论部分也占一定篇幅。

历史是可借鉴的一面镜子。对台胞祖国情怀和认同的研究也是对近代台湾知识界的思想观念与转变的发展过程和他们当时动态的研究，这对现代青年的成长和对前辈真实历史的解读也有非常重要的意义。20 世纪初叶动荡复杂的时代正是前辈一代人的青年时代，他们当时年富力强、善于思考、承上启下、继往开来，对后来事物的发展起了一定影响。100 多年过去了。现在正是处于21世纪初叶具有全新背景的历史时期，此时回顾他们，找回上世纪初叶曾在一定程度上被淡忘和忽略的真实历史记忆，除了对于阐明历史发展和寻找大陆与台湾关系的连贯性有一定帮助而外，也能明确引起当代海峡两岸青年人客观审视历史事实，了解前辈人的思考，从而增强大家相互的理解，在传承正确观念的同时，也吸取一定的教训，把握自己的前进方向。当年孙中山、黄兴、梁启超、章太炎等大人物都曾关心和重视过台湾和台胞。而台胞前辈当年所追求的目标、他们的脚印、他们的行进轨迹以及他们所致力的工作、他们高度认同祖国究竟意义何在，这是令后人深思的问题。人们特别是青年一代的认同问题本来应该是一个完全发自内心的问题，是自我追问，是自身的高度悟性，是建立在对真实历史的明了和解读之上而产生的观念，因此也只有让历史来解决认同。现在这些前辈的后代在台湾、大陆以及国外都相当多，甚至还有一定影响。找回历史记忆，纳入正式的台湾近代史，除了让子孙们知道他们祖辈的真实情况外，也是一件具有传承前辈精神的重要现实和长远意义的事。我认为无论在大陆或台湾都有必要特别重视台湾近代史的重新研究、整理工作，真实、严谨地重现历史的本来面貌，修正和补充新发现或被忽略的问题。

由于台湾是我国位于海防前线之边陲岛屿，地理上与大陆有海峡相隔，历史上又存在人为的隔绝，近代台湾为列强所垂涎，尤其被迫割让而隶属日本长达半个世纪。而今日本右翼势力往往通过教科书等手段篡改历史。近代史又常作为教育青年的教科书或教学参考书，对后人影响甚大，所以我们应该警惕这个问题，并且把我们自己的台湾近代历史写好，这点也是很重要的。

此外，台湾人在大陆，往往形成一些乡亲的特殊群体。在历史上就有从台湾来大陆的人，如清季应考落户者，还有在日本殖民统治台湾后和台湾光复后因种种原因来大陆者。两岸除了经历日本占领台湾的半世纪外，又历经1949年后再隔离长达半个世纪这一特殊情况，于是当今在大陆形成了一个所谓“大陆台胞”的特殊群体，在他们身上也多体现着认同和亲近祖国的民族精神，其在近代历史记忆的描述中是否应该包括他们也是一个重要问题。我认为应该包括，而现在没有包括，所以在此我把他们中的一些典型暂时“落户”在台湾近代史中，加以重点记载、描述，以为佐证，因为这一群体的形成毕竟源于当年来自台湾。

当前海峡两岸交流形势不断有所发展，特别是经济方面，但也可能会有所曲折，那是因为在文化认同方面的问题才是最基本的关键。我们在文化交流方面也要不断创新，而初步完善台湾近代史则又是文化交流中一个最基本和重要的课题。我认为台湾近代史可以由台湾岛内的专家学者写，可以由一直生活在台湾本地的人补充，也可以由大陆史学界研究台湾的专家学者写，甚至还可以由大陆的台湾同胞补充。我是在大陆从事研究台湾文献资料的学者，同时也是台湾同胞，所以我想就我所知，在认同的根本问题上，增添一些两岸文化交流的新篇章、新内容、新课题，为振兴中华，促进和谐做些有益的工作，尽匹夫之责。由于忙碌，拖延至今。不觉自己如今也已向八旬迈进，故急于争取时间，现以年迈之躯初步尝试开展此一工作。愿在有生之年抢救资料，把自己知道的事和从长辈听到的口述历史记载下来，结合多年挖掘积累的历史文献和民间保存的第一手资料，仔细核对，整理出头绪，结合口述历史并严格经过我所研究的历史文献的印证，对自己所知的历史事实、研究成果和个人观点做忠实的交待，把它留给后人进一步研究。尤其期盼两岸青年读者细读、思考后能和我心心相印。近年来两岸不少学者也希望并鼓励我将所了解情况写出，我也愿意以增添的新内容和观点作为两岸文化交流的新课题，所以本书作为两岸交流的新篇章，以微薄之力为两岸文化交流活动添砖加瓦。

鉴于以上种种考虑决定写出此书、抛砖引玉。从方法上说，在兼用实证和文本、诠释—叙事的基础上，力求做到采用：一、人物、事物关联研究的方法；二、口述历史和文献资料查证相结合的方法；三、馆藏资料和民间个人第一手资料相结合的方法，使枯燥的历史有生气。按时间顺序，系统叙述，抛砖引玉，也可供两岸研究台湾近代历史、文化、文学发展史的学者参考。尽管台湾有受日本殖民统治半世纪的特殊经历，但它的历史毕竟属于中国的地方史。故而在起止时间上和中国近代史相一致。而且我的观点是，应该将台湾近代史（特别包括日据时期）融入中国近代史，并认为那就是我们应继此之后进行的重要工作。这里我将从晚清台湾的社会状况说起，按时间顺序，全书共分三章叙述。

由于水平有限，可能存在很多不妥之处，诚恳欢迎两岸史学界和文学界专家学者及广大读者提出批评指正。

2012 年写于北京

表一： 中国近代史和台湾近代历史时期划分对照一览表

	1840—1894	1895—1911	1912—1918	1919—1927	1928—1936	1937—1945	1945—1949
中国近代史分期梗概	鸦片战争到甲午战争	甲午战争后到辛亥革命	民国建立到五四运动前	国民大革命时期	国共十年对抗时期	抗日战争时期	抗战胜利到中华人民共和国成立
主要历史事件	鸦片战争	割让台湾	中华民国建立	五四运动	南京国民政府建立	卢沟桥事变	国共谈判
	太平天国	变法维新	北洋政府统治	中国共产党成立	“九一八”事变	国共合作	全面内战爆发
	洋务运动	戊戌政变		国共合作到破裂	局部抗战	全民族抗战	
	中法战争	义和团运动					
	中日战争	辛亥革命					
日本统治台湾的三个阶段		第一阶段 1895—1918 年前期武官总督阶段		第二阶段 1919—1936 年文官总督阶段		第三阶段 1936—1945 年后期武官总督阶段	
按中国近代史分期确定的台湾日据时期的五个阶段		日据时期一阶段（1895—1911）	日据时期第二阶段（1912—1918）	日据时期第三阶段（1919—1927）	日据时期第四阶段（1928—1936）	日据时期第五阶段（1937—1945）	
本书分期梗概	清代台湾后期：鸦片战争到甲午战争时期	日据台湾初到大陆辛亥革命前	大陆辛亥革命及民国初期到五四运动前	大陆五四运动到国共内战时期	南京政府统治时期的台湾	大陆抗战时期的台湾	抗战胜利到中华人民共和国成立
台湾地区历史事件	台湾传统文化的发展	第二次思想转型的出现	辛亥革命的影响	战线统一时期的民族运动（1919—1927）	战线分裂后的民族运动	日本南进	大陆台湾民间双向交流现象
	列强开始入侵台湾（1842—1874）	台湾民主国	“祖国派”的复籍活动和民初大陆对台湾的影响。	台湾文化启蒙运动	台湾的共产主义运动	台湾工业化	1947 年台湾二二八事件

台湾地区历史事件	前期台湾洋务运动（1874—1884）	武装抗日	武装抗日再度兴起及失败	以议会设置请愿运动为代表的非武装抗日运动	雾社起义	深入“皇民化”	国民党当局败退台湾
	中法战争台湾战场（1884—1885）	总督府与“六三法”	林献堂与同化会	台湾文化协会成立			
	后期台湾洋务运动（1886—1895）	文化战线抗日		台湾民众党成立			
	台湾出现的维新思潮（第一次思想转型）	孙中山影响					

表二：近代史时期（1849—1949）年号对照表

公元	中国年号	日本年号
1840	道光二十年	
1851	咸丰元年	
1862	同治元年	
1868		明治元年
1875	光绪元年	
1909	宣统元年	
1912	民国元年	大正元年
1919		大正八年
1926		昭和元年
1945	民国三十四年	昭和二十年
1949	民国三十八年	

目　录

第一章

清代台湾后期：鸦片战争到甲午战争时期（1840—1894）

第一节　清代台湾社会的基本概况

一、清代台湾的时期划分和台湾近代史的时期划分

如果将 1684 年清朝康熙统一台湾作为清朝治理台湾的开始，到 1895 年台湾被割让，共经历约 210 年。这期间便是清代台湾时期。为叙述方便，这里把该时期再细分成前、后两个时期，则 1684—1840 年为清代台湾的前期，约 156 年；1840—1894 年为后期，约 54 年。

因中国近代史的开端一般被视为 1840 年。为了与其一致，这里也从 1840 年开始观察台湾近代的历史和文化发展状况。所以清代台湾的后期不仅是中国近代史的开端，而且也正是台湾近代史的开端。

台湾进入近代史阶段后，又可明显分为三个时期。即 1840 年鸦片战争到 1894 年甲午战争为第一个时期，即清代后期。1895 年到 1945 年为第二时期、即日据时期。1945 年到 1949 年为第三时期、即光复后的初期。所以本书共分三章。第一章述及台湾步入近代史的清代后期。第二章为台湾日据时期。第三章为台湾光复后的初期。

二、清代前期的台湾社会概况简述（1684—1840）

康熙统一台湾以后，曾于 1684 年设一府三县。雍正时增设一县二厅，嘉庆年增设一厅。到同治末年的 1875 年时尚无大改变。这时期台湾只作为福建的一个府，隶属于福建省。清代前期，台湾是不被清政府重视的边陲，经济文化都比中原落后很多。朝廷还曾实行限制移民渡台的政策。1697 年清人郁永河自台南北上到淡水，曾在《裨海游记》中生动描绘当时台湾的情景："自斗六门以上至淡水，均荒芜之区，林木遮天。荆棘丈余，麋鹿成群，为汉人足迹所不到。"[①]1721 年台湾曾发生朱一贵事件。随平定事件的清军去台湾的蓝鼎元在《平台纪略》中则写道："开垦流移之众，延袤两千余里，糖谷之利甲天下……""今北至淡水基隆，南至沙马矶头，皆欣然乐郊，争趋若鹜，虽欲限之，恶得而限之。"[②] 由此可见，在 1697—1721 年期间，清政府虽然在

① 郁永河：《稗海游记》，台湾银行 1959 年。

② 蓝鼎元：《平台纪略》，台湾银行 1958 年。

1702年实行了只允许单身前往台湾的政策，来限制和强化移民管理，但是私渡现象开始严重。随着时间的推移，经过20余年的移民积累和生产开发，台湾当时已经显现了变化，更为明显的是向移民社会发展。1728年始台湾由府级升为道。1732年清政府解除了不许移民带家眷的禁令，开始允许搬眷（搬眷不是携眷，而是单身赴台后经申请批准再将家眷移台）。这一政策曾在1732—1739、1744—1748、1760—1761实行。所以继续出现大陆闽粤沿海居民移居台湾的现象。到了1788年林爽文起义事件后，清廷检讨了治台政策，废止了单身搬眷的做法，改为给照携眷的做法。有的资料估计1824年台湾的汉人约250万人。总的看来，朝廷还是不鼓励移民，只是受到民间移民的趋势冲击和其他因素的影响，被动而缓慢的放宽政策。而总的趋势却又是逐渐放宽移民政策，向着移民社会发展。

从社会经济发展的观点看，这一时期主要是随着汉民移民对台湾的开垦，农业得到发展。因为把荒地变成农田，只有土地还不成，必须有能灌溉的水圳。从18世纪初到1840年前，这100多年来，台湾开凿了不少水圳，例如：八堡圳（1709—1719兴建）；猫雾拣圳（1723—1732兴建）；瑠公圳（1760—1765兴建）；金结安圳（1807年兴建）；曹公圳（1827—1829兴建）。这些水渠流经的区域辽阔。往往流经平原上番人的土地，所以也多有番人参与开发。于是这一时期基本上建立了平原荒地变水田的基础。这一时期在开发的过程中，在汉民之间、汉民与少数民族、民众与朝廷的关系中都出现过不少矛盾。这一时期汉民之间发生过四次较大的械斗。如，1782—1783年的漳泉械斗，1809—1810年的漳泉械斗，1826年的闽粤械斗，1833年的闽粤械斗。民众与朝廷的关系中，这一时期在1721年出现过朱一贵事件。1788年发生过林爽文事件，都被朝廷平定了。朝廷、汉民与少数民族的关系也很复杂：一般已归化番民被称为熟番，他们大多居住在平原。未归化的则称为生番，大多居于山区。生番和熟番以番界分开。由于存在汉人欺负熟番的问题，还曾于该时期的1804年、1823年、1829年、1842年发生过4次熟番岛内迁徙的现象。对于生番，朝廷曾至1786年前短期用过4次兵，在大多情况下，都是在番界提高警戒，力图防止生番越界。而在1721年的朱一贵事件和1788年的林爽文事件中，朝廷又请调过生番下山出力协助朝廷平定这些事件。

三、清代后期的台湾社会概况（1840—1895）

晚清时期台湾政治管理体制及运作大体延续清初以来的规范。观察台湾近代史的第一时期，即清代后期：鸦片战争到甲午战争时期（1840—1894），其间共经历了 54 年。这时期明显又分为两个阶段。第一阶段是 1840—1874，即列强开始规模入侵台湾的阶段。其间历经 34 年。1874—1894 年为第二阶段，也就是牡丹社事件后，清朝在台湾的统治受到威胁而开始在台湾开展洋务运动的阶段，台湾的洋务运动历经二十年。不过这期间，在近代史中的中法战争时，台湾也是主要战场之一，当时台湾全力以赴的抗法。所以台湾的洋务运动被 1884—1885 年的战争切割成为两段。1874—1884 为洋务运动的前十年；1885—1895 年，为洋务运动的后十年。后十年中，朝廷继牡丹社事件后又更加受到中法战争的强烈刺激，使其在台湾开展的洋务运动更加强化。

19 世纪中叶以后国际环境发生很大的改变。中国在 1840 年鸦片战争后，全国（包括大陆和台湾）步入了近代史阶段。台湾社会也和大陆一样，在这阶段随着列强的入侵，新发生的问题是列强的经济控制和买办阶层的出现。鸦片战争及其后的 30 余年间，在列强开始入侵台湾阶段，虽然外国势力冲击着台湾，但都是小规模的，也均被台湾爱国军民所击退，既没有影响到台湾，没有对清朝在台湾行使权力构成严重威胁。但是随着全国面临的列强入侵和清廷的屡次战败，列强通过全国性的不平等条约仍然达到了经济和文化入侵台湾的目的。第二次鸦片战争后根据 1858 年不平等的天津条约，清政府同意中国要增开汉口、南京等十处通商口岸，其中两处就在台湾，即淡水和台南。实际上到 1864 年又有鸡笼（基隆）和打狗（高雄）开埠，台湾南北共四个港口全部开埠通商，外国资本开始控制台湾的经济命脉。在这种情况下台湾社会开始受到列强侵扰和经济、文化影响。随着通商口岸的开放，社会阶层中也同样出现了买办阶层。此后，台湾的对外贸易有一定发展，台湾盛产的茶、蔗糖和樟脑大量出口。

到了清代台湾后期中的 1875 年，清政府又废除给照携眷移台的政策，完全解除渡台禁令，移民完全不受限制。增设行政机构为二府八县四厅。台湾府统辖台湾、凤山、恒春、嘉义、彰化五县，以及埔里、阜南、澎湖三厅。台北府统辖淡水、宜兰、新竹三县，以及基隆一厅。这时期移民更达高潮。这点，我们也可以从台湾移民人口的统计数字中明显看出。1683 年清代初期约 20 万人，而到 1881 年则为 194.4 万人，约增加了近 10 倍。大陆到台湾的移民不断发展。

台湾的移民社会在这时期还有如下特点，就是这阶段在台湾社会内部，仍然存在汉民民间的械斗问题；仍然存在汉民与少数民族（番）的关系问题；

还发生了一次较大规模反朝廷的民变。汉民的械斗早期就时常在不同的祖籍间发生，清代后期于1845年又发生过规模较大的漳泉械斗。[①]这一时期汉民与少数民族关系中应明确注意到1874—1875年是一个分界线。此前，和生番的界限分明，山地为生番活动的区域，平原大多为熟番和汉人生活的区域。平原和生番的界限分明，常处于警戒状态，以防止生番出草杀人。由于1875年实行了“开山抚番”的番界政策。取消了界限。进一步开发了山地。在民众与朝廷关系中，1862年出现了反朝廷的戴潮春事件。[②]总之，官方、汉民与番民间存在着矛盾、纷争、抗争、归化、平定、和解的问题。1885年10月12日清政府才正式设立台湾省，刘铭传为第一任巡抚。其后在台湾又大力开展了10年的洋务运动，直至1895年台湾被割让。

第二节　台湾的中华传统文化

一、中华传统文化及其在台湾的发展之重要意义和影响

台湾民众大多为历史上从大陆发展到台湾的移民。历史上由于各种原因，许多中原的人陆续辗转南迁至闽、粤等地，其后又再渡海峡赴台湾，中华传统文化也随之入台。台湾民众是炎黄子孙的一部分，到海岛的移民需要有魄力、冒风险、和勇于开发的精神。他们多具有一种令人钦佩的倔强性格，追求自由、坚忍不拔，这可能也与他们深受过多重压迫、艰苦奋斗的历程有关。明朝后期随郑成功收复和开发台湾的移民，又有反清复明的观念。甲午战后台湾民众对清廷丧权辱国、割让台湾有怨恨情绪，从而也曾进一步激发出先进的民主思想萌芽。继而在日据时期又深受日本人的压迫和歧视，且长达半个世纪。他们曾处于高度的民族矛盾之中，因此他们心向中华。他们有着一系列较为特殊的经历，而归根到底，他们的倔强性格的基因却仍源自于中华传统文化的自强不息精神，而台湾民众的历史经历更加强了他们的倔强性格。

中华文化是全体中华民族历史和民族智慧的结晶，是中华民族对人类的伟大贡献。在世界上，中华传统文化是经过发展和传承而能够一直连续保留

① 许毓良：《清代台湾军事与社会》，九州出版社2008年版。

② 许毓良：《再论同治初年台湾戴潮春事件（1862—1864）》，《台南文化》2006年第60期。

至今的古文化之一，它的确具有无限的生命力。就算中华民族到了最危险的时刻、被认为是最无望的时期，也会露出它自强不息的核心，挺起民族的脊梁，去战胜凶残的敌人，中华民族及其文化才会生生不息，继续代代薪火相传，并不断丰富。

博大精深的中华传统文化的内容非常丰富复杂，广义上说，我认为它涵盖了传统风俗习惯、传统建筑的民族形式、传统文艺（包括独具特色的文字、典籍、文学艺术、科技工艺）、传统思想（包括传统学术思想、哲学、宗教和道德伦理观念等等），囊括了物质和非物质两大方面。而在各个文化领域中都渗透着几个核心思想，即解释大自然与人类关系的天人合一思想，自强不息、修身、厚德载物、包容思想，解决社会矛盾的中庸思想。

同时，中华文化又是历史上各代民众广泛智慧的结晶，集体的创造。每个人都有思维，个人总要对万事万物的存在与变化有个基本看法，这就是基本人生观、世界观。每个人也必须对大自然与人类自己的关系有所认识。也必须懂得如何处理人际关系和对待社会问题，还必须懂得如何对待自身并实现其应有的价值。所以，广义上说，任何人都有文化，只不过程度不同。即使不识字的人也有文化，也有他的思想、理念、信仰、习俗、处世方法，甚至是很有价值的思想信念，不能绝对以学力程度的高低去分析、区分人们对社会问题的态度。但是人们又有能力、智商的差别，历代社会、特别是变化剧烈时期，出现了许多思想流派，如儒家、法家、道家、墨家等等，所谓诸子百家都是中华民族高智商的代表。

中国上千年的文明史中的历代统治阶层，在中华传统文化中，多选择儒学作为正统而加以推广，兼用其精华部分和对封建统治有利部分，为统治阶层利益服务，这也是中国封建社会相当稳定和漫长的重要原因之一。因此，儒学在传统文化中又占据了统治地位。

台湾民众是炎黄子孙，台湾自古就是中国的组成部分。中华传统文化和儒学随着古代居民的迁徙活动，很自然地也在台湾生根发展。中华民族的生活方式、风俗习惯、宗教信仰、道德观念都很自然的在台湾传承下来，和大陆一脉相承。重要的是：和大陆相似，中华文化在近代的台湾也有所发展，这些发展源自于中华传统文化、是中华传统文化在台湾近代的发展。其发展也正说明优秀的中华文化的包容性。具体将在本书后面章节中详述。

二、台湾的中华传统文化之特点

中华文化和儒学在台湾的传承也有其地域性的特点表现在如下几方面。

宋代的程朱理学在台湾的影响甚大。台湾的文化多从闽省传入。而朱熹一生大部分在福建讲学，所以对闽台有基础性的影响。

到了南明的明郑时期，随着郑成功收复和开辟台湾的伟大历史事件，不少明朝遗民随郑成功迁往台湾定居。例如《台湾通史》的作者连雅堂先生（1878—1936）的家族就是明末清初迁台的，他们非常重视和保持传统文化中的民族气节。而民族英雄郑成功早期受朱理学派的影响，注意修身，对自己的要求很严格。后又拜浙东学派的大儒钱谦益为师，主张经世致用。他针对清兵入侵和荷兰对台湾的侵略，高举抗清大旗并坚决收复台湾，开发台湾，把传统文化中自强不息的爱国精神发挥得淋漓尽致，民族气节一脉相传。

台湾有较突出的“郑成功文化”，甚至把郑成功作为神明供奉，近代也一直延续。因为在古代的民族英雄中，收复和开辟台湾的郑成功更与台湾民众直接相关，近在咫尺。我认为突出的郑成功文化是近代史中台湾民众的第一个亮点，所以这里专对郑成功精神分析一下。我认为郑成功的精神核心是践行和发扬传统文化中的忠义精神和民族气节，并将忠义提升到爱国主义。郑成功把中国传统文化中春秋时代忠义道德观、道义责任和民族气节完整结合，具有超越忠义的爱国主义精神。因为他的忠义道德观已经产生了一定程度的超越，他把忠于自己所属的政权扩大到忠于自己祖国的普遍概念，升华到了爱国主义。这种超越的忠诚与忠实才是发展着的中华文化的优秀爱国传统。这种扩大也是包容，超越也并不是背叛，扩大的忠实，并不等于就不忠实自己所属的政权，而是首先忠于自己所属的政权。所以他首先忠于明朝的汉民族政权，而又已经有所超越。他收复台湾就说明他的忠于国家的概念超越了忠于特定朝代和特定皇帝。他何尝不知明朝前尚有夏、商、周、秦、汉以至隋、唐、宋、元各朝，他何尝不知中国改朝换代的历史，但是他更知道所有改朝换代都是中国的国家历史。他认为不管中国是怎样的改朝换代，台湾永远是中国的故土。从外夷手中收复台湾不仅仅是为哪一个朝代，而是为祖国。读郑成功的《复台》诗：“开辟荆榛逐荷夷，十年始克复先基，田横尚有三千客，茹苦间关不忍离。”我们可以体会到，在他的心里不论是祖国大陆，还是宝岛台湾，都是故土，他要义正辞严地驱逐荷夷、收回台湾。所以他收复台湾不仅仅是为建立基地、反清复明，更是出自维护祖国的版图完整，并把台湾民众从外夷压榨下解救出来的信念，是超越的忠义，是提升的爱国主义使然。

郑成功收复台湾的同时，进一步把反抗外夷入侵、主张经世致用的浙东学派儒学传统带到台湾。郑经时期（1665 年）兴建孔庙，1666 年落成，并举行了隆重的祭祀典礼。传统文化，特别是反抗外夷的精神在台湾广泛并深入人心。

因此台湾人非常崇拜郑成功，建立很多纪念郑氏的祠庙。台湾文人有关郑成功的诗词很多。所以说传承郑成功的精神已经成为台湾传承中华文化的一大亮点。而后的清朝康熙皇帝也是如此的超越。他高度评价郑成功的爱国精神，认为郑成功不是清朝本身的叛逆，而是前朝的孤忠。题道："四镇多二心两岛屯师敢向东南争半壁，诸王无寸土一隅抗志方知海外有孤忠。"[①] 清朝的康熙大帝统一台湾以后，出自统治阶层的需要，和在大陆推行程朱理学一样，使其在台湾也占主导地位。

清代自 1686 年始在台湾设学，1687 年春开科取士，其后二百多年科举考试制度与福建完全一致。有 305 人在福建乡试中考中举人，举人中又有 30 多名进一步中了进士，其中一些人在近代史进程中发挥了相当大的作用。清廷还对台湾学子采取过优惠政策，也曾派官轮从台湾到福建送生源应试。科举制度的发展推动了儒学在台湾的传播。

中华传统文化在台湾的发展还表现在书院、诗社、文学作品、书法绘画、庭园建设、宗祠设立等等各方面，其中最重要的是精神的继承和发展。到了晚清，由于西方的侵略，民族危机严重，台湾的传统儒学又发生了变化，也更充实了反抗外来侵略的内容（这在后面将专门叙述）。日本占据后，这种具有台湾地域特点的中华传统文化，虽经后来日本人的一再封杀，但它曾一直被台湾同胞顽强的传承，一直哺育着一代又一代台湾同胞的有识之士，使得汉学在近代的台湾也有了重要的发展。这将在后面详细论述。

---

① 山西日报报业集团《对联·民间对联故事（下半月）》杂志编辑部：《对联·民间对联故事（下半月）》2007 年第 09 期。

第三节　列强对台湾的入侵

一、中国的边疆危机（1842—1874）

晚清政府内外交困。1840 年鸦片战争后，在大陆，又发生了 1851 年的太平天国运动，历时 13 年，1864 年被清廷镇压下去。这期间台湾也曾出现了小刀会起义。

太平天国运动期间，1858 年又发生了第二次鸦片战争。清廷有了两次鸦片战争的教训，打算增强军事实力，以继续维持统治，1861 年起在大陆开展了洋务运动，历时 30 多年。维新思想、近代民主观念、商战观念也于此时期萌生。可是列强的侵略不仅没有停止，而且不断加强。1860 年后沙俄不断侵扰新疆，1874 年英国开始图谋云南和西藏，大陆出现了边疆的“塞防危机”。同时，东南沿海，以台湾为重点地区，也出现了严重的“海防危机”，从而开始构成了全面的边疆危机。

二、英美对台湾的侵扰

在列强开始规模入侵台湾阶段（1840—1874）的 34 年间，作为中央政权的清王朝自 1840 年鸦片战争开始，面临列强入侵中国的严重局面，陷入了边疆危机。台湾作为中国的边陲之一，也随之面临列强的入侵。鸦片战争期间，英国就想打开台湾门户。在 1840 年 7 月英国兵船试图停泊台湾鹿耳门外，1841 年又两次进犯基隆，1842 年英国兵船又驶入台湾大安港。1867 年美国也曾侵扰台湾，不过都被台湾守军打退。

三、台湾近代历史中出现的第一代突出人物林文察

林文察（1828—1864）是台湾清代时期彰化县阿罩雾庄（今台中县雾峰乡）人，雾峰林家第五代，清代著名台籍将领，曾任福建陆路提督。1854 年 26 岁时曾协助平定小刀会，又内渡和太平军李世贤激战。后又回台平定 1863 年的戴潮春事件，并于 1859—1863 年在福建、浙江与江西等地领军对抗太平军，最后战死于漳州万松关，年仅 36 岁。

林文察是台湾进入近代史时期后出现的第一代突出人物，这代人物的特征是忠于朝廷，主要是协助朝廷维护和巩固政权而立功、因此受到朝廷封赏、

重用和提拔。林文察是从报杀父之仇发展成在内乱中忠于朝廷的人物，他并不是御外的突出人物，因为这一时期，虽然列强开始入侵台湾，但又被台湾武力打退，使之未成气候，所以也尚未引起朝廷的充分注意。这正说明本时期开始时，朝廷把巩固政权的重点仍放在利用台湾的武力镇压太平天国起义及平息一些起事上。

四、牡丹社事件

自 19 世纪 70 年代中期开始，形势发生了重大变化。西班牙占领菲律宾。除英、美等国对台湾虎视眈眈而外，这时日本图谋吞并琉球群岛。到了 1874 年台湾终于发生了牡丹社事件，日本在美国的支持下，派兵攻打台湾南部牡丹社的少数民族。日本以清政府在台湾番地政权未及为名，宣称那里是无主之地，发动了大规模的侵台战争。1874 年 4 月日本设立了“台湾番地事务局”并以“台湾生番探险队”为名，组成征台军。熟悉台湾番地事务的美国前驻中国厦门领事李仙得曾被聘请为日本外务省“征台顾问”、“台湾番地事务局”二品官，现役美国海军少校凯塞尔为参谋，美国船只受雇为日本运兵。征台军于 5 月在台湾琅桥（今恒春）登陆，入侵台湾。清廷获悉后，派沈葆桢为钦差大臣，增兵设防。当时，日军除遇到当地民众的坚决反抗，又遇到热病。日本被迫与清政府谈判，12 月 1 日才撤出台湾。牡丹社事件是日本侵华的一次大胆尝试。在日本侵台全过程中，始终勾结美国，美国起到了教唆、出谋划策和参与支持的作用。

五、西方在列强入侵阶段中对台湾的文化冲击

在 1840—1874 年这 34 年中，随着列强武力威胁和经济上的入侵，我们可观察到西方文化冲击随之而来。特别是在后 14 年，即 1860—1874 年中。1860 年代台湾淡水、台南、鸡笼（基隆）、打狗（高雄）开放通商以后，出现了洋行机构，西方文化伴随着经济活动而渗透。加拿大基督教长老会的传教士马偕就是早在这一时期的 1872 年来到台湾淡水的。他在台湾北部通过传教、医疗、教育等活动深入传播了西方文化。而在台湾南部 1865 年又有玛雅各布（Maxwell）在府城传教。他在这一过程中，也遭到居民强烈排外而迁移到打狗，于 1869 年后才回到府城。通商后的商业活动和这些传教士在当时的活动，为以后西方在台湾进一步的文化传播打下了初步基础。

六、中法战争阶段（1884—1885）

1. 晚清时代的中法战争

随着列强对中国侵犯的进展，1883年又爆发了中法战争。法国一直企图占领越南，1867年就派兵侵占了越南南部，1873年开始北上，一度受挫。1881年发动新的军事攻势，攻陷海防、河内等地。1883年越都顺化陷落，法国在越南建立了殖民地。1883年12月法军从河内向山西城进发，经与清廷组成的抗法部队三日激战，攻占了山西城，这便是中法战争的起点。1884年3月法军又攻陷北宁。军事获胜的法国又发动外交攻势威胁清廷，遭到拒绝，法国便开始了进攻中国的福州和基隆。所以中法战争包括越南战场和福建台湾地区的战场。下节就专叙述中法战争涉及台湾的部分。

2. 中法战争时福建台湾地区的战场

法国侵略者认为台湾物产丰富，可取得鸡笼（今基隆市）煤矿的煤作为攻打中国沿岸的战舰燃料。又看到中国对台湾防御薄弱，易于攻占，就图谋攻占台湾。以台湾作为与清朝谈判的有利筹码。法国海军在清廷宣战前就事先发动了对台湾基隆的攻击，也曾一度占领基隆，进攻淡水，并下令封锁台湾。清廷派淮军名将刘铭传率军增援，督办台湾军务。经刘铭传的抵抗，法军才被击退。刘铭传看到台湾粮械缺乏，便号召台湾各界通力守台。台湾雾峰的林朝栋就是这时响应刘铭传的号召，组织成了一支队伍，号称“栋字军”。在台湾受挫的法军，在8月23日又发动了马江之战。当法军在马江一役中摧毁了福建海军后，法国的远东舰队在孤拔（Amédée Courbet）的指挥下又攻打北台湾，1884年9月18日法军抵达鸡笼外海，与清军展开炮战。在10月初再度在台湾发动进攻后，10月3日法军攻占鸡笼（基隆）城，占领了基隆达5个多月，占领澎湖达2个多月。法军于10月7日和10月8日进攻沪尾（今台北县淡水镇），但被漳州镇总兵孙开华击败，于是清法两军在北台湾展开长期对峙。

在这长达近半年的激烈战斗中，台湾军民以落后的武装对付洋枪洋炮，付出的代价是高昂的。林朝栋在近代史上反侵略斗争中写下了光辉的一页。

说起雾峰林家，可简单追溯到古代。林姓始祖坚本为殷太公比干之子。比干被纣王所害后，坚随母避居山林。武王伐纣后，赐坚林姓。随着历史的变迁，便有宗族渐次南迁入闽，再有继而入台。台中雾峰林氏家族林朝栋的先祖林石是在乾隆十九年（1754年）时由福建迁台的。1884年11月，镇守台中的台湾兵备道刘璈奉刘铭传之命，征召担任兵部郎中的林朝栋北上助战，于是林朝栋率领 500 乡勇与两个月的军粮前往鸡笼，镇守大武仑炮台，刘铭传命令“栋字军”布防狮球岭。11 月 25 日法军 1000 多人向狮球岭进攻。遇到“栋字军”顽强抵抗，反复激战。法军退却并经半月休整后，又于 12 月 10 日再次进犯狮球岭。在通宵不停的大雨中身穿蓑衣的“栋字军”和身着雨衣、洋枪洋炮的法军搏斗，曾有过 5 天 5 夜的两军混战。12 月 19 日法军攻克了几处关键营地，分割包围“栋字军”。在这紧急关头，林朝栋的夫人杨水萍组成了上千人的新“栋字军”奔赴前线，刘铭传及时发给枪支弹药，她与林朝栋合兵，终于协助丈夫打败了进犯狮球岭的法军，歼灭法军 400 余人。抗击了入侵的法国侵略者，她因抗法有功而被朝廷封为“一品夫人”。林朝栋率部队奋勇抵抗，捍卫家乡，“只知有国，不知有家”，他是一位名副其实的抗法英雄。

1885 年 1 月 9 日，法军在大牛埔（今台北县贡寮乡吉林村桃源谷）勘察地形，和林朝栋军发生冲突，最后被林朝栋击退。1 月 25 日，法军以 1900 名兵力进攻清军的防线，双方爆发第一次月眉山战役，林朝栋率领乡勇支援，并于 1 月 30 日与督战的福建福宁镇曹志忠率军夜袭，双方血战至隔天清晨才各自收兵，之后法军多次以小股兵力袭击，但皆被林朝栋击退。3 月 4 日，法军派出 1280 名兵力再度攻打这一防线，双方爆发第二次月眉山战役。这次法军截断清军战线，并一举攻占月眉山顶，而以大炮轰炸林朝栋等营，最后仅有林朝栋率领乡勇稳住阵脚，成功协助清军主力撤退至基隆河南岸。而得胜的法军因弹药用完，且 3 月 7 日的大雨导致河水暴涨，因此未渡河攻入。之后，两军持续对峙。由于 1885 年 6 月 9 日中法在天津签订了《中法新约》，条约规定法军从台湾、澎湖撤退，确定越南是法国的“保护国”落得中国不败而败的战争结局。1885 年 6 月 13 日法军撤离台湾。实际在法军撤离前，台湾军民并没战败，而是经过场场苦战，奋力顽强抵抗。我认为台湾军民在中法战争台湾战场上的表现是继近代史中台湾民众的第一个亮点——突出的郑成功文化之后的第二个亮点。5 月 12 日，林朝栋因助战有功，被奖叙道员进先补用。虽然获得功勋不高，但他在此战的表现深得刘铭传青睐，因此战后全台 30 多营乡勇被裁撤，独林朝栋与张李成两营被保留纳入清军，而林朝栋本人也在台湾建省后颇受重用。

在研究中值得注意的另一现象是，中法战争的同一时期，光绪十年（1884 年）台北孔庙竣工，象征了传统文化在台湾的继续发展。而同年，加拿大基督教传教士马偕在“理学堂大书院”旁又继而办起“淡水女学堂”落成开学，这又说明西方文化也正在台湾逐步传播。1884 中法战争时，除刘铭传的军医、中医师林染春救助伤员外，马偕的医馆也曾发挥作用，援救了不少清军伤员。刘铭传曾派遣总兵孙开华颁赠赏状，还捐献经费，感谢其收容及救治伤兵。医馆的医疗范围也在扩大。医馆的经费除了来自外商和洋行的捐献外，当地士绅也占了十分之一。西方文化在台湾的传播和影响，以及中西文化的关系也是不可忽视的现象和问题。

第四节　洋务运动在台湾

从中华传统文化角度分析，晚清的洋务运动实际是在传统文化和西方文化碰撞的激烈时刻，统治阶层根据传统文化中的自强精神和包容性，力图兼容西方文化中的科学技术来维护自己的政权。1861 年大陆就开始开展了洋务运动，这一运动持续了 30 多年，对文化教育的发展、工业和科学技术的传播有一定的推动作用。

当 1861 年洋务运动在全国广泛开展的时候，台湾并没有引起清廷的重视。但自 1874 年日本侵台的牡丹社事件后，就有了一定程度的重视。尤其是 1885 年中法战争结束后，清廷开始进一步重视台湾的战略地位。为加强海防，也在台湾逐步开展洋务运动。所以，台湾的洋务运动主要是为了国防上的需要，以抵抗外国侵略为第一目的。虽然其开始的时间较大陆迟 13 年左右，即直到 19 世纪 70 年代的中期的 1874 年以后才开始。但是当年的台湾也是洋务运动开展得十分活跃的一个地区，与其他省份相比，台湾的项目数量居全国各省之首位，范围之广，影响之深，可谓全国各省之冠。台湾洋务运动的进展，带动了整个台湾经济全面发展，将台湾经济推向了近代化的进程。台湾在中法战争后的十年（1886—1895），不仅社会发展迅速，而且具有与其他各省不同的特点。在研究全国的洋务运动时，不能忽略台湾的洋务运动。

根据上述史实，台湾的洋务运动开始比较迟，进行的时间比较短，从 1875—1895 年，前后总共正好 20 年，约比大陆少 10 年。从其发展过程来看，很明显地形成了两个发展阶段。第一阶段 1874—1884 年，这是台湾洋务运动的开始阶段，共 10 年；第二阶段为 1885—1895 年，是台湾洋务运动的高潮和尾声阶段，是台湾洋务运动的重点开展时期。这两个阶段之间曾被法国侵台隔断。

一、前期台湾洋务运动的十年（1874—1884）

1. 清廷开始重视台湾

在19世纪60年代，大陆广泛开展洋务运动的时候，台湾依旧未被朝廷视为重点。随着各国的势力渐渐侵入台湾，到了1874年发生牡丹社事件，通过这次事件却充分显示了台湾在军事战略和国防上的重要地位。自此以后，清廷对台湾的消极态度有了改变。面对列强的侵略，清政府被迫相应采取了巩固台湾海防的政策。为适应国际局势的变化，清政府开始重视台湾，于是积极拟定经营台湾的方针。于是在这十年中，继大陆之后，清朝开始在台湾播下洋务运动的种子。朝廷又通过洋务，间接传播了西方科学文化。朝廷对台湾的管理上也有了明显的改变。前述到1875年清政府完全解除渡台禁令，增设行政机构为二府八县四厅。台湾府统辖台湾、凤山、恒春、嘉义、彰化五县，以及埔里、阜南、澎湖三厅。台北府统辖淡水、宜兰、新竹三县，以及基隆一厅。这时期移民更达高潮。而到1881年则达到194.4万人，约比清代初期增加了近10倍。此后经营台湾的是福建巡抚丁日昌，他继承了沈葆祯的近代化政策，修建了台湾最早的电报线。洋务运动的初步开展有其文化上的意义，它涉及人们对当时先进的科学知识的认识和专业知识队伍的出现，这也间接反映了西方文化的冲击。朝廷对台湾的管理上有了明显的改变，在驻兵政策上也有所变化。

2. 沈葆桢弘扬郑成功精神和他的近代化建树

1875年牡丹社事件，清政府就派沈葆桢来台，他弘扬郑成功精神，题写了延平郡王祠楹联，并曾对台湾近代化有所建树。沈葆桢巡视台湾后曾提议朝廷索性解除给照携眷渡海赴台的规定，建议广招内地居民赴台，开垦荒地，推行开山抚番的政策。他积极推动近代化建设，提议以机器采煤手段开采基隆煤矿、在安平建新式炮台等等。同时他建议从福州陆路架设一条电线到厦门、再由厦门埋设海底电缆直通台湾以通电报。沈葆桢也数度奏请调整台湾行政区划，如前所述，全台共分为二府八县四厅就是这时的事。

3. 丁日昌开展的几项洋务活动

福建巡抚丁日昌继承了沈葆祯的近代化政策，修建了台湾最早的电报线。福建巡抚丁日昌所开展的几项洋务活动，成为清政府在台湾开展洋务运动的第一阶段（1875—1884）。

1）当丁日昌就任福建巡抚后，很快巡视了台湾，并立即提出了的主张。在 1877 年初上奏清廷，陈述洋务运动，建议“速将轮路、电线、练兵、购器、开矿各事分投速办”，在奏折中所提出的轮船、电线、矿务等诸内容中，其开展最早的即为矿务。此前，船政大臣沈葆桢就派人到台湾去调查过基隆煤矿的储藏和开采价值，1875 年派人前往基隆勘探。继任福建巡抚丁日昌乃奏准清廷进行开采，1878 年正式投产。

2）在 1877 年丁日昌架设了一条从台湾府城台南至安平和旗后的电报线，全长 95 里，后因经费不足而停顿。

3）兴建铁路的思想本是丁日昌洋务运动中最重要的一个内容，他在 1877 年的奏折中，把铁路摆在首位。丁日昌不久因病离职。虽然丁日昌没有实现修筑铁路，却奏报朝廷，派了轮船从事台湾的航运。

4）任台湾兵备道的刘璈对台湾近代化也很有贡献。中法战争前，刘璈在台湾采取了一系列整改措施，如开山“扶番”、整顿煤矿、筹划防务和筹办外事，不仅促进了台湾社会经济的发展，也大大加快了台湾的近代化进程。

4. 朝廷继续在台湾强化科举制度

沈葆祯在推行近代化政策的同时，也十分注意在台湾发扬传统文化，所以文化方面也有所发展。朝廷继续在台湾强化科举制度，这时期对台湾考生的录取标准还曾采取优惠政策。因为台湾岛内学子到大陆应考要途经海峡，如遇风涛巨浪，还有生命危险，甚至船翻人亡，朝廷还对中途死亡者追授训导衔。1874 年开始，朝廷每逢考期，就派官轮护送考生，此后参考人数又有所增加。自 1694 年陈梦球中进士至 1903 年江春源中进士，在 210 年间台湾总共考中进士 32 名，其中从 1694 年到 1840 年这 146 年间共考中 7 名进士，而从 1840 年到 1884 年仅这 44 年间就考中 13 名进士。而在这 44 年间考中的 13 名进士中，前 34 年占 4 名，1874 年后的 10 年间占 9 名，从中可以看出科举制度在台湾的发展。而这些考生都要去北京贡院应试，其中包括了应试后考中进士的举人和未考中的举人。从两岸文化交流的角度看，曾有不少学子从台湾来到大陆北京参加会考，台湾到福建参加举人会考的就更多了。按当时的科举制度，考中进士者一般不可回家乡当官，而是异地为官。例如这时期的台湾进士叶题雁就在北京为官，施世洁也曾一度在北京为官。这些文化人所走的仕途之路只是问题的一个方面，他们并不单纯为仕途之目的，例如施世洁就对为官不感兴趣，而返台后从事教育事业。所以更重要的是，我们必须注意到中华传统文化对他们的深刻影响力，特别是当遇到外敌入侵的情况下，他们多显出民族精神。后来叶题雁在京参加就参加了“五人上书”，反对割台。施世洁返台后从事教育，在清政府割台后曾参加保台的活动。

5. 前期洋务运动阶段西方文化传播的进展

前期洋务运动阶段（1874—1884）期间，马偕在台湾北部对西方文化的传播有了相当的发展和影响，虽然中心目的主要是在宗教信仰的传播上，但在以医疗为手段的过程中，却建立了西医在台湾北部发展的基础。传播又要有教育手段，所以导致了西方宗教、西医、西学方面的发展。1875 年马偕与五股坑人张聪明结婚。他学会闽南语，通过教义辩论的胜利和治愈疟疾而争取信徒，训练本地布道牧师。到 1880 年，他在台湾北部已经开创的教会达 21 个，后来又深入到平埔族人、宜兰、花东一带。在这些年间，他曾于 1879 年建立“偕医馆”，成为台湾北部最早的新式医院，医馆除诊疗外，又配合发展医疗教育。1882 年“理学堂大书一院”（牛津学堂）落成启用。学堂教学内涵不局限于神学、科目广泛，也包括天文、地理、地质、动植物、矿物、医药等等，是新式教育和西方文化的传播媒介。值得注意研究的现象是，这时的中西文化在碰撞后开始融合了。例如，学堂开学式上，来宾除了有英国领事、海关官员、洋商外，还有淡水守军总兵孙开华、台北知府林达泉等多人。孙开华致辞说：“如此台湾蕞尔小岛，而有此等学堂，诚为全国最善之学。”又例如，马偕曾和台湾学生编纂《中西字典》，而另编有《台湾遥记》，已成当时的史料之一。又例如，淡水女学堂的设立，对改变妇女的社会地位、移风易俗都起到一定影响。在台湾南部，1875 年苏格兰长老会的巴克礼到台湾，辗转于 1876 年到台南府城。1878 年在新楼筹建神学校，1880 年落成开学，并开始教闽南语罗马拼音的白话字，曾印刷教会出版物，这使得台湾进一步接触到西方文化。他们对台湾的影响不可低估。

二、后期台湾洋务运动十年（1885—1895）

1. 晚清的洋务运动进一步波及台湾

上节已述，1884 年，法国发动了中法战争，并力图夺取台湾，1885 年台湾军民赶走了法国侵略者。中法战后，鉴于台湾在海防中的重要战略地位的张显，闽浙总督上书朝廷，要求福建与台湾两地“建省分治”。清政府决定提升台湾的行政层级，将隶属于福建省将近两百年的台湾分立出来，改设为行省，慈禧太后于 1885 年下旨创建海军的同时，下诏闽台分治；清政府正式宣布台湾建省，并任命刘铭传为首任巡抚，兼理提督学政。台湾正式名称则为台湾省，1887 年福建巡抚更名为台湾巡抚。伴随台湾建省，行政区划再次调整，台湾省下设 3 府（台北府、台湾府、台南府），1 直隶州（台东直隶州），11 县（宜兰县、淡水县、新竹县、苗栗县、台中县、彰化县、云林县、诸罗县、安平县、凤山县、恒春县），4 厅（基隆厅、南雅厅、埔里社厅、澎湖厅），但建省行政工作至 1887 年才完成，此后台湾约有十年的太平日子。1885—1895 年是台湾在清朝官吏管理下发展的重要十年。随着朝廷对台湾战略地位的重视，大陆的洋务运动又进一步波及台湾。第一任台湾巡抚刘铭传是朝廷洋务派李鸿章的得力助手。他在台湾积极实施建设，主洋务，修铁路，重视教育。于是，台湾在 1891 年有了全国第一条官办客运铁路（基隆—新竹），南北铺设可通福州的电报线，同时也设立邮政与新式学堂，台北城的街头亮起了路灯。在刘铭传的积极治理下，台湾的洋务运动得到了进一步的发展，台湾成为当时大清帝国近代化程度最高的行省。其后的台湾巡抚邵友濂、唐景嵩开始也继承了其政策方针，不过由于经费紧缩，建设步伐相对放缓。

2. 台湾洋务运动后十年的开展状况

洋务运动的第二阶段（1885—1891）正是在刘铭传任台湾巡抚期间。刘铭传是当时洋务派中的激进分子，他是近代中国主张大规模修建铁路的第一人。早在 1880 年，他就提出了洋务运动必须以铁路为枢机的思想主张，他将铁路称之为中国“自强之基础”，上奏清廷以北京为中心修建四条铁路。他还主张“变西法，罢科举，火六部例案，速开西校，译西书以励人才”。[①] 他的这些思想、主张与后来的以康梁为代表的改良派的思想主张已相当接近。他一到台湾就立即兴起了一股风：兴学、办厂、抚垦等开发台湾经济的革新风，从而将台湾的洋务运动推向了高潮。他就任台湾巡抚以后，主持台湾的洋务运动，便积极开展各项基础设施的建设。他在台执政的短短 6 年中，仅工矿企事业就兴办了十几项，为台湾的近代化奠定了基础。这时台湾已设立行省，较原先的道具有更大的行政权力，作为台湾巡抚，可以充分利用手中所握有的这些行政权力开展洋务运动。他主办的洋务项目主要有：

1）建造台湾铁路。刘铭传将丁日昌在台湾修建铁路的目标付诸实施。1887 年，获朝廷奏准，在台湾设立铁路总局，计划修建一条纵贯台湾南北的铁路，后因募到的资金不到位，改由官办，从基隆至台北再至新竹，全长 92.5 公里，为当时台湾最大的工程之一，但后因经费匮乏而停工。

---

① 载《刘壮肃公奏议》卷二，台湾省文献委员会 1997 年版。

2）创办台湾机器局（这是军事工厂）。厂房、军械所、大机器厂、汽炉房等很具规模，基本满足了驻台清军对各种新式枪炮弹药的需求。

3）创办轮船公司。刘铭传奏请清廷调拨、购买并短期租用轮船，来往于台湾各港及上海、厦门、香港和东南亚各港口之间，从而使台湾的轮船航运业获得了迅速发展。

4）兴办邮政。1888 年，刘铭传在台湾创办了邮政总局，在全台各地遍设邮站，并与上海、福州、厦门等地的海关邮政部门取得联络，由邮轮定期来往，递送公文私信，且单独发行邮票，9 年后中国邮政总局才正式开办。

5）于 1887 年决定疏浚基隆港，以林维源为总办，建造车站和码头。

6）兴建了近代化商业都会——淡水大稻埕商埠。利用大稻埕“濒河而居，可通航行”的交通条件，作为商埠，由富商林维源、李春生出资，建造千秋、建昌二街，兴办西式商店作为交易市场。在这时，台北在两条街上修建大楼，目的是租给洋人。又邀江、浙商人集资 5 万两，建造石坊、西门、新起各街道，作为商贾民居，并修建马路行马车，掘井汲水作自来水，将大稻埕建成具有近代化的新兴商业城市，吸引了大批外商，发展了台湾商务和对外贸易。

7）刘铭传还继续完成了台湾电报线的架设，将陆线贯通台湾南北，又铺设了安平至澎湖、沪尾至福州的海底电缆，水陆两线全长 700 公里。

8）1887 年，刘铭传又在台北开办了电厂，安装了电灯。

9）光绪十五年（1889 年）吴鸾旗奉刘铭传巡抚之谕，出任台湾府城筑城总理，与台湾知县黄承乙级栋字军统领林朝栋一起建造台中府城，共八门四楼。台中大搞城市建设，要修筑城墙。这也反映出台北的开放建设和台中的传承传统建城同时并举的状态。这时吴鸾旗与林朝栋等还倡建宏文书院，院长是丘逢甲，后来的栎社社长傅锡祺曾就读于此。

10）软件建设：台湾学子历来重视科举，这一时期，光绪十二年（1886 年）有嘉义县徐德钦（三甲 62 名），林启东（三甲 101 名），彰化县蔡寿生（三甲 64 名）三位台湾举子中进士，光绪十六年（1890 年）安平县许南英（三甲 61 名）考中进士。刘铭传在光绪十三年（1887 年）仿外国学制开始在台湾建立西学堂，开办了电报学堂和中西学堂，培养电报、机器制造、煤矿、铁路等洋务人才。“分课汉文及各课程，学生皆给官费，每年约用一万余两。”“成效大著，台湾教育为之一新。”①

① 连横：《台湾通史》卷——教育志，商务印书馆 2010 年版。

自 1891 年（光绪十七年），继任刘铭传的台湾巡抚邵友濂采取了收缩政策。邵友濂继任巡抚后不重视洋务，还派员赴福建为台北孔庙添祭祀用器。从而使台湾的洋务运动进入了尾声。

3．台湾洋务运动的特点

和大陆的洋务运动一样，台湾洋务运动也从开始就出自对外抵御侵略的目的。台湾的近代化与忧患意识有密切的关系，因外敌入侵而造成的忧患意识，强化了清政府“对台湾的经营意识与开发意识”，从修建铁路、兴办工厂、开采煤矿、架设电线、举办新式教育等具体措施来看，“其建设的指导思想也几乎都与忧患意识有关”。肇始于 1874 年日本侵台，继而受到中法战争的刺激，所以注重于军事企业的建立。但台湾洋务运动也具有其自身的特点。

1）比较注重基础设施。如修铁路、架设电报线、开办矿山。

2）比较注重新技术新设备的引用和开发。在台湾的洋务项目中，有许多是当时全中国的最新建设项目，如基隆煤矿是中国第一家机器煤矿；台湾电报线是中国自行架设的第一条电线；台湾邮政总局是中国第一家邮政总局；台北电厂是中国自己建设的第一家发电厂，距美国爱迪生发明白炽电灯，制成照明系统和大容量发电机，才有几年时间，并自己安装了第一盏电灯。在建造大稻埕商业城时，使用了中国第一辆蒸汽压路机。开凿新式公共水井，汲水作自来水。设置了中国第一个城市医疗机构官医局，第一个公共卫生机构清道局“以清街道”；建造台湾铁路时，建造了第一条由中国铁路工程技术人员张家德自行设计建造的淡水河铁路大桥，全长 464 米。

3）台湾的洋务运动还与台湾的“招垦”“抚番”结合在一起，并将其纳入国防建设的范畴之内。台湾直到 19 世纪后期，仍然是一个地广人稀的地方，因而造成防务上的空虚，给外敌以觊觎之机。同时山内的土著民族“生番”与大陆移民之间，又不断发生械斗，既影响社会治安，又破坏生产。为此，在加强台湾防务的同时，也必须向台湾大量移民，实施“招垦”，并安抚“生番”兄弟民族，推动其社会发展。台湾洋务运动的倡导者们十分重视“招垦”“抚番”。沈葆桢在给清廷的奏折中甚至将招垦抚“番”提到了购置新式武器之上，他建议清廷将过去禁止大陆居民东渡台湾的一切禁令全部废除，鼓励大陆居民向台湾移民。丁日昌则直接在香港、汕头和厦门等地设立了招垦局，召集大陆客民，携带眷属，去台湾垦耕，并给予房屋、耕牛农具。后来刘铭传又进一步在台湾设立了抚垦总局，自任抚垦大臣，总理全台抚垦事务，并在台湾各地设立了 8 个抚垦局，下辖 18 个分局，一面招民垦荒，同时分东、南、西三路，对当地兄弟民族“生番”进行“安抚”。由于丁日昌、刘铭传等积极实行“抚垦”政策，使台湾的耕地面积大大增加，人口也大增。在实行招垦的同时，台湾洋务运动的倡导者们还积极推广茶叶、蚕桑、棉花和金鸡纳桑的种植，发展商品性经济作物。刘铭传还从印度、锡兰（今斯里兰卡）引进优良茶种，从印度尼西亚引进金鸡纳桑品种，进行推广；并设立脑务、磺务总局，令民间采炼樟脑、硫磺，运销出口，从而使樟脑、硫磺等土特产产量日增。所以在洋务运动期间，一方面由于洋务派的积极开发，同时也由于外国资本主义的刺激，台湾经济获得全面的迅速发展，出口日增。

随着洋务运动的开展和外国资本主义的刺激，台湾民族资本的商办企业和垦殖业也开始产生了。在商办企业方面，1889 年，有华商从西方进口制砖机，在基隆开办了发昌煤砖厂，利用基隆煤矿的粉煤制造煤砖，“其价与煤块约相等”。1890 年，淡水出现了一家华商机器制糖厂，制造“西式白糖”商人沈鸿杰也在新营庄创办了机器制糖厂等等，但规模都不大并都带有试办的性质。

4）台湾的洋务运动以官办形式为主，官督商办和官商合办很少。台湾洋务运动不像大陆洋务运动后来从官办形式进入以官督商办和官商合办为主的形式，而台湾的洋务运动则一直是以官办形式为主，只有少数几个企业是官督商办和官商合办的形式。这是因为：一是大陆洋务运动中官督商办和官商合办的商股投资者主要是官僚地主和买办，由于台湾毕竟原是一个经济落后的开发区，“土地初辟，横绝大海，往来多险，仕宦惮之”，所以内地官员都不愿到台湾任职，即使去了也不愿在台湾久任久居，更不愿在台湾经营。至于大陆的富商和官僚地主，由于台湾投资的风险较大就更少向台湾投资了。二是台湾对外开放较迟，已如上述，直到 19 世纪 60 年代初期，才根据《天津条约》的规定，相继开放了台南、淡水、打狗、基隆四个通商口岸，外国资本主义经济势力才真正地进入台湾，这就比大陆整整迟了 20 年。而且当时台湾人口稀少，市场不大，外资企业少，远不如在大陆那么大。当年参与台湾贸易的也只有 21 家外国洋行，外国资本主义侵入台湾的目的主要是为了掠夺台湾的土产资源茶、糖、樟脑、煤炭等。由于对外开放较迟，台湾买办商人的人数少，力量小，资金的原始积累也比较小。台湾当年封建地主和买办商人的资金积累都不大而且即使有了一定的积累，由于台湾形势险要，投资的风险较大，这必然要影响到他们的投资意向。而且，这时大陆官督商办、官商合办和商办企业也都发展起来了，吸收了一部分台资，分散了台湾富商的投资方向，如长期经营台糖出口的陈福谦，“凡中国新式公司，皆认巨股”。

李鸿章当年创办上海机器织布局时，就吸收了不少台商资金，并专门以台湾药局王尔聘的台字号册作为向台商招收股金和代发存根的代理机构。这一切都严重地影响了台湾官督商办和官商合办企业的招股工作，所以台湾洋务运动的企业大都以官办形式为主。由于台湾海防形势的重要，清廷也不希望在台湾发展官督商办和官商合办企业，担心华商与外商合谋或外商冒充华商有碍台湾的防务和安全。

5）台湾近代化建设在短期内就取得突出成就。这主要是因为：（1）日、法先后入侵台湾，强烈刺激了清政府，迫使其不得不重视台防，并加强对台湾的开发和建设。当时主持政务的洋务派大员奕䜣、李鸿章等人，出于强烈的忧患意识，对台湾的防卫和经营给予了有力的支持。（2）主持台湾新政的沈葆桢、丁日昌、刘铭传等，都是洋务派中比较具有时代眼光、革新思想和实干精神的杰出人物，推动了台湾的近代化建设。（3）由于地理位置特殊，台湾与大陆地隔海峡，大多为移民，较少受传统观念的束缚，且重商观念较强。“商民多涉外洋”，故风气较大陆各省开通。（4）台湾士绅虽人数少，但很多人有强烈的爱国意识。在台湾近代化过程中有独特贡献。在鸦片战争和中法战争中，台籍士绅踊跃输饷捐粮助战，为保卫国土建立了不朽的功绩；在台湾建省过程中，台籍士绅参与开山“抚番”、查田清赋、设防练团等政务，成为建省的重要力量；在洋务运动中，台籍士绅积极投资创办各种工商实业，使台湾成为走在全国各省前列的模范省。

6）出现经费不足而消减、中途停工的现象。由于主要是官办，当时清朝财政已经崩溃，一系列的战争赔款和军费开支，已经压得它透不过气来，经常靠举借外债以渡难关，哪有更多的款项用来兴办洋务企业，经常有许多洋务项目即因经费困难而被迫取消，有的工程进行到一半即因资金不足而被迫停工。1877 年丁日昌在台湾架设的电报线和后来刘铭传建造的台湾铁路都是由于经费不足而被迫停工的。虽然在刘铭传任台湾巡抚时，对台湾的赋税厘金进行了全面整顿，使台湾的财政收入从原来的 90 多万两增加到 440 多万两，最高时达 450 万两，为台湾洋务运动提供了相当的资金，从而使台湾洋务运动较为顺利地发展到高潮，但官办不是近代企业发展的主要方向，最终必将限制洋务运动的进一步发展。而且，官办形式容易将官府衙门中的腐败风气带到企业中，造成企业的衙门化和官僚化，造成企业经营管理上的混乱与腐败。当然，由于刘铭传等人的励精图治，台湾洋务运动中的官办企业，一般说来要比大陆的官办企业要好一些，但腐败现象也在所难免，基隆煤矿即是突出的一例，不仅行政管理上十分混乱，贪污盗窃也十分严重。

4. 台湾洋务运动对台湾人的文化、思想的深刻影响

洋务运动的开展不仅有其经济意义，也有其文化上的意义，它涉及人们对当时先进的科学知识的认识和专业知识队伍的出现，这也间接反映了西方文化的冲击。

如前所述，其实西方文化伴随着台湾开港就再次进一步传入台湾，宗教文化是重要内容。在西方各教派中，以基督教的长老教会影响为最大，著名的来台传教士有马雅各布、马偕、甘为霖、巴克礼等。中西文化的交融不断碰撞，却又不断融合。例如1878年马偕要购地建医院，居民认为破坏风水而阻止修建。而到1887年时马偕及其门徒一日之内曾为人拔牙513颗，以解除病痛。后来马偕设立的教堂改建为尖塔建筑，落成后当地又正巧由于传统文化在台湾的发展而有三人中了秀才，人们却又认为是受了尖塔风水的好处。1893年马偕曾返加拿大，当地竟有盛大队伍为其送行。马偕建立了淡水女学堂，入学妇女受到新教育熏陶，据说影响到妇女革除缠足之习。中外文化交融关系是复杂的，这里值得注意研究的是：在台湾，西方文化的直接影响和洋务运动的开展是同时进行的，实际是形成了相互的结合。洋务运动中，西学的兴起更从根本上直接影响到当时的青少年一代人，使他们开始有了接受新式教育的念头。而罗马拼音的福音传播又引发文字改革的观念，甚至逐渐导致后来提倡白话文思想。台湾洋务运动对台湾一代人的思想影响是深刻的。本书涉及的“祖国派”三位重点人物林祖密、连雅堂、林子瑾等童年时期也正是台湾洋务运动的高潮时期，他们是在目睹耳闻新鲜事物中成长起来的，足见所受影响非同一般。正如前所说，从传统文化角度分析，洋务运动实际是在传统文化和西方文化碰撞的激烈时刻，传统文化中的自强精神和包容性兼容了西方文化中的科学技术。传统文化在充分彰显其辉煌一面的同时也充分暴露了其中的糟粕。这三位人士在这时期受到完整的传统教育，又同时处在传统文化兼容西方文化科学技术的洋务运动过程中成长，见到了修铁路、架电线、开矿业，他们接受了新生事物的洗礼。这与后来这些人物赴大陆学习以及后来主张和参与实业救国都不无关系，对他们后来的实业救国活动说来，这也是早期的影响，同时这也是林子瑾先生后来在台湾最早提出拼音文字改革的根源之一。

整个中国社会经济基础脆弱，清朝政治腐败不堪，台湾的情况也概莫能外。台湾的洋务事业许多被迫停顿或垮台，因而到1895年沦陷之时，台湾依旧是一个农业大省。台湾的洋务运动虽然存在有这样或那样的局限，但台湾洋务运动仍然具有重大的历史意义，它还是将台湾从经济落后的后开发地区，推向了近代的新时期。台湾洋务运动的意义也毫不例外，和大陆洋务运动的意义一样，它在客观上刺激了资本主义的发展，并产生了资产阶级和无产阶级。洋务运动也影响了一代台湾人的思想。我认为台湾洋务运动的进展速度和项目硬件的质量是台湾民众配合领导者在开发建设台湾上创造的奇迹，是继郑成功文化和抗法侵略后，在近代史上第三个亮点。只不过由于清朝腐败无能和甲午战争的失败，不但中国清朝海军基本全面覆没，也使得洋务运动中花费了多年心血而兴办起来的台湾企业，1895 年以后却变成了日本帝国主义的战利品。

三、台湾在后期洋务运动十年的文化发展和人物孕育（1886—1895）

1. 十年和平建设时期的文化发展

中法战争后的十年，台湾相对平静些，文化方面的发展相当迅速。传统文化方面继续发展，台湾士子在科举考中进士的数量比以往时代更多，1885 年到 1895 年，十年间就出现 9 名进士，比起 1840 到 1884 年 44 年间出 13 名的比率要高出 3 倍。

西方文化在台湾也在进展。以宗教为例，1890—1893 年马偕曾扩大到远赴花东海岸地区传教。1885 年巴克礼的台湾府城教会报创刊，其后数年经营取得发展，甚至在台湾推行了闽南语的罗马拼音和白话字。

这十年清朝朝廷开始重视台湾的建设，开展洋务运动，其文化上的影响甚大。相当于从工业科学技术方面，间接传播了西方文化。

总之，这一时期文化发展的特点是中西文化在台湾并列传播。使生活在这一时期的台湾人既能传承传统文化，又开始有条件看到西方科技成果，继而引发思考其背后的社会政治结构。这种中西文化并列的传播方式实际上在潜移默化地造就和准备着新一代的一些人物，即台湾洋务运动时期出现了台湾第二代人物。这代人物中一部分人在洋务运动中有很大贡献，另一部分在紧接而来的抵抗日本入侵过程中，发挥了很大作用。此外，洋务运动时期不仅出现了台湾第二代人物，而且更是第三代人物的少年时期，所以直接影响、孕育了两代人。

2. 主要历史和文化人物的分代

首先明确，这里的分代不是绝对按年龄和辈分分代，而是参照年龄，主要按人物在历史阶段中的作用分代。实际上是按历史事件的阶段来给人物分代。本章第三节中提到的台湾近代史中的列强入侵初期（1840—1874，共34年）曾出现一位出色人物林文察，我们把他定位在台湾近代史中台湾出现的第一代出色人物。我们又需注意到，1874年后经过了二十年的孕育，又出现了一代新人。于是继林文察之后，我们可以把1874—1894共20年（包括前期洋务运动、中法战争、后期洋务运动、变法维新思潮）中出现的出色人物一并定位为第二代人物。这代人物中包括两批人，一批是其中较年长者、当时已经成年的人，有的在中法战争中成为抗法英雄例如林朝栋。有的在这十年建设中发挥了历史作用，如林维源、李春生等都配合台湾巡抚刘铭传在台湾大力开展洋务运动。而另一批是这第二代中的较年轻者，这时正在进一步深造，有施世洁、丘逢甲、许南英、李清琦、汪春源、林痴仙等人。这些人物在1895年日本侵占台湾时施世洁39岁、丘逢甲31岁、许南英40岁、汪春源26岁、林痴仙21岁。他们的具体事迹将在下一历史阶段表述。

3. 台湾近代史中在1874—1894年出现的第二代出色人物的简明介绍

我们已经把1874—1894年间出现的出色人物定位为台湾近代史中出现的第二代人物。在这一代人中，较年长者为林朝栋、林维源、李春生。1894年时林朝栋43岁、林维源56岁、李春生56岁。

林朝栋（1851—1904）是1746年入台之雾峰林家的第六代。由于在这一时期中的1885年，34岁的林朝栋顽强抗法，所以成为当时首屈一指的杰出人物、抗法英雄，其具体事迹已在中法战争一节中详述了。

林维源（1838—1905）是板桥林家当时的关键人物。板桥林家是大陆移民开发台湾的过程中，出现一批成就较大的家族之一。1878年林维源总管家政，他对国家和台湾近代化有贡献：

1）关心大陆赈灾。他曾主动出力赈灾。在台湾的前期洋务运动（1874—1884，历时十年）中，1876年新任巡抚丁日昌到任，因开展洋务财力不足，曾向林家劝捐修铁路经费五十万元（三十六万两）。1877年河南发生灾荒，李鸿章同意先将此款借予河南赈灾。这时林维源不仅捐出这五十万元，而且以其他名义再捐二十二万两，以赈豫晋之灾。后来在1893年后又曾捐银五万两以赈山西、直隶之灾。

2）是台湾开展洋务运动的得力人物，和林朝栋一起积极支持洋务运动。尤其在台湾后十年的洋务运动中，自从刘铭传1885年任台湾巡抚后，林维源和刘铭传通力合作，开始是报效二十万元，后又再捐五十万元，为中法战后台湾善后之用。刘铭传要确实了解台湾的土地状况，清查隐藏的耕地，开展清丈工作，林维源认真参与。刘铭传的清丈工作使税收的岁入增加到491100余两。在刘铭传的抚垦工作中，于1886年设抚垦局，以林维源为抚垦大臣。开垦了大量土地。他还响应刘铭传的植茶收税计划，使政府增加财力。他还参与了刘铭传的基隆建港工作。

台北巨商李春生（1838—1924）是一个白手起家的人。他生于福建厦门，父以操舟为业，他曾沿街叫卖糖果，虽然曾入私塾就读，终因家境贫寒而辍学。厦门开放为通商口岸后，他接触西方教士学习英语，并进入商界学徒，遂往来各地、大开眼界，先后应聘为洋行掌柜、总办，因在台湾植茶、经营出口取得巨大效益而成功。在台湾洋务运动时期，他和林维源合作，投资并负责兴建千秋、建昌二街的洋楼，落实了刘铭传开辟台北房地产经租给外商的发展策略。1897年刘铭传兴建吉龙、新竹间铁路是他投巨资并参与监工，同年为刘铭传修复毁于中法战争的基隆八堵煤矿率先出力，他还奉命主持了大稻埕港按堤防修筑工程。1891年台北铁路竣工，他因协筑有功，被朝廷叙五品同知、赏戴蓝翎。他当时不但是洋务运动的得力人物，而其英语交际能力使之成为官府和洋商的桥梁。这一时期的李春生也博览中外书籍，特别是英语报纸杂志。他对西方世界近代文明和时势的认识颇深。前述其1894年又提出维新自强的思想，是变法维新思想家。连横也把他写进《台湾通史》的货殖列传之中。同时，在与西方基督教思想的融合上李春生也有其独到之处。

经上述分析，第二代人物中的较年长者都是已经在1874—1894年这20年中发挥了作用，或是在抗法斗争中，或是在当时洋务运动中发挥了促进作用。而他们中的较年轻者，则在这一时期学有所成，使得他们具有了深厚的传统文化底蕴，他们进而又从举人考中进士。例如1874—1894这二十年考中的18名进士中的一些人，其中包括施世洁（1856—1922，1876年中进士，他愿意回到台湾从事教育事业）、叶题雁（1880年中进士，考中进士后成为在京的朝廷命官）；丘逢甲（1864—1912，1889年中进士）、许南英（1855—1917，1890年中进士）、李清琦（1894年考中进士）等人。此外，在1895年后到1903年先后又有黄彦鸿、汪春源（1869—1923）等考中进士。这代人中还包括台湾诗坛泰斗林痴仙（1875—1915）等人。虽然当时这些人物尚未浮出水面，但他们成为这一时期还没有直接发挥作用的储备力量，马上就要在近代历史下一阶段中发挥一定作用。我把他们列为第二代人中的年轻者，并在此开始提及了他们。

此外，我们还必须注意到，在这时期行将结束的时候，又出现了一批结束自己少年时代而行将步入青年时代的第三代比较出色的人物，提前叙述于下。在这里叙述是因为他们的成长与这时的传统教育和西方文化影响的环境密不可分，由此可明显分析出他们后来行为的思想文化根源。

4. 近代历史中的第三代人物的成长环境、传统教育的深刻影响

这一时期是中国历史上行将发生巨大社会变动的时期，也是台湾沦为日本殖民地的前夕。这一时期不但是台湾近代史中第二代人物的中青年成熟期而且是第三代人物的幼年少年成长期。这第三代人物当时更是尚未浮出水面。之所以提前叙述第三代人物的少年时代，是因为这一时期的环境正是他们的成长环境。这一时期中华传统文化已经在台湾发展到一定深度，同时又是中西文化强烈碰撞的时期。这代人的最大特点是他们在这一时期（即 1895 年日本侵占台湾以前），就已经完整地接受了中华传统教育，国学基础相当雄厚，但大多又没再去考进士，没有再走科举仕途之路。可是民族意识根深蒂固，同时又在洋务运动的洗礼中、目睹洋务、新鲜事物长大，有的人也还进入过早期洋务运动中出现的西学堂。在这代人中，我选择了四个人物，即林献堂、林祖密、连雅堂、林子瑾。因为现在看来，他们是对台湾近代文化历史有一定影响的四个人。其中林献堂生于 1881 年，可谓 19 世纪的“80 后”，其他三人同生于 1878 年。1895 年日本占领台湾时正是他们 17 岁的年代。因此在这一历史阶段（1895 年日本到来以前），他们刚好受到了完整的传统教育后，能以传统文化自强不息精神为立身之本，更是后来发展成自觉认同祖国的坚定的“祖国派”。他们其后又能按传统文化包容的特点，随着时代发展又兼容新生事物，及时接受了新思想。

林祖密（1878—1925）字季商，1878 年生在武将之家，是台湾大户雾峰林家下厝、抗法名将林朝栋的第三子。父亲是朝廷命官，母亲又是一品夫人，身世显赫，家业庞大。林祖密从小受到传统教育，文武全才。人们注意他非常喜习武的一面，自幼常随父狩猎。“体精干、性刚果……”，又随父亲林朝栋过着军旅生活，童年就往往不肯下马。其实他并非单是无畏的武人，在文才上也善书法，写得一手好字，尤其是具有传统爱国思想。1895 年日本据台时随父内度大陆两年，林祖密这两年还有一段进一步习文的经历。最近，其后裔披露了一段鲜为人知的事：1895 年冬，17 岁的林祖密随父母回到大陆，1896 年到福州苍霞精舍拜国学大师林琴南为师。苍霞精舍是林纾、陈宝琛等人共同创办的。林纾，字琴南，近代文学家、翻译家、书画家。林琴南在苍霞精舍任国文总教谕，林朝栋希望儿子林祖密跟着他，能够更多地学习中华传统文化。所以林祖密在 1895 年左右已经基本完成传统文化教育，爱国精神已成为他人生立足之本。

连雅堂（1878—1936），初名允斌，谱名重送，字天纵、武公，号雅堂，又号剑花，别署慕真原，也曾更名连横，祖籍原为福建漳州府龙溪县马崎社（今龙海市马崎村）人。明亡后，连雅堂的七世祖于清康熙年间渡海迁居台湾台南的宁南坊马兵营居住。马兵营是郑成功驻师之地，环境十分幽雅，经过整顿经营后，从此连氏七代子孙便抱璞守真，在这里安居下来，世代经商，数代之间，家业迭有兴衰。清道光、咸丰年间，连雅堂祖父连长瑞时起，家业又渐兴旺。连长瑞这一代，连家除有园圃外，并在漳州府城坊桥头开一家“芳兰号”店铺，收入甚丰。1893 年，连家开始经营樟脑炼制，进行外销，每年达数万担，获利数十万金，为当时富豪之一。连雅堂 1878 年出生于台南府宁南坊马兵营。这时连氏已居该地七世，所以连雅堂是连家在台湾的第七世代。连氏家族在台湾历时二百数十年。连雅堂父亲连永昌购置宜秋山馆供他读书习字。雅堂幼年攻读《三字经》、千家诗、《春秋》、《左传》、《国语》、《战国策》、古文、唐诗等。13 岁时他的父亲连永昌（连得政）将余文仪“续修台湾府志”送给他，并且告诉他:“汝为台湾人，不可不知台湾事。”这对从小受过良好教育的连雅堂而言有着重要影响，他有志于台湾史乘，实始于此，后来他写《台湾通史》也与他父亲的影响有关。连雅堂自幼受到良好教育，长而好学且聪明颖悟，13 岁时读书已能过目成诵。连氏的诗作遗世不少。据说连横在 18 岁前，就手抄《杜少陵全集》，开启诗兴。我们在他的诗作里，也能看到他上袭少陵诗风，不论是内容还是风格，颇近少陵与放翁，传统文化的精神也就成为他的灵魂。

林子瑾（1878—1956），字少英，又名大智，笔名林疋及林鹰。林子瑾家祖先牌明确记载祖辈系古河南西河林姓，为殷商太师比干 104 世后裔。比干之子坚的后世一支于古代就南迁福建平和县埔坪社，清代到了台湾。林子瑾之父林染春是个秀才也是中医，又是台湾首任巡抚刘铭传的军医。母吴氏杏元是台中筑城总理吴鸾旗的长姐，与林染春成婚后，林吴两家便成一家。杏元之母又是雾峰林家罗太夫人的女儿。杏元聪慧，通罗马文，常乘小轿被请回林家参谋议事，很受欢迎。吴家与连家又本是福建龙溪县的乡亲。吴鸾旗本人是清光绪年监生，当时号称吴部爷，已是台中东山的名绅，台湾巡抚刘铭传曾任命他为台中筑城总理，与林朝栋、黄呈乙一起负责兴建台中城。林子瑾 1878 年生于吴公馆，其为林吴两个家族的后裔。因林父染春自己是个秀才，很重视子女的教育，他便督子每日清晨 5 点必起，攻读四书五经、《资治通鉴》、唐诗、楚辞等等书文。十分崇拜岳飞、郑成功等的民族气节。他早年曾到福建法政专门学堂学习，毕业后东渡日本留学。他的妹妹则留学英国，从事幼儿教育。林子瑾生性文弱，曾著诗自嘲“举手无鸡力”① 却又喜爱雄鹰，有做雄鹰的梦想。传统文化也给他奠定了后来奔赴祖国立足的思想基础。

同龄人林祖密、连雅堂、林子瑾三人并不是这一代台湾人中的核心人物，他们只是日据时“祖国派”的典型代表，他们同代中的林献堂才是那代台湾人的核心。

提起台湾近代历史，林献堂的名字不得不提。林献堂同样是非常忠于祖国和民族的，但是他没有像祖国派林祖密、连雅堂、林子瑾那样就迁往大陆做事和定居以至终老大陆。他坚持深深立足于家乡台湾，而且冷静地面对现实，在对日本人的抗争中始终成为当时台湾人的核心人物。

林献堂生于 1881 年，比林祖密等三人小三岁，但他却是林祖密和林子瑾的叔叔辈。同时因为家族联姻的关系，他又和林子瑾、吴子瑜是表兄弟的同辈关系。林献堂也是雾峰林家在台的第 6 代传人，他是这个大家族的第一个举人林文钦的儿子，是林朝栋的堂弟。家族的经济、政治实力极强，他的成长环境自然极为优越。他本人文质彬彬儒生的气质，7 岁时开始受传统教育，就读于家塾“蓉镜斋”。在传统学者何趋庭老师陶冶下，深受自强不息的影响，很有上进心。他自幼也受到父亲林文钦的直接影响。林文钦自强好学、修身克己、诚恳待人，有极强的“使命感”，关心社会公益和慈善，他为林献堂树立了榜样。林献堂崇拜并效仿其父，用心自学，长于经史。所以虽然比上述三人小了三岁，然而在日据之前及日据初期，他同样受到了系统的传统教育，为日后的发展打下了良好的基础。

① 傅锡祺：《栎社诗集》第一集。

第五节　晚清康梁变法前台湾出现的维新思想

一、大陆和台湾维新思想的典型人物

康梁变法前夕，大陆和台湾的维新思想几乎同时出现，只不过台湾仅是全国中的一个局部小地区，又是地处边陲的孤悬海岛，过去在全国整体的研究中，往往被忽略，几乎并无研究和论述，所以我认为现在研究中须予以重视起来。大陆的清末维新派先驱思想家和著名实业家的代表人物之一是郑观应（1842—1922）。他是广东香山人。少年时期即远游上海，弃学从商，他在早期开埠的大上海入洋行、学外语、识外人，以后长期于洋行任职，与洋务大员交谊日深，先后任织布局总办、上海电报局总办、轮船招商局总办。他的名著《盛世危言》1894年刊行。倡导自强求富、维新变法。政治方面提倡“立议院、达民情”，指出洋务派是“舍本图末”。经济方面则主张民办企业，与列强之商战抗衡，军事上“人”“器”并重。指出要改变近代中国落后局面，仅仅采取“强兵”政策、单纯依靠军事力量与西方列强竞争是远远不够的，在政治方面，强调立宪，先要有议会政治，其他方面的发展才有所保障。集中体现了关于改良封建社会、逐步实现君主立宪制度和资本主义经济制度的思想。最突出的特点是“商战”思想占据主导地位，认为必须设立议院、建立君主立宪制度，发展资本主义经济，抵御外国殖民经济入侵，才能真正实现民族独立和国家富强。

真是无独有偶，在台湾，同一时代的李春生（1838—1924）也是提倡变法维新的先驱思想家和成功实业家之一。他出生于福建厦门，父亲是船夫，家境并不富裕。小时候经常沿街叫卖以贴补家用。少年时成为长老教会信徒并到厦门的钱庄当伙计，由于经常与外国人交往，学会英语及商业经营。1857年受聘在厦门英商怡记洋行担任掌柜，从事洋货及茶叶买卖，辗转许多地方，眼界开阔。1866年受聘来到台湾担任宝顺洋行的总办，负责管理茶叶种植与生产，协助英国商人多德，从福建引进茶种，劝导台湾淡水农户种植成功，畅销纽约，台湾茶从此扬名海外。他也自制茶叶外销，并经销煤油，财富迅速累积。前面在洋务运动中提到过，1889年，李春生与他人共同建造台北的两条街，并出租给洋商，带动当地初期的繁荣。由于精通英语、熟悉洋务，很受洋人及官府的信赖，每被邀请参与交涉、提供意见或担任翻

译。同时，他还曾协助清政府并不惜投下巨资，推展各项工业建设和公共工程，诸如城池、铁路、港岸堤防的兴建、煤矿的修复以及担任蚕桑局副总办等，后因功获朝廷颁给五品同知赏戴蓝翎功名。他有着深邃透彻的思想内涵，曾出版过文集《主津新集》，收录他在1874—1893年写的文章，涉及变法维新的主题。《主津新集》刊行于1894年，恰恰也正是郑观应《盛世危言》刊行的同一年。可能是地域和影响面大小以及个人行为和政治的关系，近代史多提到郑观应，少有提到李春生。其实历史上这两位人士有着极为类似的经历和观念，不过一位在大陆，一位早期由大陆到台湾。他们首先重视变法维新的观念，但是我认为，他们的经济上的商战思想是最基础、最重要也是最具有长远指导意义的思想观念。

二、郑观应和李春生的相似点分析，近代台湾思想倾向的第一次转型

把这两个历史人物放在一起并列研究和再认识，我算得上首次尝试。之所以这么对比研究，是因为他们不仅都是近代历史上两位重要的思想家，而且他们的确有些相似之处。

第一点，首先是因为他们二人都是在1894年甲午战争失败以前就已经充分认识到单纯的洋务是不顶用的。对于西洋，必须从器物硬件学习的层面扩展到制度的层面，重视发展经济自强的同时需要变革制度进行变法维新。他们已经要求近代化了，为此我们必须首先明确近代化的概念。西方和近代化是两个概念，一个是地域的概念，一个是囊括在时间中的社会经济和政治结构两者合成的概念，因此近代化包括了经济基础的近代化和政治制度的近代化。从整个世界来看，当时世界各大强国都已进入近代化，建成了资本主义的经济基础和宪政或共和的政治架构。西方经历英国工业革命和法国大革命之后，许多国家都相继兴起。有了经济与军事装备的优势，便向外扩张和掠夺殖民地。西方已是近代化的先进状态，而当时中国和世界列强发展的差距相当大，尚没有发展到近代化社会，仍然停留在以小农经济为基础的封建社会。中国进行近代化是多次遭受外来侵略战争失败的刺激，也就是说在一定程度上，是西方的刺激和影响起了重要的作用。尽管历史上早有西方文化的传播，西方的文化和观念传入后对中国的影响也不断扩大，但局限是很明显的，大规模和强烈的刺激仍然是侵略战争。因此如果从近代化观念角度看，所谓中国近代化的进展过程，开始时存在一定的被动过程。守旧的观念、封建统治势力和实力仍然极强，而维新思想和势力相对较弱。比起因经济生产

力的发展而主动步入近代化的国家，实现近代化的阻力相对较大。如果从认知规律角度看，也的确是存在一个认知的过程，一开始时总是先看到表象。观察世界的总体环境和中国这段历史，可以明显看出，1840 年鸦片战争失败的根本原因，表象是中国的落后，军队和武器近似古代的，隐象则是政府是皇帝统治的封建政府，大多人们的观念也很陈旧。虽然拼命抵抗列强侵略，仍屡屡战败。失败以后还不能明白失败的真正原因，不知力图改革。早期的人，战争前后仍处麻木状态。后来在列强不断侵略的过程中，对硬件有了认识。先看到的是工业化的结果即船坚炮利，直到咸丰十年（1860 年），第二次鸦片战争英法联军攻进了北京城，这时少数人意识到非学“洋枪洋炮”不可的紧迫性。他们看到并不得不承认西方的物质成就，而没有看到或是即便看到，但仍然根本不愿意承认体制的束缚，仍想保持传统体制，仅希望引入欧洲近代工业技术，强化原有体制，形成晚清“中体西用”思想论。其实按认知规律，在认识硬件的基础上，总会发展到看清了背后的软件。人们会进一步发现单学硬件还不成，还必须学软件。只不过站在统治者立场的人，即使看到体制的问题，仍坚持不愿承认。统治者是为维护政权，而采取只学硬件的办法，于是 1861 年中国就开展了洋务运动。北京的恭亲王奕䜣、大学士文祥和地方的曾国藩、李鸿章，左宗棠、张之洞等人力主洋务，主要是用西方的技术对付西方的入侵，这其实就是魏源在《海国图志》所提出的“师夷长技以制夷”的思想。洋务重点则是以军事方面的需要为中心带动工业化，许多省份都办起兵工厂，也附设有学科技的学校。洋务运动一直开展了长达 30 多年，30 年的运动在教育方面也训练了一批人才，引进科技以及提倡新企业等，由此产生了最早的民族资产阶级和无产阶级。在当时，这种认知和实行也是进了一步，关键是这些活动对其后事态的发展具有长远的影响。

其实中国的洋务运动始自 1861 年，比日本的明治维新早 7 年。日本 1868—1873 年（即同治七年到同治十二年）才出现了明治维新。当时的日本面临美、英、法、俄的侵略，出现严重的民族危机。维新使日本成为中央集权国家，走上发展资本主义的道路，成为亚洲强国，逐步废除了不平等条约，摆脱了民族危机，转而强盛起来，开始侵略他人。中国洋务运动期间，日本发生的明治维新对中国的启示和影响也不小，不过中国的顽固势力当时特别强大，强调洋务只能学硬件，在软件上仍然要坚持“中体”。

既然按认知规律，在认识硬件的基础上，总会发展看到了背后的软件。人们则进一步认为单学硬件还不成，还必须学软件。及时认识到体制问题的人们，或因未站在统治者的立场、而出自国家安危的考虑，或因希望统治者开明，从而率直提出体制问题。有一些新出现的知识分子，如郑观应、李春生等，便刊印报刊，鼓吹自强思想，呼吁进一步改革的言论，对后来的百日维新及立宪运动都有推动作用。中国经历了1861—1890年长达30年的洋务运动和民族工业的出现，也使新的政治观念有了些经济基础。当时的主张或是君主立宪，或是民主共和。在清政府内部，光绪皇帝已经意识到危机和改变的必要。在这种情况下，变法维新的思想便开始在朝野获得推广，出现了戊戌变法。19世纪末美国经济超过英国跃居世界第一，西方的影响继续呈上升趋势。总而言之，中国在进一步的接触西方后，各种制度被进一步认知，于是，当时工业化与民主化逐渐便成为中国追求"西方式"近代化的目标。

就中国国内而言，面临巨大变革的时代已经到来。这个变革已经不单是古代因朝廷腐败、农民起义或少数民族兴盛而引起的改朝换代。连不久前以失败告终的太平天国农民运动（1851—1864）都已带有西方宗教观念色彩，硬件方面则完全学习西方。中国在甲午战争中又是一败涂地，失败之后，单纯学习器物的不足之处更加明显，制度与思想的学习更加强了。由硬件到软件的认识过程也就是从洋务运动到变法维新的发展过程，1898年的戊戌变法维新以及后来的立宪的确是向西方的模式靠拢。先是以原本政治架构为基础，进一步改革制度的维新变法；后到更加动摇原来政治架构的立宪运动，一直到呼唤民主共和，甚至一些人发展到思想的全面西化。当然，后来由于清政府顽固派的阻挠和迟疑以及辛亥革命运动的发展，历史的发展，一直到清廷覆亡，还是以封建制度灭亡、民国的建立而告终的。

第二个相似点是时间上的同步。郑观应名著《盛世危言》1894年发表，无独有偶，李春生的《主津新集》恰巧也在1894年刊行，这说明时代使当时的部分人士有着不约而同的共同思考。当然，《盛世危言》影响甚大，光绪皇帝命印发2000册供大臣阅览。

第三点是他们都是亲身从事商业经济活动，对商战的切身体会尤深。从经济考虑政治有其更深层的意义。由于他们从事新型的经济业务，使得他们对西方近代政治观念的理解更深，所以他们力主变法维新是以经济思想为基础的。经济是社会发展的基础，是历史发展中长期起作用的因素。因为西方近代政治是建立在新的经济基础上的，政治是上层建筑。他们二人的思想发展从经济活动层面上发展到政治层面上，结合当时中国社会综合经济状况提出了政治见解和主张，对他们的研究重点也就不在于政治主张而在于经济思想和主张。最值得重视的是他们的商战思想，有较长远的意义。他们不知道也并不去判定、预测清政府后来的态度，这和不从事经济活动，单纯从政治上考虑政治又不大相同。

第四点，他们并不是没有固有文化。无论是有基础，或是小有基础而后来深化，他们都相当重视传统文化。他们对祖宗有深厚感情，对传统文化有深刻思考和理解。但是他们发现传统文化习俗不适应经济发展的部分，便坚决反对，决不固守。他们对经济基础的理解相当深刻，在这点上，他们和不从事经济活动，单纯以固有文化为基础，从文化基础进入到政治活动者又不大相同，后者则可以回到复古。这点在研究时很值得注意。

第五点，他们当时基本上并没有直接参加变法维新的政治活动。康有为、梁启超直接参加和主导了变法维新这一重大的历史事件，当时参与的台湾人士在朝的叶题雁，李晴琦和来京参加会试的汪春源等也参加了这一政治活动。而郑、李却不是进士或举人，他们自己走的是另一条成长和发展道路，即从事商业活动。康有为能直接主导变法维新有其必然及合理性，他不是从事商业活动的实业家，而是研究经学的。在儒家文化牢固的中国社会，“改革运动若要获得广泛支持，必须先设法让中国舍固有旧制而取法外人的作法，在哲学思想上站住脚。由于中国传统统治阶层仍以儒家思想为中心信仰，就必须从儒家思想中寻求认可。这件事只有儒家的近世大贤才办得来，唯有这种人才担负得起更新儒家传统思想的大任。康有为的重要贡献就在此。他是广东的读书人，思想早熟而富于想象力，有极端的自信，最擅长于托古改制……康有为原是今文经学派的学者……今文经学者常以‘清议’的方式呼吁朝廷应更注重民间的需求。康有为——有意或无意地——代表了士大夫阶级对于政府改革越来越感兴趣的心态。”费正清所述这一观点有一定道理。

第六点，他们的政治思想有可变性，后来因情况变化而可以有变化。其实由古代传统到近代，任何新旧过渡的转变时期，人们思想往往也出现变化。张朋园教授在《立宪派与辛亥革命》中认为，清末的咨议局的议员们后来有不少是中国传统士绅的最后一代，但大都接受的新式教育，有的还留过学，他们之所以能结合在一起，是因为他们要求社会的改革，并在开明专制下建立宪政，以促使中国社会的近代化。但他们又不希望社会结构发生巨变，仍希望能够保持他们的社会地位。这些“进步的保守份子”在梁启超的理论指导下，掀起他们的运动。他们三次请愿早日召开国会，但每次都被拒绝，因此其中有许多人失望了，在辛亥革命时，更与革命派携手合作，终于促使帝制的崩溃。其实郑、李的观念也都是发展的，可变的，郑观应和孙中山交往过。李春生则由于更深层次的原因，后来也发生变化。他们后来的重要不同之处也因此发生。郑观应似乎更倾向于固有的道家文化，而李春生则更深入了解西方现代文化的源头基督教传统文化，并试图结合中国传统文化去解释，向形而上的层次发展。这些变化并不是它们的经济活动不扎实，而是涉及中国传统文化的深邃和后人的不同理解，这也是个值得研究的问题。西方近代化的本身也一直与基督教并存，至于1895年后的政治倾向和李春生的政治态度则不在此讨论范围之内。

这些维新变法和商业竞争思想对这代台湾知识分子也产生了影响，也是他们不断进步的过程中的一个思想台阶，连雅堂对李春生就相当重视。在他的《台湾通史》中，就把仍然在世的李春生特意列入货殖列传，与黄南球和陈福谦并列为近代台湾三大货殖家。

总之，我认为台湾维新思想的产生也是继突出的郑成功文化、抗法斗争和开展洋务取得成绩后，台湾民众在近代史上的第四个亮点。从思想发展角度看，这是近代台湾知识界思想倾向的第一次转型。

第二章

日据时期（1895—1945）

第一节　日据台湾初期的社会状况

（甲午战争到辛亥革命前）

一、日据时期的分期说明

台湾近代史（1840—1949）的109年中，日据时期从1895—1945年长达50年，约占一半时间。按日本统治特点，这50年又可分为三个时期：1895—1919年为初期武官总督统治时代，共24年；1919—1936年为中期文官总督时代，共17年；1936—1945年为后期武官总督时期，共9年。

按中国近代史分期，从1895—1945年期间则大体上是分为5个时期：第一是1895—1911年为甲午战争后的晚清时期，共16年；第二是1911—1919年为辛亥革命、民国初期，共8年；第三是1919—1927年为五四运动后到第一次国共合作的破裂时期，共8年；第四是1927—1936年为国民党在全国统治的建立和土地革命战争时期，共10年；第五是1937—1945年为第二次国共合作、全民抗战时期，共8年。如果把中国近代史中1895到1945年的历史分为5期的方法用于台湾近代史的日据时期，并和按日本统治特点分为三期的这两种分期方法比较起来，有4个时间点是共同的。即1895、1919、1936（或1937）、1945年。不同处只是在按中国近代史中的分期法中，把按日本统治台湾分期中的第一期又分为两期，切割点是大陆1911年的辛亥革命；把第二期又分为两期，切割点是1927年大陆的国共合作破裂。所以这两种分期方法有三个年代基本是一致的，即1919年、1936（或1937年）、1945年。

这里我们需要注意，虽说分期方法有基本一致的时间点，只不过按中国国情，分得更详细一点，增加了1911年和1927年两个划分年代。但采用那种分期方法却是一个值得商榷的问题。我主张按中国近代史分期方法编写台湾近代史。理由是：1. 虽然日本统治台湾50年，但台湾是中国的组成部分，历史必须按中国的近代史分期。2. 日本统治者只是台湾近代历史的一个方面，而被统治者即台湾民众才是创造历史的真正主人和动力。事实上，即使在日本的残酷统治下，台湾的广大民众和有识之士却一直注目大陆，受祖国大陆影响决定他们的行动，对抗日本的统治，而不是顺从日本的统治。明确这点才能在台湾近代史中真正反映出历史发展的本来真正面目，而不是在资料挖掘不全的情况下，甚至客观上形成单纯符合日本统治的分期方法，或根据日据时期“警察沿革志”去写历史，其实对“祖国派”人士受祖国的影响而出现的的作用不应忽视。按中国近代史的分期，更能清晰说明这点。3. 我主张把日据时期的台湾近代史写入中国近代史，这应是我们的努力目标，希望两岸尽早共同启动这一工程。为了铺垫道路，便于把台湾近代史融入中国近代史，我在此试着完全按中国近代史分期编写台湾近代史，将日据时期分为5个时期：第一是1895—1911年为甲午战争后的晚清时期，即日据台湾初期，共16年；第二是1911—1919年为辛亥革命、民国初期，或称日据台湾第二期，共8年；第三是1919—1927年为大陆五四运动后到第一次国共合作破裂时期，或称日据台湾第三期，共8年；第四是1927—1936年为大陆国共破裂时期，即日据台湾第四期，共10年；第五是1937—1945年为第二次国共合作、全民抗战时期，即日据台湾第五期，共8年。

于是，台湾近代史与中国近代史分期时段基本完全一致，台湾出现的事件内容发展反而更加清晰，一目了然，也使得青年读者便于记忆。因此按日据时期的五个时段，本章共分五个时段叙述，并注重写出历史的真实发展轨迹，反映出日据时期台湾民众相对主动的现象。

二、《马关条约》的签订和1895年台胞在京城的“五人上书”

从1895到1911年的十六年是一个关键时期。其间大陆发生的事对台湾人民休戚相关，产生了深刻影响。这十六年发生的第一件头等大事就是甲午战后，于1895年4月中日签订《马关条约》，清政府被迫割让台湾。当时举国震惊。

实际上，1840年以来，大清王朝统治下的中国和世界其他大国比较起来已经是相当落后的国家。那时英、美、法、俄等国已是世界列强。日本在1868—1873年间（清同治年间）明治维新成功，成为亚洲强国，又走上帝国主义道路并转而开始侵略中国，多年窥视台湾。1894年8月中日甲午战争爆发，中国战败。1895年4月《马关条约》以后，台湾就要沦为日本的殖民地了。根据《马关条约》，台湾居民其后两年内未能迁走的也就要被迫沦为日本国籍。对台湾人民来说，清政府割让台湾更是天大的噩耗，完全改变了自1885年中法战争后洋务时期台湾十年的相对平静，改变了台湾人民的命运，成了清政府甲午战败的牺牲品。其后十六年中大陆发生的很多大事对台湾人民仍然产生了相当重要的影响。

割台消息自日本传来，当时正在京备考的台湾举人表现得特别突出。1895 年 4 月 28 日，应试的台湾举人汪春源、黄宗鼎、罗秀惠联合在北京的台湾籍官员户部主事叶题雁、翰林院庶吉士李清琦等五人联名上书都察院代奏光绪帝反对割台。强调台湾为东南门户，“无台地则不特沿海七省岌岌可危，即京畿亦不能高枕”；一旦割让宝岛，台民“如赤子之失慈母，悲惨曷及”。疾言“与其生为降虏，不如死为义民”。[①] 这就是“公车上书”前夕的“五人上书”。台湾举人，垂涕请命，莫不哀之。康有为注意到“士气可用”，发起十八省举人于松筠庵会议，以一昼二夜草为万言书，举人签名上书，请拒和、变法、迁都三策。5 月 12 日递呈都察院，虽被都察院拒绝不收，但已广泛传布，影响巨大。史书上陈述了著名的所谓“公车上书”事件。因此从事实经过可以看出，汪春源等“五人上书”在历史关头的作用和历史地位。“五人上书”是在“公车上书”之前发生的。“五人上书”被呈上去了，而“公车上书”却没被呈上去。“五人上书”是“公车上书”前台湾有识之士的一个亮点。汪春源于 1903 年科考中了进士。在他的“亲供”中，填写了“福建省安平县人”。这相当于他不承认台湾隶属日本，是表示自己为中国人的严正声明。汪春源等“五人上书”这一爱国行动的意义远不在于来京城参加科考，而在于当祖国危难时刻，他们马上奋不顾身、抛头露面、上书皇帝，反对割让台湾。显示了坚定的爱国立场和保卫家乡故土的决心。这也是代表了当时台湾民众的共同呼声，又影响了其后的台湾人民，而成为年轻人的榜样和楷模。汪春源等前辈在京的“五人上书”是台湾人民对清廷割台的第一反应，我认为汪春源等在危急时刻，代表了台湾民众书写的这一笔，是继台湾的郑成功文化、抗击法军侵略、维新思想及台湾洋务这四个亮点之后，台湾民众在近代史上的第五个亮点。

参加“五人上书”的另一位举人黄宗鼎也是拒绝接受日本统治的爱国志士，1895 年即内渡福建。其子黄畲、黄正襄都是当代名画家。其弟黄彦鸿 1898 年中进士，后被选任清政府军机章京领班之一，曾隐握实权。黄彦鸿子黄均也是位名画家。

“五人上书”的原件和都察院代奏的原件是 2010 年 3 月才在北京的故宫

---

① 北京市台湾同胞联谊会编：《台湾会馆与同乡会》，北京大学出版社 2012 年版。

博物院发现的。根据故宫博物院这次对“五人上书”原件的重要发现，尚需史学界进一步重视“五人上书”的历史意义研究以及史实的勘定和改写工作，需要重新修正和细化“公车上书”这段历史的写法。

另外一件值得提起的事是晚清来京的台湾人大多是来应试的，但还有一个唯一的例外，陈顺龙（1869—1938）在光绪二十五年（1899 年 30 岁）来北京，他开设了牙医馆（一说是光绪十三年，但当时他年仅 18 岁，所以第一种说法可能性大）。此事的意义在于，他在没有条件继续在私塾或书院学习的情况下，舍弃了科举的途径，赴港学习医牙技艺，成为学习技艺、重视实际技术的实践家。他是把西方牙医术引进到北京的第一人。虽然他当年伶仃一人，但就像一线曙光，预示了科举仕途之外，人生道路的新途径和科技时代将会到来。这里提及此事，是希望引起大家注意，如果他 1899 年来京成立，那么这是在日本占领台湾以后发生的事。陈顺龙的经历说明当时台湾民众在可能的情况下选择在祖国生活，表达了他们对祖国的感情并进行了西方科学技术的文化传播。研究者过去对此事往往忽略不提，即便后来提及此事，也完全没有从这方面去理解其深刻意义所在。

三、台湾民众的祖国观念和潜伏的民主意识——台湾出现的第二次思想转型

《马关条约》使得台湾在全国各省中处于极其特殊的境况——被割让。当时台湾突然变成隶属日本，台湾民众无法接受。他们忠于祖国，在民族认同、文化认同以致自然隐含在其中的国家认同的思想意识都相当强烈。根源就在于那一代台湾民众普遍本能的深知自己本来一直就是中国人，他们久居台湾，也一直传承着中华文化，一些受过教育的台胞的认同意识更是与传统文化密切相关。

事实上，这种特点在台湾近代史中第二代人物丘逢甲等人身上凸现出来。1889 年，他考中进士后被任命为工部主事虞衡司，而自觉朝廷腐败，对仕途不感兴趣，受到光绪帝接见后就请假回台，在台从事书院教学。他教授的是新学，这点很重要，说明他代表的这代知识分子已经产生进步思想。他们从传统文化中吸收了自强不息的爱国传统，看到了清政府的腐败无能。1894 年 8 月甲午战争爆发后，他更预感到即将到来的日本威胁，9 月他就组织台民兴办团练，以备不测。11 月被命总办全台义勇事宜，1895 年 3 月被任命为统领各路义军关防。1895 年《马关条约》签订的消息传到台湾，台民哭声震天。

他们在伤心的同时，更看出清朝的卖国行为而产生埋怨情绪，实际对封建制度产生了怀疑。

他们以传统文化为基础，开始了向往民主的诉求。所以我认为这是在台湾近代史中，知识界人士从经济活动实践出发而出现的变法维新思想后的第二次转型。转型内容是从单纯的民族意识，转变到初步朦胧的民主意识。传统文化给予台湾有识之士以民族气节，列强的入侵强化了民族意识。封建王朝的腐败、西方文化的传入和洋务运动促进社会经济的发展，如何使国家变强自然引起他们的思考，这些影响诱发了他们对封建制度信念的动摇。

台湾沦为日本的殖民地后，相当于成为全国最早的沦陷区。台湾民众较早便受到日本殖民主义的直接压迫，同时在全国各地区当中，他们又是清政府弃台自保政策的直接受害者。他们热爱祖国，不但痛恨日本侵略，对清政府也有抱怨情绪，对弃地遗民和将沦为日本国籍的身份耿耿于怀，对封建制度就已经初步有了唾弃的想法，产生了关心祖国、又期盼民主的意识。这是一次微妙的转变，隐现在对清政府的埋怨之中，仓促迸发于清政府割台之时。事实上，自日本在台湾登陆后一系列的台湾民众的抗日史实都说明了存在于民众脑海中的民族意识，这次转型的特点是朦胧的转变，从民族意识到民主意识。后来一些人更把台湾民众热爱祖国、痛恨日本、怨恨清政府这种朴素的民族感情上升到既反对日帝侵略同时又反对封建帝制、追求民主的层面，产生向往民主的民族民主革命思想萌芽。

四、清政府割让台湾促进了台湾民众之民主意识的迸发。台湾民主国的出现及其意义和影响

中日甲午战争中国战败，1895 年 4 月 17 日中日签订《马关条约》，清政府被迫割让台湾。5 月 21 日，丘逢甲、林朝栋等台湾绅民集会，确定自主抗日保台。1895 年 5 月 25 日台湾民主国宣布正式成立，推唐景崧为总统。可是当天唐景崧就下令各级文武官员务必于 5 月 27 日前内渡，掀起内渡风。5 月 29 日日军抢先登陆台湾，6 月 4 日夜唐景崧本人化妆潜回大陆，6 月 7 日日军开始进驻台北，台湾民主国仅存在 12 天就消失了。

1895 年 5 月在台湾沦陷前夕紧急出现的“台湾民主国”是抗日的产物，其中也明显包含着反对封建、要求民主体制的意识。（关于它并非主张“台湾独立”，已有很多文献有明确的论述和证明。历史上对台湾民主国有正式记载，并予以了客观评价，这点本文不再详述。）它忠于清政府，实际上是忠于

祖国中国，而也把反对封建体制明确化，名称中明确写出“民主”二字，民主概念的出现和运用不是偶然的。所以这里，我们也需要注意研究当时台湾同胞已出现的既热爱祖国又反对清政府封建制度、向往民主体制的思想。这是潜藏在头脑中的民主意识，在紧急的外部情况下的迸发。尽管这一抗日产物是很不成熟的、形式上的民主体制，又是短促的昙花一现，但是它却有别于“帝国”“王国”之类。并没有叫“台湾王国”。这不仅是简单的名称问题，而它确是1912年中华民国成立以前在台湾即将沦陷前夕紧急情况下出现的、来不及完善的、有别于封建帝国的、当时中国的民主政体观念的一个小闪光点。可以这样说，实际上是当时中国的一个“民主国”序曲，只不过是急促诞生在中国的台湾岛的早产儿。尽管它是个很不完善的前奏，但具有强烈的反对封建制度的意味。它是台湾民众在近代史上继前面提到的五个亮点后的第六个亮点。这一中国的“民主国”前奏只不过出现在被清政府遗弃的台湾地区，清政府驻台官员唐景崧被拥为总统后又是个无骨气的逃兵，这个前奏曲当时很快消失，台湾很快成为日本殖民地，与大陆隔绝，不可能有更广泛的影响。但不可否认，其出现也确曾在大陆有较大震动，产生了一定影响。上海《申报》经过反复考虑，终于向大陆报道、宣传和解释这一产物，从而扩大了影响。《申报》显然为避免太过于刺激清廷，一再强调了“抗倭”方面的实质。但1895年7月15日《申报》仍载文说：民主国的出现“远足以震动天下，俾薄海内外闻之，知中国固大有人在，我君可欺，我民不可欺；我官可玩，而我民不可玩”。这件事肯定说明了中国的台湾地区当时已经初步产生了民主意识，有民主体制的要求。也由此事可知，当时台湾军民对得不到清政府封建政府的任何道义上和物质、人力上的支持以及对封建朝廷不顾民众的爱国要求有多么怨恨，对民主体制有何等的期盼。

所以这里要重视一个民主概念的出现问题。从名称上就可看出，丘逢甲明确提出了民主概念。根据上述史实，这是传统知识分子中出现第一次思想转变（变法维新思想之产生）之后，第二次思想转型的直接体现，是在清政府割台的紧急情况下民主意识的迸发。台湾民主国的提出也是寄希望祖国结束封建制度，走向民主、强大。《马关条约》激起台湾同胞的义愤和进一步觉醒，也使他们更加认识清政府政府的卖国面目，而初步产生了民族民主革命的要求。台湾民主国表示忠于清政府，这实际上是忠于祖国、不搞“独立”，而又不是忠于封建制度。要是完全忠于清政府，又为什么要叫“民主国”呢？这点已很明确。

五、武力反对日本占领台湾的继续

《马关条约》后日军登陆占领台湾的全过程也就是台湾军民抗日保台的战斗过程，日军登陆过程中遇到了台湾军民的顽强抵抗。“台湾民主国”消失后、丘逢甲义军会同吴汤兴、姜绍武、徐骧等义军及刘永福的黑旗军坚持继续开展保台激烈的战斗。丘逢甲于1895年7月底内渡，刘永福以台南为据点，又坚持到10月。10月19日日军大举进攻刘永福的最后指挥据点安平炮台，守军虽英勇抵抗，但孤立无援、弹尽粮绝，刘永福只好内渡厦门。10月21日日军进驻台南，桦山资纪宣布占领全台。这些情况历史记载较为分明，此处不再详述。

六、日据初期的统治概况（1895—1910）

下面我们看看1895—1910年期间日本在台湾的初期统治情况。除了武力镇压台湾民众的反抗外，还要注意他们对中国传统文化的破坏和利用。

为了背景明确、叙述方便，先将自1895年日本统治台湾后的统治系统列表如下（部分资料包括1895—1945年整个日本统治时期）：

1.1895—1910年前后的日本天皇：

明治，1868年9月8日开始统治日本，历时45年。其后大正，1912年7月30日开始统治日本，历时15年。接下来便是昭和，1926年12月25日开始统治日本，历时长达64年。所以1895—1910年正是日本明治28年到明治43年时期。

2.1895—1910年左右历任日本首相列表：

序号	姓名	就任时日	离任时日	所属政党	备注
1	伊藤博文	1892年8月8日	1896年8月31日	无	第2次执政
2	黑田清隆	1896年8月31日	1896年9月18日	无	时任枢密院议长，临时代理首相职务
3	松方正义	1896年9月18日	1898年1月12日	无	第2次执政
4	伊藤博文	1898年1月12日	1898年6月30日	无	第3次执政
5	大隈重信	1898年6月30日	1898年11月8日	宪政党	
6	山县有朋	1898年11月8日	1900年10月19日	无	第2次执政

7	伊藤博文	1900 年 10 月 19 日	1901 年 5 月 10 日	立宪政友会	第 4 次执政
8	西园寺公望	1901 年 5 月 10 日	1901 年 6 月 2 日	立宪政友会	时任枢密院议长，临时代理首相职务
9	桂太郎	1901 年 6 月 2 日	1906 年 1 月 7 日	无	
10	西园寺公望	1906 年 1 月 7 日	1908 年 7 月 14 日	立宪政友会	第 2 次执政
11	桂太郎	1908 年 7 月 14 日	1911 年 8 月 30 日	无	
12	西园寺公望	1911 年 8 月 30 日	1912 年 12 月 21 日	立宪政友会	第 2 次执政

日本当时已经是政党政治，所以时常更换首相。以上是 1892—1912 年时期的日本首相。

3. 以下是中国进入民国时代后的几个重要日本首相。

日本首相列表

序号	姓名	就任时间	离任时间	所属政党	备注
1	大隈重信	1914 年 4 月 16 日	1916 年 10 月 9 日	立宪国民党	第 2 次执政
2	原敬	1918 年 9 月 29 日	1921 年 11 月 4 日	立宪政友会	
3	若槻礼次郎	1931 年 4 月 14 日	1931 年 12 月 13 日	立宪民政党	第 2 次执政
4	犬养毅	1931 年 12 月 13 日	1932 年 5 月 16 日	立宪政友会	
5	近卫文麿	1937 年 6 月 4 日	1939 年 1 月 5 日	无	
6	东条英机	1941 年 10 月 18 日	1944 年 7 月 22 日	军人	
7	铃木贯太郎	1945 年 4 月 7 日	1945 年 8 月 17 日	军人	
8	东久迩宫稔彦王	1945 年 8 月 17 日	1945 年 10 月 9 日	皇族	

4. 台湾总督

台湾受日本统治时，由日本所指派的总督直接统治台湾。在 1895 年到 1945 年半个世纪当中，日本共派任了 19 个总督，可以划分为以下三个时期："前期武官总督"、"文官总督"以及"后期武官总督"时期。

1）前期武官总督（1895—1919）

桦山资纪：1895 年 5 月 10 日—1896 年 6 月

桂太郎：1896 年 6 月 2 日—1896 年 10 月

乃木希典：1896 年 10 月 14 日—1898 年 2 月

儿玉源太郎：1898 年 2 月 26 日—1906 年 4 月

佐久间左马太：1906 年 4 月 11 日—1915 年 5 月

安东贞美：1915 年 4 月 30 日—1918 年 6 月

明石元二郎：1918 年 6 月 6 日—1919 年 10 月 26 日（殁）

2）文官总督（1919—1936）

田健治郎：1919 年 10 月 29 日—1923 年 9 月

内田嘉吉：1923 年 9 月 6 日—1924 年 9 月

伊泽多喜男：1924 年 9 月 1 日—1926 年 7 月

上山满之进：1926 年 7 月 16 日—1928 年 6 月

川村竹治：1928 年 6 月 15 日—1929 年 7 月

石冢英藏：1929 年 7 月 30 日—1931 年 1 月

田政弘：1931 年 1 月 16 日—1932 年 3 月

南弘太：1932 年 3 月 2 日—1932 年 5 月

中川健藏：1932 年 5 月 27 日—1936 年 9 月

3）后期武官总督（1936—1945）

小林跻造：1936 年 9 月 2 日—1940 年 11 月

长谷川清：1940 年 11 月 27 日—1944 年 12 月

安藤利吉：1944 年 12 月 30 日—1945 年 10 月

从列表中我们可以明确，1895—1911 年期间正是日本明治天皇统治的后期。日本处于明治维新后的政党政治状态，首相则换了 12 次、7 个人。为便于镇压台湾民众。这时期的 5 个台湾总督全都是前期的武官总督。他们是：桦山资纪：1895 年 5 月 10 日—1896 年 6 月；桂太郎：1896 年 6 月 2 日—1896 年 10 月；乃木希典：1896 年 10 月 14 日—1898 年 2 月；儿玉源太郎：1898 年 2 月 26 日—1906 年 4 月；佐久间左马太：1906 年 4 月 11 日—1915 年 5 月。

5．总督统治的确立

1895 年日本入台后实行的总督制，是军政合一的统治体制。而且，1896 年 4 月日本政府还颁布了该年度的第 63 号法律，即统治台湾的基本法，人称“六三法”。其实质就是总督有立法权，也就是立法、司法、行政权都集中于总督，这是高度专制独裁的体制，同时在台湾很快建立健全了警察体制。1897 年 6 月，第三任总督乃木希典颁布《三段警备法》加强军队、警察、宪兵协力镇压台湾民众。更恶毒的是，1898 年 11 月底第四任总督儿玉源太郎颁布《匪徒刑罚令》，把反抗日本压迫的民众一律视为匪徒而任意镇压。在基层，他们建立起“保甲制”，形成了严密的统治网络。

日据初期的 1895—1910 年间，日本在经济上采取了一系列掠夺台湾的殖民初始措施。1898—1903 年首先进行了土地调查，达到增加财政税收的直接目的。1903—1905 年 3 年间，总督府的地租收入增加了三倍，并在 1910 年开始了林野调查。1897—1899 年建立了台湾银行，统一币制并于 1904 年实行了和日本本土一致的金本位制。1899—1908 年贯穿台湾南北的铁路建成通车。1899—1902 年基隆港第一期扩建工程完工，并于 1906 年开始了第二期工程，1908 年又开始了高雄港的第一期扩建工程。总之这些初始措施都是为它的经济发展打基础的。而日本在占领台湾初期对台湾的殖民政策是打算在台湾只发展农业，而在日本本土发展工业，让台湾成为日本工业发展的原料基地、粮食、糖等农产品生产基地和商品市场。日本的中心点就是围绕发展军国主义、扩大侵略范围，这一时期，在 1904—1905 年已经发生了日俄战争，台湾就要相应地给日本提供军需大米。在经济上，完全从日本的发动侵略战争准备的需要、日本垄断财团利益、日本企业资产的利益考虑，残酷掠夺台湾资源、剥削台湾人民，使台湾成为畸形的殖民地经济形态。

日本殖民统治也非常重视从文化上控制台湾，以便从根本上奴役台湾民众，达到长久统治台湾的目的。乃木希典从 1896 年 10 月 14 日统治到 1898 年 2 月，从其统治初期就在台湾把日语称为“国语”，推行了“普及国语”的活动，1896 年日本在 14 处设立“国语学校”和“国语传习所”。1898 年 2 月日本首相伊藤博文任命儿玉源太郎为台湾总督后，在台湾建立了公学校。这一时期的同化主义表现在慎重的“渐进主义”、“差别教育”、“隔离教育”。1906 年 4 月首相西园寺公望任命佐久间左马太为第五任总督后也一直继续推行这种策略：一方面坚持发展日语教育，另一方面则尽量封杀破坏中华传统文化。佐久间左马太统治期间，发生了日军进驻台北孔庙，毁坏至圣先师及先贤牌位，礼器与乐器亦遗失，建筑物逐渐荒废，而祭孔典礼也停止了。1907 年为建立日语学校拆除了台北的孔庙，并利用其旧址建造第一高等女学校。而后，日本人又想利用儒学为其统治服务，欺骗人民，不久，再于日语学校之内建一小阁，重塑至圣先师及诸贤之牌位奉祀，每年的孔诞开阁，由学校师生致祭。

在教育上，日本在台湾初期就为其后的“皇民化”打下基础。其后更不断深化同化政策，以致最后索性强迫使用日语、禁止使用汉语，禁止私塾和书院，取消报刊的汉文版，推行改姓运动，力图从根本上消除台湾民众的祖国观念，而树立起是“大日本臣民的忠君意识”，但这只能引起台湾人民的更大反感。

七、1895—1911年日据台湾后，台湾的抗日活动：武装斗争

从1895年日军登陆台湾后，针对日本的残酷统治，台湾民众自发的抗日斗争不断发生。虽然1895年10月日本驻台湾首届总督桦山资纪宣布占领全台，但是可靠记载，从这时到1902年的7年中，台湾民众的武装抵抗也不断发生，如简大狮、科铁虎、林少猫的武装抗敌就发生在这些年代。但由于武力悬殊，均遭日本残酷镇压而失败，台湾自发的武力抗敌暂转低潮（1902—1907）。目睹数次武装斗争的失败之后，也引起了这一代人的深思。到了1907年，在新竹的北埔发生了蔡清琳领导的北埔起义。他以孙中山为榜样组织了“台湾复兴中会”，虽然也被镇压而失败，但它的意义在于它是1911年受辛亥革命影响的新一轮起义的序曲。关于这时期的武装斗争，许多文献都有较详细记载和论述，本书就不多谈了。

八、1895—1911年日据台湾后，台湾的抗日活动：文化战线斗争

日据初期台湾文化战线的斗争也不可忽视。实际上可以说它是属文化上的民族主义，也是大陆当时民族主义运动的一个分支。在激烈的武装反抗被残酷镇压后，台湾的爱国知识分子并没有放弃斗争。针对日本的文化侵略，台湾文人面临着发扬民族精神、保护中华文化的光荣任务。台湾知识界深刻地意识到这点，并自觉地执行了这一任务。被迫离开台湾而内渡的人，往往留下诗篇，延续爱国精神。如丘逢甲在《别台作》的诗句中说：“卷土重来未可知，江山亦要伟人持。”刘永福在《别台诗》中说：“再奏悲歌惊四座，满江一曲赋魂消。”而割台后不少在台文人更是闭门不出，不肯为日本人服务。例如林子瑾在林纪堂（林献堂的堂兄弟）去世时赞扬他“洗尽胸中万斛尘、杜门不出养慈亲。竟忘猗顿归诸夏，却爱严光隐富春。处事孤高成寡友，平生义侠济多人。莱园卜葬梅崦下，死后犹疑欲避秦。”[①] 一些台湾文人也有过沮丧情绪，而更重要的是他们内心的爱国精神则也开始发扬。当时随着日本

① 刻于莱园林纪堂墓地。

在文化上的逐步侵袭，台湾的私塾也渐废，但是诗社却发展起来。日本政府实行软硬兼施的两手策略，在镇压武装抗日运动和逐步封杀汉文化的同时，对于具有汉民族意识的读书人，台湾总督府举行扬文会、飨老典等活动，假藉尊重汉文化手段，笼络台人士绅，又允许成立诗社。而许多身在台湾的文人则"将计就计"，组织诗社写作汉诗、使诗社成为诗人寄托心曲的场所。又通过提倡汉学、收集地方文献编史、开办书房以致后来设私人学校等手段坚持传承传统文化，这是与日本文化侵略相对抗的手段。台中曾在台湾发展中成为台湾的文化中心。当时台湾北、中、南著名的三大诗社为瀛社、栎社和南社，其中又以台中的爱国诗社"栎社"最为典型，该诗社是由雾峰林家的林痴仙于1902年在台中创建。雾峰林家与台湾近代史密切相关，其开台始祖林石自乾隆时来台湾，传到第五代时有两个人较有成绩：一个是武将林文察使林家成为官宦人家，另一个是林文钦由于中举，使得林家由武质士绅转变为文质士绅，文察和文钦是一武、一文的两个关键人物。另外，文察之子朝栋为栋字军首领，文察之侄子林朝崧即林痴仙（1895—1915）则是台湾有名的大诗人，林痴仙就是"栎社"的创办者。社名取意："学非世用，是为弃材；心若死灰，是为朽木。今夫栎，不材之木也，吾以为帜焉。其有乐从吾游者，志吾帜。"以樗散之材自谦，遂名为"栎社"，栎社在1902—1911年的活动不断有所发展。该社自林痴仙创立，至傅鹤亭而具规模，从建立开始，规模不断扩大，1906年起正式组织化。是年三月四日，林痴仙、蔡启运、吕厚庵、赖绍尧、陈瑚、陈槐庭、林幼春、林仲衡、傅鹤亭等九人，于林祖密的瑞轩集会，共推林痴仙、陈瑚为理事，订立社章十七条，欲"风雅道义相切磋，兼以实用有益之学相勉励，且期交换知识，亲密交情"。又建立"社友题名录"，记录社友住所、姓名、年龄等。此次集会时间达三昼夜，所作击钵吟有十题之多。每年春秋几乎皆有聚会。1909年后，"栎社"活动更为兴旺。当时课题计六期，期各三题。1909年连雅堂入"栎社"。1910年文钦之子林献堂入社。1910年四月"栎社"诗会于台中瑞轩扩大举行，社员二十名出席，来宾多达三十一人，以"瀛社"、"南社"诗人为主，其他还有新竹、嘉义，及中部各地吟友，可谓盛极一时。[①] 我们应注意到1910年中秋，有中央金曜会成立，成员有林痴仙、傅鹤亭、陈沧玉、林子瑾等。值得注意的是该会的诗作多咏史之作，充分说明这些成员要通过咏史，表达自

① 傅锡祺：《栎社沿革志略》，《台湾文献丛刊》第170种，台湾银行1963年。

己不忘祖国——中国的情怀。据《台湾日日新报》报道1911年9月28日报道："其会员如林痴仙、傅鹤亭、陈沧玉、林子瑾诸子，靡不热心鼓吹，故能历期不绝。而近来又多咏史之作，为台湾诗界放一异彩。"[①]1911年台中林子瑾入栎社后，栎社的集会有数次是在其住所"瑾园"召开。这一有文化纪念意义的历史建筑"瑾园"尚存于今台中市东区的大智路104号。瑾园的价值不仅因其建筑形式独特，更在于它是栎社的重要集会地之一，而且也是后来台湾文社的最初社址。又据汉文《台湾日日新报》1911年5月6日报道："栎社社长蔡启运翁逝世。经登前报。于是栎社员群议自今不置社长。而公选林痴仙、傅鹤亭、黄旭东、林子瑾四氏为干事。以办理社中事务。"[②]栎社以中部文士为主组成，也有少量北部、南部文士参加，例如连雅堂。栎社曾于1911年4月2日开全台诗人大会，迎接梁启超父女与汤觉顿来台，邀请社内外二十多位诗人，集于瑞轩联吟作诗。梁启超实际上期望台湾文人积极关怀台湾的未来，林献堂、林子瑾接受其影响甚深。这次集会普遍影响了栎社社员，后来社员多从事民族运动。而后栎社则由林献堂出力维持，以雾峰林家作为活动中心。栎社是台湾极重要的古典诗社。可以说是台湾日据时期三大诗社（瀛社、栎社、南社）之首，在三大诗社中最具批判和抵抗精神。1943年该社所编文集遭当局以"内容多与现下非常时局不合"而禁止发行。而林子瑾担心日本当局的破坏，早在1924年就把大量的林痴仙的"无闷草堂诗集"和"栎社诗集第一集"运往大陆保存。台湾光复后，又运回台湾。

"栎社"不断发展和发挥作用。后来台湾就出现了林献堂办学和林子瑾促使"栎社"发展到"台湾文社"的情况，将在下述的文化启蒙运动中陈述。开始以收集地方文献写史为手段来对抗日本，则是栎社诗人连雅堂后来的主要丰功伟绩。总之，上述的一切活动都说明了文化战线的抗日活动的存在。

九、1895—1911年期间两岸发生的一些具有普遍影响的重要情况

在中国大陆，这一时期正是辛亥革命风暴的前夕，是封建制度即将覆灭的社会转型的时期。从1895年台湾沦为日本统治到1911年中国大陆发生辛亥革命前的十六年，也正是列强不断入侵中国，清政府走向灭亡的时代，也是中西文化继续碰撞的时代，也是清政府王朝的顽固派灭亡前，做出实行新

---

① 《台湾日日新报》1911年9月28日。

② 《台湾日日新报》1911年5月6日。

政、派留学生、做出预备立宪的姿态、进行垂死挣扎的时期。大陆发生的大事则首先是 1898 年 6 月开始的戊戌变法，短命的百日维新以及 9 月发生的戊戌政变，光绪被囚，慈禧宣布临朝训政。变法失败了，但是从积极的意义上看，变法后京师大学堂是办起来了，八股是废除了。

接着便是 1900 年慈禧太后利用义和团，6 月 21 日向列强下宣战上谕，董福祥的军队和义和团围攻东交民巷。8 月八国联军约 4 万人向北京进攻，慈禧太后带着光绪于 8 月 15 日逃往西安。8 月 16 日联军攻陷北京，1901 年 8 月清政府与列强达成妥协。9 月 7 日李鸿章代表清政府签订《辛丑条约》，1902 年 1 月逃亡的慈禧太后带着光绪皇帝回到北京。此后，慈禧太后做出预备立宪的姿态，1901 年 1 月清朝廷在西安第一次命令各省选派学生留学，这甚至是当年百日维新中都未来得及考虑的措施，显得很新颖，这说明此时慈禧已急于考虑学习西方的问题。1902 年朝廷再次通令各省，催促选派学生到国外留学。除了官派留学外，也有自费的，1904 秋瑾便是自己去日本留学。再一件重要的事便是 1905 年袁世凯、张之洞奏请废除科举，清廷诏准。1906 年停止科考，此后台湾人也自然停止了走科举的道路，这在传统文化的变化过程中是一件大事。1908 年 11 月 14 日光绪绪皇帝去世，11 月 15 日慈禧太后也去世，北京处于国丧气氛。1909 年溥仪继位，其父醇亲王载沣（光绪的弟弟）监国摄政，袁世凯被贬回原籍。1911 年 5 月清政府公布铁路干线国有法令，以原价 45%—46% 的现金收回股票，四川、湖北、湖南纷纷成立“保路同志会”，四川发生了争路风潮。清政府为应付局面而重新起用袁世凯，批准由袁世凯组阁，请梁启超回国任法律次长，被梁启超拒绝。这时梁启超反对清政府，倾向要求召开国民会议。实际上清政府迫于形势、不得已的立宪已充分暴露，全国已铺满了荆棘，正处在辛亥革命的孕育期。

这一时期孙中山在日本等地开展活动。1895 年 11 月孙中山就避往日本，那是他第一次去日本。从此时起，他剪掉辫子，改穿西装。1897 年又经加拿大转往日本（第二次到日本）。1900 年孙中山首次亲临台湾，在台北指挥惠州起义，结果失败。1905 年 7 月孙中山到达日本横滨经宫崎介绍会见黄兴。8 月孙中山等在东京成立同盟会，1907 年 3 月孙中山离开日本去南洋。1911 年 4 月（3 月 29 日）孙、黄领导的广州起失败，黄兴负伤往香港，72 烈士葬于黄花岗。而台湾的林献堂 1907 年（日本记载 1909 年）去日本奈良会见了梁启超。[1]我们列举1895—1911年大陆重要情况是要看大陆对台湾的影响，这一时期孙中山、梁启超都在日本，他们对台湾人都有重要影响。

在台湾人中，1896年就有一些人认为清政府既已割台，自己也就接受殖民地地位的现实，例如李春生等也剪掉辫子，开子弟留学日本之先河。日据台湾后，在大陆科考废除前，返回大陆祖籍定居的一些台湾学子则仍继续参加科举考试。1898年淡水县黄彦鸿（二甲第八十六名），新竹县陈浚芝（三甲第一百八十四名）考中进士，1903年安平县汪春源（三甲一百二十名）考中进士，这是科考停止前两年最后一位考中进士的台湾人。1906年大陆科举停止，台湾学子也随之完全发生进取途径的转变。当时台湾留学日本是和清朝留日大潮流并行的，台湾旧汉诗人林子瑾也走上赴日留学的道路。

十、1895—1911年孙中山对台湾的影响

甲午战争的年代也正是孙中山成立兴中会的年代。孙中山很理解台湾民众心态，重视和关心台湾，早期就曾派员到台湾宣传革命。1894年11月他在檀香山成立兴中会后，1895年在香港成立分会。就是在1895年，也恰是孙中山首次组织第一次广州起义的时候，他就曾派遣兴中会成员杨心如到台湾宣传革命。广州起义失败后孙中山流亡国外，1896年从美赴英、伦敦蒙难遇救后，在欧洲考察时，察觉单靠民族、民权主义并不够，需增添民生而形成三民主义政纲。1897年又派革命党人陈少白到台湾配合杨心如发展组织，建立兴中会台湾分会，并筹集到一笔革命经费。这一阶段孙中山对台湾的影响非常直接，并曾亲赴台湾。

他也看重台湾当时已经沦为隶属日本、清政府无法管辖的情况，打算以台湾为基地从事推翻清政府的革命活动。1900年9月他曾索性亲赴台湾指挥广东惠州起义。孙中山1900年第一次去台湾，台湾从地域和人员上支持了孙中山。学界对这次起义也有一种说法：日本统治集团中也曾假意“援助”孙中山革命，是为乘机侵占中国的又一种策略。台湾总督儿玉源太郎曾想借“援助”中国革命的机会，出兵占领厦门，其阴谋泄露后，还引起了俄国和其他帝国主义国家的不满，并加速了当时日本山县有朋内阁的垮台，日本政局发生重大变化。伊藤博文接替山县有朋出任首相，便一反前内阁对待中国革命的态度，命令台湾总督儿玉源太郎，不许与中国革命党接触，禁止日本军官

① 《台湾总督府警察沿革志第二篇：台湾社会运动史》，创造出版社1989年出版。

参加革命军，武器不得出口。日本帝国主义唯恐孙中山在台湾的活动危及它的殖民统治，就开始破坏孙中山自海外接济起义军的计划。这说明在国际上，日本统治者害怕孙中山革命在台湾的影响确是事实，也从反面说明辛亥革命的反殖民主义性质。起义虽然失败，其重要意义正如中山先生自己所感到的，这是大陆和台湾社会上对他认识的转折点。台湾报刊宣传了这次起义，开始介绍孙中山。这以后，台湾和大陆社会上逐渐开始同情和认识孙中山。“认识改变”的影响是很重要的事。全国民众改变对孙中山的认识和印象，从“造反乱贼”到“革命代表人物”的转折点是在台湾。这些活动既在台湾播撒了革命种子，也在台湾募集筹款，得到支持。1903 年，林森在上海组织旅沪福建学生会时，也欢迎台湾知识分子入会，先后发展台湾的林薇阁、蔡法平入会。1905 年孙中山在日本东京成立同盟会，11 月孙中山在《民报》创刊号的发刊词中正式提出三民主义。同盟会成立时，福建学生会集体加盟，林、蔡也成为在台湾的同盟会会员并捐助去广州参加起义者的路费。吴子瑜、林子瑾也是这一时期在日本结识孙中山，了解了三民主义并资助革命。孙中山的革命活动对台湾地区的抗日武装斗争也产生巨大影响，例如 1907 年台湾就有蔡清琳直接以孙中山的“兴中会”为榜样而成立的“台湾复中兴会”，并发动了北埔起义，这次起义成为台湾武装抗日又一次新高潮的起点。1910 年同盟会福建支会派会员王兆培赴台发展了翁俊明加入了同盟会台湾分会，1911 年更有许占元等直接投身“329 广州起义”。武昌起义前，台湾民众就直接或间接地参与和支持大陆的革命运动。

以上分析看出，在武昌起义前虽然台湾就早已经沦为日本殖民地，但辛亥革命与台湾同胞早就已经有密不可分的相互关系和影响。因此，从学术观点上，我认为武昌起义前，大陆民族民主革命和台湾的密切关系和影响就是相互的，而其中孙中山对大陆和台湾两地的影响是最主要的。我的论点和提法是：孙中山在海峡两岸的革命活动促使两岸革命要求更加具有同一性。当时除了台湾已经成为日本殖民地外，全中华民族都处于内忧外患的严重状况，已经缺失台湾的中国面临进一步被瓜分的危险，卖国、腐败的清政府更显得不可救药。那时中国经济的走向不仅初步产生了辛亥革命的经济基础，在政治思想上，也明显出现了革命、或由改良走向革命的意识。实际上，从 1894 年以来，以孙中山为代表的革命党人团结了两岸民众和海外华人，开展了民族民主革命，要推翻清政府的封建统治。辛亥革命时期，孙中山不仅对大陆，而且对台湾的影响也很突出。如前所述，孙中山在海峡两岸的革命活动更加使得两岸革命要求具有同一性。在推翻清政府的革命要求和振兴中华的愿望上，大陆和台湾同胞自始就是高度一致的，在时间上也是完全同步的。台湾同胞希望革命成功、中国强大，把他们从日本的奴役下解救出来。孙中山也曾多次表明收复台湾的原则，极大鼓舞了台湾同胞。[①]

十一、1895—1911年梁启超对台湾的影响

日据台湾后，大陆文人章太炎、辜鸿铭、江亢虎、郁达夫都曾来台，而梁启超台湾之行，有相当大的政治思想和文化影响，而且具有一定的进步和民本的意义。梁启超（1873—1929）是戊戌变法的闯将、中华文化的优秀继承者。他不仅是国学大师，而且是一位伟大的启蒙者，清末民初时在两岸都有相当高的名望。1902年梁启超在日本办的《清议报》停刊，到1903年（光绪二十九年）《新民从报》创刊。梁启超自己回顾他文风形成时说："纵笔所至不检束，学者竞效之，号新文体，老辈则痛恨，诋为野狐，然其文条理明晰，笔锋常带情感，对于读者，别有一种魔力焉。"[②]甚至对康有为、梁启超很有看法的启蒙前辈严复，在批评他的同时，却也说他"任公妙才，下笔不能自休"，"任公文笔，原自畅遂。其自甲午以后，于报章文字，成绩为多，一纸风行，海内观听为之一耸"，"其笔又有魔力，足以动人"。[③]这说明无论梁启超的主观意图如何，其文章在当时的影响，力度大、范围广。所以不仅在大陆这块闭关自守的土地上，如看到梁启超出笔精彩、内容极其广泛的文章，人们就会如梦初醒，始知还有那么多新颖的思想，日据下思想闭塞的台湾情况更是如此。日本统治者在台湾一手遮天、控制舆论、无书可读，有识之士只好求之海外。1898年戊戌政变后，台湾由日本横滨获读《清议报》、《新民丛报》，始更觉豁然开朗。人们注意到那时改良派和革命派争论得很激烈，其实1899年孙中山和梁启超也曾过往甚密，梁启超甚至同意合并起来建立统一组织，梁启超是属勇于在自我矛盾中探索而不断进步的人物类型。对台湾人民说来，他们谦虚地明白自己是边陲的弃地移民，孙、梁二位则是神州大地的伟人，所以抱着小学生虚心探索和求教的态度，林献堂和林子瑾都深受梁启超的影响，林子瑾也受孙中山更大的影响。

梁启超也非常关心台湾，他对台湾的关心也可以说正是从1894年开始

① 庄政：《孙中山先生与台湾》，台湾《中央日报》1999年6月19日。
② 梁启超：《清代学术概论》，中华书局2010年版。
③ 严复：《与熊纯如书》，《严复全集》卷八，福建教育出版社2014年版。

的。早在甲午战败后，清廷割让台澎时他就代表广东 190 多名举人公车上书，坚拒和议，反对割让台湾。变法失败，梁启超受清廷迫害逃亡日本后，曾接待了来访的台湾名士林献堂。这时他已向林氏深表他对台湾同胞的高度同情，说明他对台湾问题的看法并具体提出对抗日本的斗争策略，对林献堂产生了重要影响。1907 年春，台湾雾峰林献堂首次游日本，6 月与甘得中于奈良遇梁启超。梁氏写道："本是同根，今成异国，沧桑之感，谅有同情。一今夕之遇，诚非偶然"，[①] 梁氏的手足同胞亲情感动得林氏几至泪下。梁启超在日本会见林献堂时他们讨论了台湾人民所受之不平等待遇和台胞如何争取自由平等的问题，梁启超说："最好效爱尔兰人之抗英。在初期，爱尔兰人如暴动，小则以警察，大则以军队，终被压杀，无一幸存。最后乃变计，勾结英朝野，渐得放松压力，继而获得参政权，也就得与英人分庭抗礼了。"[②] 他认为，中国在 30 年内绝无能力助台湾争取自由，故不可轻举妄动作无谓牺牲，意即现阶段宜结交日本中央政界显要，以牵制台湾总督府，使其不致过分压制台人。梁任公一席谈话，对林献堂个人的思想与行动以及日后台湾政治运动中实行的非暴力的民族运动有深刻影响，因为"以当时日人在台湾政治力量之强大，与夫台湾地理之特殊环境而言，台人之政治运动，必不容有流血革命之出现，即使出现，亦必无成功之可能"。

1911 年春（3 月 28 抵达基隆）下旬梁启超偕女令娴亲赴台湾访问，与台湾雾峰林家及栎社诗人有广泛接触和交流，这是他对台湾深刻影响的继续，也达到了高潮。实际上，这种影响主要表现在政治和文化两大方面。政治上鼓励台湾同胞发扬民族精神，采用他建议的对抗日本的具体策略，文化上强调坚持祖国文化传统。台湾诗人们向他虚心请教，他还特别指导了文学诗作的理论与写作技巧。

有记载说，农历三月初四日（四月二日），会于瑞轩。社友二十人、来宾十二人：社友为启运、灌园、南强（即林幼春）、伊若、槐庭、旭东、悔之、卿淇、联玉、大智（即林子瑾）、子材、蕴白、少舲、沧玉、痴仙、望洋、雅堂、笃轩、升三、鹤亭等；客则主宾任公父女及觉顿外，有鹿港庄士哲、洪月樵、陈质芬、施家本、新竹郑毓臣、雾峰林烈堂、林阶堂、林波臣、寓台中大陆人何作舟等氏也。梁启超建议纪念刘铭传，诗题为"追怀刘壮肃"、

---

① 张正昌：《林献堂与台湾民族运动》，益群书店 1981 年出版。

② 甘得中：《献堂先生与同化会》，《林献堂先生纪念集》卷三、追思录七，海峡学术出版社 2005 年版。

“洗砚”、“新荷”、“钞诗”等。从记载看到连雅堂、林子瑾都参加了欢迎会。当时日本已占据台湾十六年了，台湾与大陆之间信息几乎完全隔绝，虽然上层可通过去日本和留日学生通道了解一些外界，但由于日本的封锁和愚民政策，台湾人毕竟对近代思想、近代知识与国际形势了解甚少。梁启超来台之游，在雾峰林家数日，讨论政治、经济、文化、教育与民族运动诸问题，并开列东西方书籍约达一百七十余种，梁启超对于新知识、新名词的引介，也让台湾士人大开眼界。梁启超给台湾带来的礼物实际上是用新思想启发他们的头脑，雾峰莱园五桂楼的书橱里有《天演论》、《民约论》、《社会平权论》等中译本，“主义、思想、目的、计划”等新名词，这都是在任公赴台后才大为流行的。梁启超殷殷劝勉林献堂、林幼春诸人：“不可以‘文人终身’，必须努力研究政治、经济以及社会思想等学问”，期许台湾文人当积极关怀台湾的未来，以实际行动争取台湾人民的权益、改善台湾人的待遇，以具体行动参与社会改革。梁启超用新文化和思想启迪他们头脑、使关键文人变成政治人物，这是他对台湾政治、文化的关键影响，林献堂受梁启超的启发极深。

目前两岸学界对梁启超影响林献堂的研究比较深入，舆论也有所重视，这里我补充一些梁启超对林子瑾的深刻影响的新历史文献材料。由于林子瑾早年赴大陆求学并留学日本，和梁启超有交往，梁启超对他较开放的思想也很重视，特别和他讨论过台湾前途和对抗日本策略问题。梁启超赠给他纪念的题字特别选择了杜甫秦州杂诗二十首之四：“鼓角缘边郡，川原欲夜时。秋听殷地发，风散入云悲。抱叶寒蝉静，归山独鸟迟。万方同一概，吾道竟何之。”唐杜甫本避安史之乱，来到秦州边陲。可到此仍无安宁，更有何地可托足之意，真是“万方同一概，吾道竟何之”。他们将原意延伸，深刻表达了他们也曾追求真理，探索前进道路的精神。认为在中国仍然积弱的30年内，在台湾孤岛、这一被日本占据的祖国边陲，可以尝试吸取爱尔兰抗英经验试试。梁启超选择这首诗，恰如其分地表现了他们深入思考，为台湾探索前途和继续抗日的道路，但经极力探索又找不出更好的道路的无奈心情。梁启超对林子瑾的影响很深，后来林子瑾在台湾文人中唯一遵循梁启超“仿爱尔兰抗英”意图首先专门深入研究爱尔兰并在“台湾文艺丛志”上直接发表过两篇有关爱尔兰的文章，首次向台湾民众详细的介绍爱尔兰。在其中的一篇中，还认为人们可以按利益和阶级分类，有相当的思想性。[1]其后才发生了一系列非

---

① 林少英：《论爱尔兰自治》（图书馆和档案馆中未能收藏，不幸落入私人收藏）。

武装议会式请愿的政治运动，这也是台湾近代史发展和传统文化在台湾发展变化的一条轨迹和线索。上述情节内容为笔者在此首次披露，已发表的文献中均无记载。这段历史发展线索还远远不够清晰、明确，本人在此抛砖引玉，供学者们深入研究参考。详细情况将写于第四章中。

除通过对雾峰林家核心人物的影响外，梁启超并通过在台中与栎社诗人及中部文人举行诗会的活动也普遍影响了栎社社员。实际上自割台以后，台湾文人仍以祖国传统文化自豪，但在日本殖民者的淫威之下，绝少有宣泄的机会。栎社成员藉吟咏以为寄托，一人吟咏、众人合声、南北共鸣。更有着“以弃人治弃学”的明确主旨。表面无奈，可是“治”字就能充分说明内心还是要坚决继承、保卫、发展、汉学的心态和责任感。这次与声望崇高、号召力强的大陆故人梁启超相会，使得该社迎接大会情绪激昂、气氛动人，使台湾知识分子郁积已久之民族感情借此得以抒发，因而感到慰抚与温存。栎社的最初发起人林痴仙，台湾割日后，悲愤填膺，欲哭无泪，原先一直以“遗民”自居。但梁氏访台后，他在献堂、幼春的带动激励下，心底的责任感再度被激发，热衷文化、政治运动，积极参与台中中学的设校，对殖民政府教育政策之偏差，提出不平之鸣，亲撰《筹设中学启》、《中学校募集序》二文。栎社核心成员20世纪20年代分别在台湾文化协会、“台湾议会设置请愿运动”中担任重要角色。社员中，不少持有强烈民族意识者，不但写诗，而且热心于政治活动。后来栎社不少核心成员更进而投入文化战线运动，迈向台湾新文化，促进民主政治运动的兴起。这方面在许俊雅先生的有关论文中已有叙述。

从传统文化角度分析，梁启超对台湾的影响是鼓励了台湾同胞发扬民族精神，继承传统文化，同时促使吸纳西方文化及政治活动手段对抗日本侵略者，也是汉学在台湾发展的先导。

此外，梁启超对台湾的文学发展也有深刻的影响，这点许俊雅先生的有关论文中叙述相当详细。梁启超赴台前后，正是他对诗词甚感兴趣之时。他自谓从1910年秋冬间始学诗于当时宗匠、四川香松老人赵尧生侍御，请其指导。后虽忙于事业，但以诗陶冶心情，遂亦无法抛之，也有兴于填词。雾峰诗人向梁启超学诗，梁启超则毫无保留地将赵尧生先生介绍给他们，使能寄稿磋商诗句、指导删定。梁启超自己也诚心指导台湾诗人，他表示：“特以诸君子之过爱，苟有所见，不敢隐耳。”他致林献堂函：“古人言多读、多作、多商量。此虽庸言，然道实尽于是。惟学不可误其途，大抵必读专集，毋读选本；必学大家，毋学近人。先学古体，成就后乃及近体，此其不二法门也。……若无题目，则宜多咏史，借以寄所怀；治学宜分专精、涉猎二途，非有所专精，则不能实有之于己；非有所涉猎，则无以博达而旁通也。涉猎固无事指定，专精之书则宜先以四史、通鉴，乃及孟、荀、庄、列、管、韩诸子；谓宜先熟精汉书，次后汉、次三国、次史记、次通鉴，当研朱点之，字字勿放过，此其所需时日已不少矣。”这足见梁启超对台湾学者的倾心相助。

梁启超文学上对台湾的影响深刻，首先还是创作的立意。梁启超对台湾同胞心情的高度理解、血浓于水的手足情感、使得他与台湾同胞感情融洽、心理一致，所以他能吐露肺腑之言。“艰难兄弟自相亲”的动人诗句使得台胞们积压已久的民族感情获得宣泄，找到了倾诉的对象，感受到抚慰和理解，从而使其思想感情发生了变化，诗作上也就随之有所转变，不再只停留在哀思，还有更多理性的评价和批判，清醒面对现实。他“以诗代言”所创作的诗词作品，尤其在台湾当时的境况下，对祖国山河沦陷的哀痛，对遗民受欺压的高度同情，全化成诗句，作为典范，使台湾文人受到鼓励，学习到表现民族意识，批评现实的文风，就是这种新的立意和文风深深影响了台湾文人。他台湾之行的诗作绝非一般游览之作，以凄婉沉重的情感是为特色，例如：尊前相见难啼笑，华表归来有是非。曹社鬼谋殊未已，楚人天授欲何如。最是夕阳无限好，残红苍莽接中原。君家可有千年鹤，细说尧年积雪时。我本哀时最萧瑟，更逢庚信一沾巾。诗的意境充分表达了情感的交织。诗之影响广泛、深远。据一些同时代人回忆，凡是对吟咏稍有兴趣者，皆能成诵，如“尊前相见难啼笑”、“破碎山河谁料得”等佳句几乎传遍全台。在文学上的影响延续下来，始终绵延未绝。后来梁诗在台湾久久流传，影响深远。林幼春极为重视梁任公来台吟咏之欢。将其视为栎社大事，撰文记于《栎社二十年间题名碑记》之：“是岁三月，集全岛词人大会于瑞轩，再会于莱园。时梁任公、汤明水两先生亡命海外，适然庚止。筋咏之欢，有逾永和。”

梁启超于1911年春访台时，连雅堂和林子瑾当时已经都是台湾诗社“栎社”的成员，也共同参加过接待梁启超访台的活动。

总之，我们必须注意梁启超对这代台湾人民的深刻影响。梁启超这次访台对台湾知识界人士产生的重要影响。除了诗篇文学研究外，简述其重要影响则有三。其一是惊天动地的彼此发抒了血浓于水的高度民族认同情感。诗人们当时云集相会，民族感情高涨至极。其二是延续了梁氏认为30年之内中国无力援救台人的观点后，继续在台湾启发民众、开展非武装抗日斗争的策略和方式。当时一些人士如林献堂认为台湾回归问题既然近期解决不了，就要尝试新的抗日斗争策略。其三是使得一些台湾人士开始想到大陆去振兴中华。他们本来中华民族认同观念、祖国认同意识就根深蒂固，这次与梁启超会晤以后，他们经过思考，更加认定只有中国强大之后收复台湾，台湾问题才能根本解决。这一认识深深印在一些台湾青年人士的意识中。他们确认，有中国才有台湾，爱乡先要爱国。林祖密、连雅堂、林子瑾、吴子瑜等即是这种思想的重要代表人物，其后他们都到大陆恢复中国国籍。

十二、日据初期台湾知识界的文化取向（台湾近代历史中第三代人物的成长）

在第一章中我们讨论过近代史中台湾出现的重要人物。1840 年进入近代史时期后，台湾出现的重要人物之一便是雾峰的林文察，所以前面我把他定为近代史时期的第一代人物。而第二代人物则为抗法英雄林朝栋、抗日先锋丘逢甲等，他们在台湾的关键历史事件中有出色的表现。在台湾近代史的日据时期的初期（1895—1910），无论是抗拒日军占领的徐襄、吴汤兴还是其后的游击抗日的简大狮、林少猫等也都是属第二代人物的范畴。而在文化战线上第二代中的林痴仙（1875—1915）等为其代表人物（已如前述，这里是按年龄相近和主要从事的社会活动的阶段性来划分的，而不是按亲属关系的辈分划分代的。例如林献堂和林子瑾即有姑表亲的弟兄关系、又有联姻造成的叔侄关系，但年龄相近，所以划作一代。又如丘逢甲冥婚娶的是林献堂的堂姐林卓英，应与林献堂同辈，但二人相差 17 岁，所其历史作用不同，故划为两代）。

第一章末我们也初步提到当时正处于少年期的第三代人物，而现在所讨论的是日据初期（即 1895—1911 年）。这时期正是从中日甲午战争到辛亥革命的前夜，即中日甲午战后，辛亥革命的酝酿期，也正是当时少年一代人即第三代人物开始步入青年时代的时期，是他们从少年到而立之年的进行社会实践的成长期和充电期，当时正值他们面临继续学习进修或工作。扩大点说，这一重要时期也同样是他们年龄相近的这一代人的成长期，即正是台湾这代知识界人士的成长期和觉醒期。与日本据台前不同，以前各代文人是多以统一的科举制度为纲来成长的，近代史第二代人的成长仍然是在科举的范畴内（当然也包括了新生的买办和官商），而第三代人的成长则与第二代人完全不同了，这时科举制度已经废除、这些人是在日本的民族歧视和压迫的环境下，自己追求进步而成长。这一时期大陆和台湾发生的一些大事对他们的影响是巨大的。这里我仍选择在其后的历史时期中起了重要作用的四个人为例，即以林祖密、连雅堂、林子瑾、林献堂为代表，在前面研究他们少年阶段后，继续观察研究他们从 17 岁（1895 年）到 33 岁（1911 年）的成长环境，因为前三人此后成长为日据后最早的“祖国派”代表人物。同时也选择了林献堂，这是因为林献堂日后又成为台湾民族运动的核心领袖人物。林祖密、连雅堂和林子瑾、林献堂他们个人在这一时期的成长环境分别叙述于下。

林祖密的成长分析：林祖密 1895 年随父内渡，然后 1897 年他 19 岁奉父命又回台湾治理家业，直到 1904 年父亲逝世。他 26 岁又赴大陆奔丧，迁回鼓浪屿，而 1897—1904 年期间他在台湾。1894—1897 年是清朝的朝廷命官内渡的年代，坚持抵抗的刘永福因弹尽粮绝，也于 1895 年 10 月逃往厦门。而 1897 年也正是日本限定台湾人民可迁往大陆的截止年代，林祖密这年返台生活到 1904 年。他在台湾这 7 年期间，亲眼目睹了清官员内渡后，台湾民众仍不断自发地反抗日本统治者，发生了简大狮、柯铁虎、林少猫等事件。那是台湾人民在日据初期的痛苦年代，每个正直的台湾人，都深深痛恨日本，抗日的火种也深深埋藏在林祖密的内心。我们应注意林祖密在这一时期，实际上是在日本人的欺压下，实践经营管理他家族庞大的产业。在这 7 年的时间里，他亲身经历日本的统治，饱尝被日本人限制的滋味，更目睹了日本统治者在台湾的残暴行径。1904—1911 年期间是他返回大陆到发生辛亥革命前的年代。这期间，1907 年漳州水灾，他慷慨赈灾，还用两年治理河道，主办垦牧、林场、煤矿等，从事祖国的地方建设。他曾一度担任朝廷命官，1908 年被任命为“候补道台”，本来就是朝廷命官之子的他，其主导思想保持在深受传统文化影响、痛恨日本侵略、子承父志、忠于祖国的状态，而痛恨清政府割台、开展民主革命的观念只是潜藏在他的意识中。这时期他与追随台湾民主国抗日之后内渡的施士洁虽年差 22 岁，但他们是莫逆之忘年交。这期间他们常相往来交流，十分亲密，恐怕也有其思想观点一致的原因。1908 年林母杨水萍 60 寿辰，施世洁亲撰寿序。心向祖国是他们深交的共同基础，这点应该可以肯定。此外，是否共有潜在的民主意识则只能估计，不过辛亥革命后林祖密马上恢复国籍，除了爱祖国和抗日之心外，赞成民主之思想意识也不太可能突然出现，而毫无思想基础，这也是需要深入研究的。其后的 1910 年，一说林祖密曾去台湾，所以 1911 年辛亥革命发生时，他究竟是在大陆还是台湾，须待明确。不过当时他在不在大陆并不非常重要，因为武昌起义成功之时，孙中山也还在美国。我有详细研究材料能证明1911年10月林祖密是在台湾，他和林子瑾、林献堂在台湾一起出席了帝国制糖社的一次宴请。[①]1912年林祖密也肯定曾在台湾，因为那年他曾在台中招待安排大陆来访的施景琛，还特别游览了台中公园。之所以安排在台中公园也是有原因的，1903年林祖密曾参与捐钱献地修建台中公园，那不仅是林祖密商会的所在地，而且也是“瑞轩”所在地，瑞轩也显示了林祖密深厚的文化背景。1906年，林朝崧、蔡启运、吕厚庵、赖绍尧、陈瑚、陈槐庭、林资修、林仲衡、傅鹤亭等九人，于林祖密的瑞轩集会，此次集会时间达三昼夜，共推林痴仙、陈瑚为理事，订立社章十七条，欲“风雅道义相切磋，兼以实用有益之学相勉励，且期交换知识，亲密交情”，又置“社友题名录”，记录社友住所、姓名、年龄等，从此“栎社”正式组织化并具规模。而1911年春，雾峰林家又在瑞轩与梁启超聚会。1913年林祖密便及时一跃，毅然正式恢复中华民国国籍，投入孙中山的民族民主革命事业。我认为鉴于他的家庭和清廷官员的身份，民主思想在林祖密的心目中一直隐而未露，而并非突然产生。

连雅堂的成长分析：1895年日本占据台湾后，连横的家乡被日本人侵占，因要在马兵营建造法院，则强迫当地居民迁散，连氏的家园同时受到摧毁，家族不得不四散，迁移到西城外去。后来连雅堂有一首《过故居诗》：“海上燕云涕泪多，劫灰零乱感如何？马兵营外萧萧柳，梦雨斜阳不忍过。”便是为感怀旧日的家园而作的。而且，日本统治台湾后，连家的“芳兰号”店铺及水田被日人征收，连氏家族迁台六代经营所得，就此毁于一旦，家业开始衰落。他居地迁移不久，又逢其父因忧郁而去世。十八岁的连雅堂怀家国之痛，在居丧时，开始学习作诗。曾亲手抄写《少陵全集》，这些诗章深深地引起了他的共鸣。在他家居读书的时候，也正是台湾民众抗击日本侵略者最炽烈的时期，他在这段时间极力搜集了许多抗日文告及地方文献，成了他往后撰写《台湾通史》的珍贵参考资料。所以连横十八岁就开始觅集文献史料，为他日后修史作准备。

1897年，二十岁的连雅堂负笈上海，第一次离开台湾到大陆的南京、上海游览，并求深造。曾入读上海圣约翰大学攻读俄文。连横读俄语的原因可能是未来中国人需要跟俄国人打交道的，但不久就辍学，奉母命回到台湾成婚。1899年5月，日本人在台南创办《台澎日报》，聘连雅堂负责汉文部，

---

① 《台湾日日新报》1911年10月27日。

在报社担任汉文部主笔，时年二十一岁。1900年《台澎日报》与《台湾新闻》合并，改组为《台南新报》后，他又任《台南新报》主笔。因该报系日人投资，又以日文出版。这一时期，连氏开始学习日文。他心里痛恨日本侵略者，在国难之际这种的心情能够从《马江夜泛》中看出：横槊苍凉夜，艰危击楫秋。他经常以祖逖、稼轩相拟，颇有壮志未酬之心态。但他认为假如不了解日本的文字和习俗，那只能是盲目反抗，故在写作之余，兼习日文，并与陈瘦云、李少青等组“浪吟诗社”，宣传民族思想。他以诗会友，经常和友人一起相唱和。

连雅堂先生交游甚广，当时的很多名流，无论男女，他都以坦诚的态度和他们相交，而且在当时那种年代，他即有极开明的新思想。他曾说：“今日之女子，非复旧时之女子也，社会盛衰，男女同责……”当时台湾的闺秀诗人如王香禅、李如月等女士，都是他的诗友。主张男女平等也曾是那时反对封建、民主思想中的一个重要方面。他主持《台南新报》时，曾与一位叫陈枕山的人对诗界的革新所持不同看法而常打“笔墨官司”，一度轰动了文坛。最后经人调解，双方偃旗息鼓，但日后二人相见，却能一见如故，结为知己。

1900年孙中山先生来台北，指挥惠州起义，当时连横任“台南新报”汉文部主笔。因为钦佩孙中山，他后来自号“武公”。有说他以一个报人的身份，或许与孙中山先生会面，这只是猜想，并无证据。1902年8月，他赴福州参加是年的乡试。同年又到厦门出任《鹭江报》主笔，他在《鹭江报》写的《惜别吟诗集序》中道出，“欲求国国之平等，先求君民之平等”，已初步反映出其反满及民主思想。工作一年多后于1903年底返台，再回《台南新报》社。这时他将台湾光复的希望寄托在祖国的复兴上，开始参与反清的行列。1904年也正是林祖密离台赴大陆父奔丧那年，日俄战争爆发，连雅堂出身于反清复明的前朝传统家庭。从来就印下驱逐鞑虏的思想痕迹。这时因愤于清政府无能，26岁的连雅堂竟携眷移居厦门，任《厦门日报》主编、《台湾新闻》编辑等，他在那里与友人合作创办《福建日日新日报》，鼓吹排满革命。因该报言论激烈，清廷向驻厦日本领事馆抗议，报社遂遭封闭。连横在报馆关闭后又只好携眷返台，复主《台南新报》汉文部。这个报社是当时台湾报界的主流之一。此后一边写书，一边纵情诗酒，成立诗社，酬唱往来等。1906年，29岁的连雅堂感于“浪吟诗社”社友零落，就和陈渭川邀请赵云石、谢籁轩、邹小奇、杨宣绿、连德裕等十余人创设了“南社”，1908年迁台中，1909年入盟由林痴仙创立的诗社“栎社”。从日本侵占台湾初期到辛亥革命时他以报刊主笔为职业，同时开展诗社活动，保持中华文化，还不断学习提高充实自己，并从 1908 年开始撰写《台湾通史》。不过，至今未有连氏直接参与革命党活动的记载。1908 年，连氏曾赴神户一游，此时孙中山也到日本，屡在神户与当地华侨志士联络吗，但并无连氏和孙中山之间直接联系的记载。连氏是否借游览之表面行为，实则去参加在日本神户的海外革命志士的革命活动并无实证。值得我们研究的是连雅堂自少年就有了厚实的国学基础，他的思想和行动的发展是清晰的。一是，清政府直到 1908 年才废除科举，连雅堂还在 1902 年考过科举，但是此后他并没有继续走仕途之路，而是以报刊主笔为职业，也接近华侨组织，至此已经 3 次往祖国大陆，直接接触大陆社会，投入社会实践活动。第一次是 1897 年上海求学而后又选择了在台湾从事报刊主笔的职业，第二次是 1902 年在大陆厦门任主笔工作，第三次是 1904 年赴厦门办报，走上一条倾向于反清的民主道路。二是自 1908 年去台中后，1911 年参加了接待梁启超，更多注意传统诗和史，怎样在台湾保卫汉文化的问题。一方面是开始写通史，一方面是在继续自己报业工作的同时深入诗文研究。这就是该阶段连雅堂的状态。我们采用前后贯连和发展的主导思想和行踪为主视图，去研究连雅堂以及其同时代的台湾文人在这一时期的状态，可以看到，在代表中国的清政府采取签订《马关条约》、割让台湾给日本的基本前提下，在中国尚根本无力收复台湾的情况下，在敌我武力对比悬殊、自发的武装抵抗屡遭失败的情况下，在日本高压统治下生活的手无寸铁的文人和日本斗争和周旋当然须采取一定策略和手段，骨子坚硬，表面又尽量采取合法斗争，甚至采用掩饰手段。理解他们的处境和策略，才是客观的态度，许多问题需要看其真实目的和效果，这是无可非议的。连雅堂深受国难家难，身受了“弃民”的屈辱，也激发了他对中华民族文化和祖国母亲更深刻的爱。他把爱国忧民的思想感情，诉诸笔端，先后发表了大量诗作。在当时的思想基础上，辛亥革命的爆发促使他与林子瑾奔往大陆。后来他又耗十年心血完成《台湾通史》，先后被翻印成十多种版本，是人们了解和研究台湾历史的必备文献。

林子瑾的成长分析：林子瑾生性文弱，但读书很勤奋用功。林子瑾这一时期先是内渡去福建法政专门学习，后看到不少大陆学生赴日留学他也又学习日语、英语，选择了赴日本留学的道路。他是旧诗人中唯一又学西学和留学的人，接触国外社会，使眼界开阔、思想日新。日本是中国的近邻，一些受清王朝迫害者包括立宪派、革命党人多流亡到日本。那时清朝也开始派遣留学生赴日，还有大陆自费赴日留学的，台湾赴日留学则更直接。这样，日本一时便成为大陆和台湾知识分子早期的交流站。虽然有一部分台湾留学生以卑亢交集的异常心态自成一统，但也有豁达开通，特别愿意和大陆人士打成一片的台湾留学生，林子瑾就是其中之一。一些留日的台湾学生也认为只有大陆革命成功、强大，台湾才有光复希望，非常关心中国大陆的革命活动。林子瑾认为只有在大陆推翻清政府帝制、革命成功、中国强大，台湾才有光复希望。由于具有这一思想逻辑，便非常关心中国大陆反对清政府政府的革命活动，尤其愿意接触大陆人士，这时期他结识了梁启超、孙中山、黄兴、阎锡山和秋瑾等人。

林子瑾走出台湾，眼界开阔后和许多人士交流、交互影响，新的思想便更加明确，脱离了旧文人躯壳。当时他与部分台湾人士却更加明确要关心大陆革命。台湾问题的根本解决只有靠推翻清政府封建制度，使中国强大、中华振兴。他们在那个时代的思想交流对日本统治下的台湾地区对辛亥革命的道义和经费支持都有一些作用和影响，例如他本人和表弟吴子瑜在与孙中山、黄兴交流后还曾协助筹款资助革命。和当时大陆及海外产生了一批要求推翻清政府、进行民主革命的人士一样，在台湾也产生了一些忠于祖国、赞同革命的人士。日本明治天皇自 1868 年继位后，直到 1912 年，共在位四十多年。林子瑾在日本期间，也正是日本明治维新后的鼎盛时期。一方面亲自体验了明治维新后的日本社会，对日本的资本经济、实业金融、股市证券发展也有了进一步实际的感受，同时通过日本的传递又进一步接触到西方文化，思想进一步开阔许多。他回到台湾后，又介入经济工作，在 1910 年时的职业是银行会社员、商工银行监查役，也曾任台湾制麻会社监查役、中央制糖株式会社相谈役。人们认为他办理公司有些经验，于是就委托他为鲲溟会馆计算编程并任台中募集委员。1911 年 10 月 22 日帝国制糖会社曾宴请林烈堂、林献堂、林子瑾、林季商（即林祖密）吴鸾旗五氏，为了要求林、吴两家为其提供原料生产。以上这些是他的社会实践活动，这些为他后来去大陆办实业打下了基础。同时，他应邀参加瀛社诗会，积极从事诗社活动。1911 年初中央金曜会在林祖密的瑞轩开会，连雅堂做东函招林子瑾赴会。1911 年他参加了栎社，受到欢迎，他也参加接待了梁启超，5 月公选为栎社四干事（林痴仙、傅锡祺、黄旭东、林子瑾）之一。[①] 这时他综合原有的传统文化国学知识以及

① 《台湾日日新报》1911 年 5 月 6 日。

留学得到的西方近代民主思想和政治法律概念，国内的社会状况、潜在的革命形势以及日本在台湾的残酷统治状况，重新思考。由于中华传统文化深深扎根在他的脑海，在通过日本的东洋实例，与西方文化强烈碰撞后，最后得出的结论是不能忘记祖国。文化上，要发扬汉文化中的民主层面，吸取西方先进文化、扩大包容；政治上，结合反对清政府情绪，否定清政府封建制度，倾向民主。接待梁启超后更多地注意文化启蒙和非武装抗日运动，而辛亥革命又激发了他的实业救国的观点。

林献堂的成长过程分析：除他们三人之外，我们必须充分注意到当时他们这代台胞中的重量级人物林献堂成长过程的分析。林献堂和上述三人年龄仅差三岁，所以1895—1911年间也正是他的成长期。他们是在同一个大背景环境中成长的，受到同样的影响和刺激。他自己的成长同样有其特点。

1895年他才是14岁的少年，便奉祖母之命，率家中40余口内渡福建晋江泉州而不是祖籍漳州避难。在颠沛流离的遇难过程中，他要顾及全家人的安全，受到探索前程的全面锻炼。他学会了独立调整自己，去面对和探索不可知的未来。他深深尝到日本侵略之苦，目睹同胞所受磨难，民族觉悟日渐提高。这次临时避难后又返台，他的中华文化归属认同感更加强烈。以其好学的性格及其豪门的经济实力，他有条件选择任何进修途径，可他既未去上新学、受新式教育，也未去学经济一类的实用学科或留学，更在推行日语的情况下没把重点放在学日语上。16岁虽然已经是日据后的第三年，他还和白焕圃进一步学经史。清政府1908年才取消科举，他既不走科举的仕途道路，也不走留学的道路，他全靠自学，博览群书，并取得观念的更新、思想的进展。他并不守旧，设法读到上海的《万国公报》、横滨的《清议报》、《新民丛报》，还从《民报》的创刊号了解到三民主义。他也出现启蒙观念，接触到达尔文和卢梭。他受侄辈林幼春、林子瑾的影响很崇敬梁启超，那时梁启超的名望比孙中山大。林子瑾也常向他介绍日本留学的见闻，力劝其观光明治维新后的日本。他在1907年亲赴日本，并在1909年在奈良会见了梁启超，深受梁启超肯定“30年之内中国绝无能力可以援救台人”论断的影响，经常思考台湾的问题。林献堂1910年加入栎社诗社，1911年春接待梁启超访台。经过和梁启超的交往，更促使他想从现实出发，在台湾开展争取改善民众处境的斗争。值得注意的是：林献堂曾于1913年来过大陆北京。

由于各自处境、具体环境不同，具体的经历不同、个人的个性不同，他们初步形成各自特点。但是这代人生活和成长在同一大时代环境，这也正是日据初期残酷镇压民众自发的武力反抗的时期。受相同的大事影响，在敌视日本、认同祖国的观念上是高度一致的，这是他们的共性、相同点。这里我把他们的共同点和区别叙述于下。

十三、第三代人物的共同特点

1. 第一个共同点：传统教育奠定了他们的爱国基础。

前文述及这代台胞普遍对突然变成日本国籍非常反感，对弃地遗民的身份耿耿于怀，以做中国人为骄傲，一般民众的民族认同意识普遍非常强烈。他们体内流的是中华民族的热血，具有天然的基因，心目中对祖国就有血浓于水的天然向心力，他们的中华意识刻骨铭心。这三人只是千万民众中有代表性的三个人。前文略已述及，这代台湾人士在 1895 年日本占据台湾前正是他们的少年时期，也就是说在 1895 年日本占领台湾之前，林祖密、连雅堂、林子瑾基本上已受过系统、严格、完整的中华文化传统教育，已完成了严格的中华传统教育，他们的父辈都很重视子女教育。虽然个人的具体环境和观念会有差别，这也是林祖密、连雅堂、林子瑾三人的共同特点，甚至可以说是以他们为代表的年龄相近的那一代文人的共同点。因此不但从文化上说，他们的国学基础相当深厚，而且从文化上意识上就有牢固的民族意识、就有根深蒂固的祖国观念即祖国认同意识，民族气节和爱国热情在他们意识中扎了根，绝非日本侵略所能动摇。他们自幼为民族气节所熏染，他们都很敬仰中国历史上的民族英雄如岳飞、文天祥、郑成功等，后来便以讲求民族气节、发扬民族精神为己任。因此，台湾知识界有识之士也表现出传统中国文人的人格特质，他们表现出的祖国情怀也说明了接受传统教育、继承传统文化的重要性。较详细地分析起来，日寇据台后，台湾的知识界中也有些人迫于形势，可以说在清政府出卖的大前提下，表面顺服日本，骨子里仍是中国的。更多人心怀祖国、不给日本人服务，但他们也深感前途暗淡、处于苦闷忧愁的状态。有些家族认同祖国，但仍视满人为鞑虏。例如连氏家族自明末迁台以来，就一直坚持为明朝的遗民，连雅堂就保持有反满情绪。而中国又存在“遗民不世袭”的普遍现象，所以一些家族虽是汉民却早已认同清朝，也是朝廷命官，比如林氏家族。但是无论历史上拥清的、反满的却都认同中华文化，本书所述这三位人士共同特点是从中华文化中吸取了充分营养，为自强不息精神所驱使，为崇拜民族英雄精神所激励，他们并没有停留在苦闷忧愁中，而是坚信只要祖国变强大后，台湾终将可回归祖国，所以这就为他们被人称为“祖国派”打下了基础。而清政府割让台湾又更促进了台湾之民主意识。林献堂比他们三人小三岁，但国学基础也和他们类似，传统精神则更是相同。

2. 他们都亲自经历了日本占领台湾的残酷过程。

日据初期，他们是在日本的歧视和压迫下继续成长的。日本侵略的残酷现实对这代人有直接影响，同时又强烈感受到武装斗争的失败教训。在传统教育的基础上，这代人正当少年时，便亲眼看到、亲身经历了《马关条约》后日军登陆占领台湾的全过程，因为经常被日人诬蔑为“清国奴”，对日本人非常痛恨，台湾沦陷的痛苦历程和日本侵略的残酷现实对这代人的影响相当深刻，我们甚至可以说《马关条约》也促使了旧文人行列中这代中青年的觉醒和思考。自从 1895 年日本据台后，台湾知识阶层基本处于苦闷状态。他们看到历次武装斗争的失败，也找不到出路，不少文人则闭门不出，不肯为日本人服务。如前所述，经过历史上中华传统文化和科举制度在台湾的推广，台湾知识界的国学基础已经相当深厚了。晚清是 1906 年才废除科举的，也就是说自 1895 年日据台湾后，又经过 11 年才废除科举的。所以此前仍有台籍文人，摆脱日本内渡，遵循传统继续科举之路再进京赶考。而更多身在台湾的传统文人则组成诗社，以便在台湾保持中华文化，借诗歌发抒苦闷、无奈和心向祖国的心情。

3. 他们受到孙中山、梁启超的重要影响。

本阶段（1895—1911）是日据台湾后的第一阶段，历经 16 年。我们聚焦的近代史中的第三代台胞在本阶段的开始年代约 17 岁左右，恰好刚结束少年时代，而在本阶段结束年代正是他们的而立之年。这时的林献堂已经在日本奈良会见过梁启超。梁启超在 1911 年春赴台时，林献堂接待梁启超，连雅堂、林子瑾也都参加了会见。在连雅堂成长过程中我们也看到了他对孙中山的敬仰和崇拜，林子瑾在日本留学时就结识了梁启超、孙中山、黄兴等，他们都受到梁启超、孙中山不同程度的影响已如前述。

4. 他们都受丘逢甲、许南英、施世洁等前辈的影响。

当时正值中青年的第二代人物所反映出的顽强抗敌、爱国、爱台一致的思想和行动，例如汪春源（1869 年生）领导的“五人上书”，时年 26 岁；1895 年日本占台的时候抗日活动的代表，丘逢甲（1864 年生时年 31 岁）、许南英（1855 年生时年 40 岁）、施世洁（1856 年生时年 39 岁）等，都为同代人和第三代人树立了榜样。而第三代的林祖密等 3 人当时不过才是 17 岁的少年，林献堂（1881 年生）才 14 岁，所以我把他们划作两代人了。林献堂和林祖密等3人属同一代，这代人中林献堂则逐渐形成为台胞中的领袖人物。

第二代人物丘逢甲、许南英、施世洁等三位志士也有一个共同点，他们这一辈人虽都是在1895年台湾沦陷前考中的进士。而《马关条约》后，丘逢甲就是发起“台湾民主国”的领导者、台湾民主国抗日活动的积极组织者、参加者。施世洁1876年20岁时中进士，钦点内阁中书任员外郎职，但同年末即辞官返台，从事书院任教。丘逢甲（1889年25岁中进士）、许南英（1890年35岁中进士）曾是他的学生，他们师生三人的思想观念有密切的关联。许南英当时任台南团练局统领指挥抗日队伍，施世洁参与积极招募义勇抗击日本侵台，还写下《同许蕴白兵部募军感迭前韵》等诗篇鼓励军民浴血奋战。他们奋力抗敌，但无力回天，均被迫离台内渡。丘逢甲诗曰：“宰相有权能割地，孤臣无力可回天；扁舟去作鸱夷子，回首河山意黯然。”施世洁诗曰：“楼前人去如黄鹤，夜半军来尽水犀。”对唐景崧不经抵抗便弃台内渡深表不满。1908年3月，也正是慈禧、光绪去世的那年，清政府行将灭亡的前夕，北京的全台会馆曾失火。那年许南英重访会馆，亲见失火后的惨景有感，以《戊申入都门感兴》为题，赋诗曰：“故土遗黎祖国来，伤心会馆纪全台，天公妒尔名无实，一炬三椽付劫灰。”前两句表现出台湾人民从来怀念祖国、埋怨痛恨割台的伤感情怀，后两句也可以同时表达出与清政府封建统治决裂的意念，初步的民主意识潜藏在他们的抗日精神中。

这辈人对当时的少年一代人的影响，最为重要的是抗日精神的薪火相传，包括了对清政府有权割台、无力抗敌的愤恨以及萌芽的民主意识。以丘逢甲为代表的民主思想意识的萌发对他们的影响，使他们树立起倾向祖国的民主革命思想，即民族、祖国大陆和台湾是整体的思想。这些影响最突出表现在林子瑾的诗篇中：“一场春梦去无痕，画虎人争目笑存；终是亚洲民主国，前贤成败莫轻论。”林子瑾当时反对封建制度，认为台湾民主国意义在于是中国的民主国雏形，而应予以重视，不可轻易说三道四，十分佩服丘逢甲的民主意识。

连雅堂虽然在日后写的《台湾通史》之中对丘逢甲略有看法，但就其看重民主国而言，则自年轻时起就到处积极搜索、收集台湾民主国的资料，集中于通史之中。

5．台湾知识分子的文化取向和人生新的进取道路

1895—1910年间的1906年清朝废除科举，所以，此后台湾文人的科举道路也随之消失。日本据台后，台湾老文人曾兴建诗社以保持中华文化，发抒情感。连雅堂、林子瑾也都参加过诗社，但是他们并没有把自己停留在呻吟的状态中，自强不息的传统思想使他们都有更新的追求。

所以，从林祖密、连雅堂、林子瑾三人在这时期的行动轨迹，我们可以注意到这一代人这时开始产生新的想法。他们各自的生活途径也不尽相同，注意力的焦点也不尽相同，意识发展进度略有差异，但是他们的共同点是都没有走科举道路。他们28岁（1906年）时清朝废除科举，除连雅堂仅参加过初次应试外，他们都再没参加科考。他们的共同点：基本是科考制度取消后成长起来的一代文人。除了客观上已废除科举，他们主观上也已经意识到不可再走科举仕途之路，进而又赴大陆学西学，或留学，或选择自己的职业，从事专业工作。例如林祖密赴厦门祖籍开发实业，连雅堂主要选择就任报刊主笔，林子瑾先就学福建后，又走了留学日本、进一步深造的道路。

十四、日据时期“大陆台湾为整体思想”的进一步确立和老“祖国派”的形成——台湾知识界的第二次思想转变的继续深化和明朗化

1. 台湾出现的第二次思想转变—追求民主思想的继续深化和明确化

林祖密、连雅堂、林子瑾三位同龄人实际是当时追求民主思想的代表人物。他们和一些先辈一样，原来就有对清政府弃台自保的不满和怨恨的情绪，而后更同样把这种朴素的感情提升到对民主的诉求。随着时代的发展，个人对进步的追求发展到弃封建、求民主的思想倾向。我们可以注意到，在民主诉求的表露和言论上，林祖密的朝廷命官身份使他初期比较隐晦，连雅堂和林子瑾则更为明显。继丘逢甲之后，不但出现了强烈的关心祖国、把台湾前途寄托于祖国强盛的思想，进一步表现出否定清政府封建制度、向往民主的思想倾向并进行传播。他们醒悟到不能仅做埋怨和悲叹的旧文人，认为祖国之所以丧失台湾，和落后的封建制度密切相关。一是因为封建制度使中国衰落，二是因为清政府封建制度使统治者专断独行割让台湾，不能反映民众的爱国意志。因此要想根本解决台湾问题，必须使中国强大，欲强大就应推翻清政府封建制度，建立能反映民众意志的民主制度，因而产生了既忠于祖国又反对清政府封建制度、向往民主革命的思想就顺理成章了。我们还应该注意到这一代台湾民众中不仅产生了赞成革命的思想观念，而且也到大陆传播革命思想观念。连雅堂曾于辛亥革命前夕的1905年在福建厦门办《福建日日新闻》，就充满了强烈的进步言论，还有报馆约一年即被清政府强制关闭的说法，这也说明《马关条约》后台湾民众对大陆发生辛亥革命也产生过一些影

响。他们求民主的思想还表现在对台湾民主国的问题上。少年时期的经历引起他们后来到青年时的认真思考。连雅堂、林子瑾都注意到台湾民主国。连雅堂写《台湾通史》过程中曾经注意收集台湾民主国的文告，努力保留有关文献。台湾总督府当时非常忌讳有关台湾民主国抗日事迹的《独立纪》，前述林子瑾也曾有纪念台湾民主国的诗篇，这对台湾社会的民主意识的发展是有一定影响的，对台湾文学产生相当明显的影响，号称台湾文学之父的赖和曾写了《读林子瑾》的诗篇就是林子瑾影响的明证。后面我将详细叙述。

这里我们必须附带说明一个问题：连雅堂和林子瑾所说的独立是相对于日本的独立，而与现代出现的“台独”无关。不应把现代的“台独”追溯到他们，说他们主张台湾“独立”。其实，当时清政府弃台，台湾抗日志士无法以“归属中国”为号召，而是“策略性地要求台湾先从日本独立出来，以求最终回归中国”。而随后林子瑾、连雅堂等曾于民初恢复中国国籍的行动，更有力说明了他们的祖国观念，后面将述及。如果他们主张台湾“独立”出中国，又何苦来大陆恢复中国国籍呢？所以这里需要注意研究的并不是“独立”，却是他们留心思考和不断增强的民主意识，他们重视的是“台湾民主国”的民主意识。而他们祖国情怀日趋浓厚，抛弃了只做悲叹和呻吟的诗人躯壳，连雅堂和林子瑾这时已经有非常明确的民主思想。辛亥革命后，就索性公开结伴开始了奔向祖国（他们心目中的民主国）的行动。这说明他们已经开始初步转变成在政治上紧跟时代发展的既反对日本帝国主义侵略，又反对清政府封建统治、把台湾前途紧紧系于祖国、心向祖国的爱国知识分子了。他们和丘逢甲等前辈的微妙转化同出一辙，不过更加明显，这也是台湾文化人的第二次转变—民主思想的继续深化，从朦胧到明确。

最值得注意的是这代台胞在台湾已经被日本统治后，能够继续进一步具备了把台湾前途与祖国强大、中华民族复兴更加紧密联系在一起的思想观念。同龄人连雅堂、林祖密、林子瑾的确最具有代表性，因为在他们头脑中，中国是整体，大陆是中国主体，台湾是被日本侵占的局部。虽然他们当时身在日本统治下的台湾，却心向祖国、寄希望于大陆。这些年亲历了台湾军民的激烈抵抗和台湾自发的武力抗敌之后，他们看到由于武力悬殊，历次武装斗争均遭日本残酷镇压而失败，所以更是强烈认为只有祖国强大了，中华振兴了，从日本手中收复台湾，台湾才有前途，这是他们的共同结论。同时他们也更注意到文化是根，在台湾从文化上怎样继续抵制日本。

也正是由于这一转变的深化，也正是由于大陆台湾整体思想和追求民主的思想，清政府倒台后，他们认为心中的祖国已是民主国，三人都坚持奔赴了大陆，成为“祖国派”，参与建设并在大陆生活。特别是连雅堂和林子瑾之所以结伴一起来大陆，还有到祖国大陆观光和学习的思想。他们三人成为日本占据台湾后最早的“祖国派”的代表人物，所以台湾近代史中，我把他们列为研究重点。

那时来过大陆的同辈活跃人物还有林幼春（1879 年生于福建）、林献堂（1913 年曾来北京访梁启超）、蔡惠如（1881 年生）、吴子瑜（1885 年生）、傅锡棋（同意林子瑾实业救国的观点并协助之）、蒋渭水（1888 年生）、蔡培火（1889 年生）和石焕长（1891 年生）、李黄海等。

2. 革新派林献堂的思想发展

我在研究中还注意到，因为当时台湾的矛盾是以民族矛盾为主，所以在人的思想转变中，认识到为解决民族矛盾而反对殖民主义是第一位的重要问题，决不能放弃抗日，而反封建、求民主的时代转换则仍是第二位的问题。但这两个问题又是极紧密和相互关联的，“祖国派”的观点更为深刻。不过在敌我力量对比悬殊的台湾，只要积极开展各种形式的抗日、为减轻台湾民众的困苦而奔走，都是具有反殖民主义的性质；所以无论积极来大陆参加振兴中华的活动以便从根本上动摇日本在台湾的统治，或是在台湾岛内设法对抗日本，都是具有抗日性质的十分重要的行动。林献堂有牢固的民族观念和使命感，他绝不是顽固的守旧派。他接受新思想，而且肯大胆而又慎重摸索新道路。1911 年 10 月大陆发生了辛亥革命。林献堂的思想中无疑也具有民族、民权、民生观点，但他更重视台湾的现实，认为梁启超的设想可试行、可去实践。林子瑾则更重视辛亥革命后的大陆，对辛亥革命后的祖国有相当的期盼。林子瑾一向认为男儿志在四方，不想留在家里，总想到外面闯。而林献堂则从全台湾和自己家族内外情况综合考虑，坚定地留在台湾奋斗。他们交流了想法后彼此能够在一定程度上理解对方，分头去闯，实际上是默默地分工实践、探索救台湾的道路。1912 年 3 月林子瑾就和连雅堂去大陆了。

事实上，辛亥革命后，林祖密、连雅堂、林子瑾三人都奔赴他们期待的“民主国”——大陆新生的民国，率先恢复了中国国籍。这里再次强调，他们这一行动最有力说明他们根本不是主张台湾“独立”于中国。这从他们的共同行动看，就不辩自明了。所以台湾近代史不应是孤立的罗列各个历史事件，或断章取义的提出个别用语，而是应该写出事件的内在有机联系，根据人的前后行动理解人的思想发展线索。

林子瑾和林献堂都是从梁启超那里明确30年之内大陆无力助台的观点出发，林子瑾的推论是侧重去加强祖国的力量，但在台湾也要设法奋斗，抵制日本，林献堂的推论是在台湾只好依靠自己的力量制定策略去摸索奋斗，这其实是一个问题的两方面。所以林子瑾与林献堂的微妙区别是：前者更倾向于回祖国参加革命、建设和抗日活动，而林献堂更倾向于依靠自己的力量继续在台湾奋斗。他们遂向不同方向发展，走了不同途径，但目标是相同的，所以向同一近期目标汇聚。他们的共同目标就是如何把台湾民众从日本压迫下解救出来，如何实现梁启超的具体建议。在日本的险恶统治下，他们实际上是做了分工。从两方面去摸索，也实际上是走了各自的途径而留下轨迹。他们心中的祖国都是中国，都曾往返台湾和大陆之间（林献堂也在1913年来过北京一次，林子瑾则在大陆滞留五年，悟出启蒙的道理，后来也在1916年曾回台湾开展文化启蒙运动），而在台湾就要利用一切合法手段开展对付日本的非武装抗日的民族运动、尽量维护台湾民众的利益。林子瑾的长远目标是在大陆就要做实事增强国力，林祖密在祖籍闽南还直接参加了孙中山的革命活动。很明显，林献堂更重视侧重在台湾领导民族运动。而林子瑾去大陆五年后，又回台湾，与林献堂会合掀起台湾启蒙和抗日民族运动，而后又回祖国大陆继续投入增强国力的实业救国活动。这才是事情发展的本来面貌和真正轨迹。

十五、对近代史内容和分期的个人看法和不成熟意见

通过对大陆和台湾在这一历史阶段的综合研究，我们可以看到，1895—1911年是中国行将发生巨变，几千年封建王朝行将结束前夕的大时代。这也是中国在中日甲午战争中战败、台湾被迫割让、台湾民众深受苦难的时期，又是辛亥革命的孕育期。我个人对该时期历史的写法有两点看法：

第一个观点：从早期孕育辛亥革命的角度考虑，把台湾近代史中的日据时期也纳入中国近代史。自台湾割据后，中国近代史中很少讲述和研究涉及台湾的问题了，基本上不包括日据的台湾。我认为《马关条约》后台湾虽然已由日本统治，但这一时期我们仍然可以而且应该把大陆和台湾作为一个整体来研究，台湾只不过相当于敌占区而已。这样，我认为在这一时期，在整个中国，包括大陆和台湾都在孕育着辛亥革命。孙中山关心着台湾而且也曾选择过台湾为革命活动指挥地点，台湾有识之士也时刻关怀着祖国大陆，两地互动，先进人物的思想观念都在发生变化。这预示着清政府即将覆灭，辛

亥革命即将到来。

第二个观点：在中国近代史中，是否可以明确地把中日甲午战争和辛亥革命编入一个篇章中，拉近它们本来相接的距离。第一部分写甲午战争和早期辛亥革命的酝酿，第二部分写辛亥革命酝酿期中同时出现的变法维新和义和团运动以及立宪派和革命派的争论，第三部分写辛亥革命的武昌起义。理由是：一孙中山是辛亥革命的主要代表人物，他早期的革命活动是从 1894 年开始的，所以辛亥革命的早期酝酿阶段和甲午战争发生在同一年代，是同时开始的。二实际上，《马关条约》的割台遗恨直接促进了台湾同胞的觉醒，在台湾初步产生了反对清政府统治、向往民主体制的意识。《马关条约》的割台遗恨同样也促进了大陆人民觉醒，甚至可以说它也是辛亥革命的起因之一。台湾民主国是辛亥革命的中华民国诞生前的一个预演和前奏。这样，武昌起义前孙中山在海峡两岸的革命活动促使了大陆人民与日本殖民统治下的台湾人民的革命觉悟，反映出辛亥革命是大陆同胞、台湾同胞、海外侨胞共同参与的，台湾近代史和大陆近代史自然融合在一起而成为一部完整的中国近代史了，而不是孤立的研究出现的孤立存在的感觉。

第二节　辛亥革命及民国初期到五四运动前大陆对台湾的影响

一、从中华文化的传承理解孙中山和辛亥革命——自强和振兴中华

辛亥革命的武昌起义虽然发生在武昌，但那是全中国在该历史时期的大事，也同样是台湾近代史的一个大背景。尽管当时台湾被日本统治，但孙中山曾到台湾去指挥广东的惠州起义，台湾人民也积极参加过辛亥革命，辛亥革命对台湾也有深刻的影响。我是把台湾近代史作为中国近代史的一个组成部分来写的，所以这里就有必要用一定篇幅谈论辛亥革命和孙中山。

孙中山对传统文化的认识，与他独特的人生经历密切相关。童年的孙中山在家乡广东香山县生活期间，也曾“幼读儒书，十二岁毕经业”，但是“数年以后，已忘其大半”。1879 年他 13 岁时随母亲到美国夏威夷檀香山，乘坐了西洋制造的大轮船，看到了辽阔的外部世界，于是便有了“慕西学之

心，穷天地之想”。[1] 在国外的生活实践使他充分了解和体验了西方文化。而1886年后，他先后在广州博济医院和香港西医书院学习期间又潜心学习中国经史之学，独好“三代两汉之文”。1894年，随着兴中会建立，孙中山对传统文化兴趣大增。他回过头来，想在中华文化中，找到能融合西方文化的渊源。孙中山认为，在先秦时期，中国人的心性还是比较自由的。在之后谈及革命的目的和理由时，他也多次指出，之所以要“建旗倡义”，制定兴中会入会誓词，提出“驱除鞑虏，恢复中国”，就是要“驱除残贼，再造中华，以复三代之规，而步泰西之法”。从中看出，他认为，共和政体虽然是西方的，但是在中国也可以找到文化根源，即所谓“我国民之论古者，莫不倾慕三代之治，不知三代之治实能得共和之神髓而行之者也”。他主张“取欧美之民主为模范，同时仍取数千年前旧有文化而融贯之”。中西文化在某些方面确有融汇之处。他还注意到，“欲图进步改良，亦须从远祖之心性理想，究其源流，考其利病，始知补偏救弊之方”。在发动辛亥革命和创建民国的过程中，孙中山虽然在借鉴和引用传统文化时，甚至带有“西学中源”和“中体西用”的痕迹，可是孙中山是在力图挖掘传统文化的进步、变革精神，而并不是复古主义者。他没有为传统文化所束缚，而是主张“能用古人而不为古人所惑，能役古人而不被古人所役”。在他看来，对于中国的传统文化应该有所鉴别，有所取舍，“如果是好的，当然是要保存，不好的才可以放弃”。所以我认为孙中山的主张是不但博古，更必须通今。古今必须相通，古今又必须结合才能有真正发展。不能盲目崇拜古人，以古人之是非为是非，绝非单纯模拟古人而不通今。孙中山也重视二三千年以前，古人求进步的方法是靠实践，抄袭就不可能进步。

孙中山考察中华文化在历史上的影响，对传统文化有中肯的反思。在认识传统文化的过程中，孙中山还不断思考中国为什么到了近代却停滞不前，远远落后于欧美各国。这当然是抓住了思考问题的关键。中国为世界古国之一，承数千年中华文化的丰富营养哺育了过长的封建社会。地理上，西北背倚高山畔之沙漠，东南面临汪洋大海，沃土辽阔，为东方辉煌文化的泱泱大国。以中古时代的交通局限，在近代以前，中国与世界其他地区文化相比较，在客观上的确极其发达和具有特色，而且在主观上更自觉处于世界中心地位。历史上虽然也有过中西文化的零星碰撞，但就社会进步的思考，以致中国“从

①　章开沅：《从离异到回归——孙中山与传统文化的关系》，《历史研究》1987年第01期。

来欲有所改革，其采法惟有本国，其取资亦尽于本国而已，其外则无取材借助之处也”。中国文化长期处于孤立的、“茂盛”状况，“枯萎”时就采用改朝换代的循环程序。到了近代，西方文化东袭以来，尤其像孙中山这种有切身经历的深入比较，更能意识到传统文化体系的确有精华和糟粕。如不能取人之长，以补己之短，则文化的自我优越感、更造成妄自尊大心理而故步自封，停滞不前。

孙中山特别意识到中国文化的落后方面，当他对比西方文化的进步方面的时候，他便产生了变革传统文化的观念。一方面主张对传统文化要在现代条件下做出新的解释，如在谈到古代的修、齐、治、平思想时，他就特别强调人格修养与公民道德之间的关系，主张在民主政治条件下，国民应该养成良好的道德修养；同时在另一方面则主张中国要以包容、开放态度对待西方文明，主张“恢复我一切国粹后，还要去学欧美之所长，然后才可以和欧美并驾齐驱”。

我们还能注意到，孙中山从传统文化中“汤武革命”的本意出发，到西方“革命”一词内涵的吸纳，再到日本对“革命”一词的诠释，使得中文中“革命”一词的含义在观念上是有变化和发展的，这也正反映了传统文化的包容性和发展的过程。孙中山对“革命”一词的慎重采纳正说明了辛亥革命与传统文化的关系，继承、和发展了传统文化，又吸纳了西方文化。

总之，从孙中山自幼去国外的经历和对中西文化的长期比较观察中，我们可以知道和肯定，他不但深刻了解西方文化的优点，还深知西方文化之弊病。从孙中山曾努力学习传统文化的经历和对中国现实的观察中，我们又可以知道和肯定，他不但知道传统文化的弊端，却也发现传统文化的精华。这使得他在对传统文化的态度上比较实事求是，对传统文化基本上采取批判继承和发展的态度。近代以来在中国传统文化受到广泛批评的背景下，孙中山在一定程度上肯定中国传统文化，并有所借鉴。在他的思想中传统文化占据了一定重要的位置，这对凝聚人心，推动革命成功也很有必要。他从传统文化中寻找发动革命的理论依据和振奋民族精神的精神文化力量，“振兴中华”就是发扬自强不息传统精神、落地有声的铿锵之音。他诚心继承传统文化，却又清醒的有所批判。在考察和比较后，在与维新、立宪派的长期论战后，得出革命的结论，而精华便是“振兴中华”，自强不息。

二、台胞热烈欢迎辛亥革命

辛亥革命对台湾知识界的思想有重大的影响，在日本统治下的台湾，不少中青年知识分子心脏紧紧跟随着大陆的革命脉搏跳动。例如就在梁启超刚刚结束访台，1911 年 4 月台湾传来了大陆广州起义失败的消息，连雅堂就赋诗悼念烈士。到了 10 月，便传来武昌起义成功的消息，台湾民众本来对清政府弃台自保的怨气发泄出来了，此时获悉清政府将被推翻，无不欢欣鼓舞，甚至一般家庭妇女和儿童都知道祖国发生辛亥革命了。

在过去的研究中，已有描述台湾人民欢迎辛亥革命的场面，如台湾民众奔走相告："唐山发生了革命"；上海新出版的《新三字经》"我中华，民主国；黄龙旗，变五色。……"也在台湾流传；[①] 台湾大众非常崇敬祖国辛亥革命的领袖人物，在上海发行的孙中山、黄兴、宋教仁等人的画像和武昌起义的战图，在台湾城乡都很畅销；以"拉洋片"方式让台湾民众观看孙中山画像和武昌起义的图片等，有些文章就直接说明这一些资料多来源于老台胞的童年回忆，这些老台胞的儿时回忆是珍贵的，它是台湾民众欢迎辛亥革命场面的真实写照，说明了辛亥革命也是台湾民众的愿望。但上述这些童年回忆、儿时印象毕竟仅局限于表象和情景描述，继上述这些出自老者的儿时印象的情景描述之后，我这里进一步挖掘出台湾出现过正式表态欢迎辛亥革命的文字记载和新的有力实证。原来，当时台湾处于日本高压的殖民统治之下，受到各种限制，确实这种文字记载较少，而我们研究也还不够深入。在纪念辛亥革命百年的时候，我曾提供出新发现的资料献给纪念活动，证明台胞高度理解和欢迎辛亥革命的更有说服力的表态和文献记载。台湾汉诗人林子瑾发表过一篇名为《郑成功》的诗篇，内容是"一线延明赐姓朱，台、澎割据势终孤；千秋倘有英灵在，喜看孙、黄覆曼殊！"[②] 这是在日帝统治下的台湾，勇敢、明确表示热烈欢迎辛亥革命的有价值的文字记载。从中看出其意义在于：一是台胞是何等欢迎辛亥革命，二是台胞可贵的全中华民族复兴的整体观念和意识，而不是割据的台湾。表明了台胞当时出现的中国整体观，这也是一切认同的核心。我认为，这是台湾前辈人已经产生、现在又很需要让大家知晓、继承的观念，应该开发介绍这些资料。有些资料将孙中山与黄兴等领导的辛亥革命与历史上的民族英雄郑成功联系，充分说明台湾民众是有光

---

① 何标：《辛亥革命与台湾》，《炎黄春秋》2001 年第九期。

② 傅锡祺：《栎社沿革志略·瑾园诗抄》，台湾银行 1963 年。

荣爱国传统的，台湾同胞同样传承了优秀的中华传统文化。辛亥革命后，连雅堂、林祖密、林子瑾、吴子瑜等台胞竟在日本统治下，在欢迎辛亥革命的思想基础上，径直开始了认同祖国和恢复中国国籍的勇敢行动。当时民国刚成立，作为台湾人，更不可能明了和预测它的发展途径，只是知道推翻帝制、期待民主的大方向。《马关条约》割台后闪电般出现的台湾民主国即刻又消失了，可是他们心目中的台湾民主国却在祖国大陆复现了，那就是他们盼望已久的民国。他们马上认同，以为民主即将到来，台湾即将有救，因此这些人士迅速投入祖国怀抱。当时在台湾憧憬辛亥革命后的中国，对民主共和的理想充满期盼和向往，要马上飞奔到他们所向往的民主国中去。在近代史上，从孙中山亲临台湾指导广东的惠州起义到武昌起义前后的整个辛亥革命酝酿期，台湾同胞和祖国大陆间存在着相互影响和密切配合的关系。台胞吴子瑜早期就去大陆从事商业活动，也曾大力协助筹款支持孙中山。1913 年孙中山讨袁失败，第二次东渡台湾时曾在台北日人开设的梅屋敷短暂停留，吴子瑜曾卖掉台中的国际戏院而修建梅屋敷以纪念他们和孙中山的友谊，后来就成为现在的孙中山先生史迹纪念馆了，这就是史迹纪念馆的来历。这时吴子瑜更是加强在大陆的商业活动，并和连雅堂同时，一起在林子瑾的帮助下，于民初便恢复中国国籍，至此我们看出在整个辛亥革命时期大陆和台湾同胞的高度同一性。

日本殖民主义不能从根本上征服中华民族，辛亥革命和台湾的关系与影响曾始终是日本殖民统治者担忧的难题。日本统治者惧怕辛亥革命影响的心态，也充分表现在日本总督府警察沿革志的记载中。“在检讨形成本岛政治运动勃兴动机的要素时，第一需要举出的是支那革命发展的影响。语言风俗、习惯共通，一衣带水的台湾海峡彼岸的支那所勃兴的革命运动，带给本岛智识阶级的影响极大。尤其是本岛民族运动先驱者兼领导者的林献堂、蔡惠如等，遇有机会就和孙文以下革命领袖会见，交换意见的事实，值得注意。”[①]

三、从政治角度看辛亥革命对台湾同胞的影响

林祖密、连雅堂、林子瑾、吴子瑜等人奔赴大陆恢复国籍，是辛亥革命对台胞认同祖国重大影响的明证。这些祖国派的代表人士，在民国一诞生，

① 警察沿革志出版委员会:《台湾社会运动史 第二册 政治运动》，台北创造出版社 1989 年。

就首先带头从政治和法律上，恢复中国国籍。

1912 年 11 月国籍法颁布，辛亥革命的国籍法建设使一些台胞实现了恢复国籍的愿望。请大家注意，辛亥革命又是日据台湾后台湾同胞从中华民族认同正式转换到国家和身份认同的起点和原因。

当时台湾人来大陆为什么有恢复国籍问题呢？1895 年中日《马关条约》后，台湾就沦为日本的殖民地。台湾隶属日本后，居民在一定期限内（自《马关条约》批准之日起两年内）未能离开台湾就沦为日本国籍。由于清政府并没有国籍法，后来也仅有一个条例，当时人们在观念和实际行动中也未重视一些规定，所以割台后到辛亥革命前相当一段时期从台湾来大陆的台湾人仍不存在复籍问题。可是辛亥革命后，1912 年 1 月 1 日中华民国临时政府成立，于民国元年 11 月 18 日颁布了国籍法，于是便有复籍问题了。可是绝大多数生活在台湾的民众尽管不甘心做日本人，但多数人受条件限制根本无法恢复国籍。于是有条件的有识之士回国恢复国籍便成为台湾民众心声的代表，是台湾民众在政治上对日本侵台的否定。

前已详述，甲午割台后台湾有识之士对清政府有了看法，武昌起义的胜利给了台湾同胞以希望。他们憧憬辛亥革命后的中国，希望中国振兴、收复台湾，于是一些台胞如林祖密、连雅堂、吴子瑜、林子瑾等便奔赴大陆、恢复国籍。

1911 年辛亥革命发生，孙中山开创的中华民国成立后，林祖密对祖国的信心更加坚定。他的思想认识从潜在的民主意识开始飞跃，从忠于朝廷到赞成民国，感到祖国有了新的希望。1913 年春天他索性把台湾雾峰林家家主地位交予族叔林献堂，并决定将家产留给同父异母的弟弟，向日本厦门领事馆申请退出日籍，恢复中华民国国籍。1913 年 11 月 18 日他获得北京国民政府内务部发给的恢复中国国籍执照。

过去资料研究中只有这一位台胞林资铿（祖密）向日本驻厦门领事馆申请退出日籍并在 1913 年 11 月被批准恢复国籍的简单记载，但最新研究表明，实际上那时办理复籍的不仅这一位台胞。民初连雅堂先生等台胞从日据下的台湾奔赴大陆来北京恢复中国国籍一事是台湾同胞认同祖国的重要事例和新实证，也是辛亥革命对台胞产生了巨大影响的新实例，这一史实也是有可靠档案根据的，1994 年，连雅堂先生于 1914 年恢复中国国籍和更名连横的档案材料在南京第二档案馆被发现。

有关档案藏于南京中国第二历史档案馆，全宗号为 1001，案卷号为

1282，案卷标题是“寄居台湾侨民回国请恢复福建原籍兼改名有关文书”。在这个案卷中，实际包括了三个人的资料。即连雅堂和吴子瑜申请复籍更名材料（包括林子瑾等为其二人出具的保证书）和林子瑾既经复籍后仍用原名少英的材料以及民国内务部的批件。当时民国政府的处理态度也令人瞩目，内务部总长朱启钤、次长钱能训、司长于宝轩曾把他们作为寄居台湾侨民处理并认为是国际问题，有缓办的批示，但实际办理仍然顺利。连雅堂等这份复籍档案中出现的起止日期 1914 年 1 月 31—1914 年 2 月 28 日，办理时间共计一个月，均获批准。

这份档案中连雅堂复籍、更名的部分也曾由中国第二历史档案馆复制，呈送中共中央总书记胡锦涛，2005 年胡锦涛向应邀访问大陆的中国国民党主席连战先生赠送了这份珍贵的档案材料复制件。其后，2007 年北京的海峡两岸出版交流中心和九州出版社隆重出版了由当时的国台办主任陈云林先生主编的《馆藏民国台湾档案汇编》一书，并召开了新闻发布会，介绍《汇编》收录了中国第二历史档案馆馆藏民国时期的涉台档案。其第二册收集有“寄居台湾侨民回国请恢复福建原籍兼改名有关文书”的档案，提到其中有“台湾同胞冲破重重阻挠申请恢复祖国国籍、回国求学、参政议政、参加革命运动等的相关档案，如连雅堂、吴子瑜、林子瑾等申请复籍及民国北京政府有关部门的相关批复、办理经过等”内容。据这一公布的档案影印件和《汇编》新闻发布会的内容介绍，研究者进一步了解到除连雅堂外，还有吴子瑜和林子瑾两位台胞也于民初恢复中国国籍，我们从而可以进一步肯定，起码这时有上述三位台胞来京办理复籍，构成了一次集体行动。这是有可靠事实根据的，引起海峡两岸和国际关注。2010 年我在美国一次欢迎中科院台湾研究所余克礼所长到访的集会上谈到此问题时，会场顿时活跃并意外获得大家对台湾前辈积极认同祖国的行为热烈鼓掌，这也反映出至今许多人都对当年这些前辈有所肯定和赞赏，甚至许多人前所未知，感到惊讶。奇怪的三人集体行动是怎样出现的？这也说明大家对台湾民众对祖国的认同史比较生疏，所以我们的确有必要写出一部“认同史”来。

其实，武昌首义胜利后，受到辛亥革命影响，台湾除了发生了武装起义外，在知识界中，把台湾前途寄托于祖国革命和系于祖国强大的思想也越加强烈。这些人索性奔赴祖国恢复国籍，这是他们表达祖国情怀的反映。

1. 档案确切内容的介绍

我认为在学术上对此档案有深入研究和探讨的必要，所以首先明确其内容梗概。

根据杭州连横纪念馆资料、《馆藏民国台湾档案汇编》一书以及南京中国第二历史档案馆可提供的材料，这部分档案的全宗号为 1001 案卷号为 1282 的案卷，案卷标题是“寄居台湾侨民回国请恢复福建原籍兼改名有关文书”。在这个案卷中，包括了三个人的资料。

1. 第一份是连雅堂的资料。列为民治司第二科卷宗第一卷，户丙第 122 号。其中主要包括：

1）呈请恢复福建原籍的《呈请书》（并附《愿书》和《保证书》）。

《呈请书》前有内务总长收件处理时的记载，其内容要点是：中华民国三年二月二日收件，呈件事由为连雅堂呈请复福建原籍由。附有愿书、保证书各一件。有总长朱启钤印章，司长于宝轩印章，又有“已办”章。

《呈请书》的文件编号为基 140 民治（角处有 352 字样）。主要内容是由连雅堂本人（署名并盖章）提出申请恢复国籍，呈请内务总长鉴核施行。他表示依中华民国国籍法第十八条及施行规则第六条所规定呈请许可复籍，并说明原籍是“福建龙溪县马崎社”，现籍为“日本台湾台中厅台中街”，当时住在北京南柳巷晋江邑馆。该说明另附有《愿书》和《保证书》，日期为中华民国三年一月三十一日。

《呈请书》附有《愿书》的主要内容是：由连雅堂本人出具（署名并盖章），表示依中华民国国籍法第十八条及施行规则第六条所规定愿恢复中华民国国籍并遵守中华民国一切法律。日期是中华民国三年一月三十一日。

《呈请书》另附有《保证书》的主要内容是：由当时住在北京南柳巷晋江邑馆的两个保证人李聪海和林少英（署名并盖章）出具，保证福建漳州府龙溪县人连雅堂愿依中华民国国籍法第十八条及施行规则第六条所规定恢复中华民国国籍并查与中华民国国籍法之规定相符，表示甘愿作为保证人、出具保证书，进行担保。日期是中华民国三年一月三十一日。

2）内务部复籍批件。内务部复籍批件首页：内务部民治司第二科字第号事由批连雅堂准其恢复福建龙溪县原籍由稿总长印章次长印章司长印章中华民国三年二月五日另注明三年二月二十四日公布已行。

内务部复籍批文内容如下：内务部批第号原具承人连雅堂据呈已悉所请恢复福建龙溪县原籍应即照准除由本部注册并令行福建民政长转饬该县备案外合将复籍执照填给仰即来部呈领可也此批许允拟稿二月五日蔡春华缮。

3）复籍指令：指令首页有令福建民政长准连雅堂恢复龙溪县原籍由稿总

长朱启钤印章，次长钱能训印章司长于宝轩印章，中华民国三年二月五日。指令文内容：内务部指令第号令福建民政长据连雅堂呈称原籍福建龙溪县现籍日本台湾台中厅台中街兹依中华民国国籍法第十八条所规定出具愿书及保证书请许可复籍等情前来查连雅堂所请恢复福建龙溪县原籍核与国籍法第十八条相符业经本部批准注册除将复籍执照填给外合行令仰该民政长转饬该县备案此令许允拟稿二月五日增启缮。

4）个人领取复籍执照时所写的收条。附有连雅堂的亲笔签名、盖章的“执照已领”的收据。写明为遵批发照回籍事于二月十号所领执照一纸是实。

5）更名呈请书。更名呈请书前有内务部收件办理的记载，内务部民治司第二科收连雅堂呈请更名连横由，中华民国三年二月十三日收件，有总长朱启琴印章，次长钱能训印章，司长于宝轩印章，核准曾毓驤印章，又有“已办”“注册”章等。《更名呈请书》的文件编号基 643 民治（另有民 429 字样）。主要内容是说明连雅堂原籍福建龙溪县，年三十七岁，现住本京南柳巷晋江邑馆，呈请将连雅堂之名更正为连横，请准，中华民国三年二月十一日。

6）内务部的更名批文。批文首页如下：内务部民治司第二科字第号；事由批连雅堂准其更名连横由；稿总长印章次长印章司长印章；中华民国三年二月十四日办十八日发。文件上方并注有三年二月二十八日公布；另注已抄送文书科。

内务部的更名批文内容如下：内务部批第号原具承人连雅堂呈系所请更名连横一节应即照准除由本部注册并令行福建民政长转饬备案外仰即将复籍执照呈部更正可也此批许允拟稿二月十四日刘大鋆缮。

7）内务部的更名指令等。

指令首页如下：内务部民治司第二科第号；事由令福建民政长准连雅堂更名由；稿总长印章次长印章司长印章；中华民国三年二月十四日。

指令内容如下：内务部指令第号令福建民政长据连雅堂呈称现年三十七岁原籍福建龙溪县拟请更名连横等情前来业经本部核准注册除批示外合行令仰该民政长转饬该县备案此令许允拟稿二月日刘大鋆缮。

2. 第二份是吴子瑜的资料。列为内务部民治司第二科卷宗第一卷。户丙。第 123 号，其中主要包括：

1）呈请恢复福建原籍的《呈请书》（并附《愿书》和《保证书》）。

《呈请书》前有内务总长收件处理时的记载，内容要点是：中华民国三年二月二日收件，呈件事由为吴子瑜呈请复福建原籍由。附有愿书、保证书各一件。有总长朱启钤印章，又有“已办”章。

《呈请书》文件编号为基141号民治（角处有355字样）。

《呈请书》的主要内容是由吴子瑜本人（署名、盖章并注明现改名世勋）提出申请恢复国籍，呈请内务总长鉴核施行。

吴子瑜表示依中华民国国籍法第十八条及国籍法施行规则第十二条所规定呈请许可复籍，并说明原籍是“福建漳州府龙溪县蔡垅社”，现籍为“日本台湾台中厅台中街”。当时住在北京南柳巷晋江邑馆，年30岁。还说明另附有《愿书》和《保证书》。日期为中华民国三年一月三十一日。

《呈请书》附有《愿书》的主要内容是：由吴子瑜本人出具（署名、盖章并注明现改名世勋），表示依中华民国国籍法第十八条及国籍法施行规则第六条所规定愿恢复中华民国国籍并遵守中华民国法律。日期是中华民国三年一月三十一日。

《呈请书》附有《保证书》的主要内容是：由当时住在北京南柳巷晋江邑馆的两个保证人李聪海和林少英出具（署名并盖章），保证福建漳州府龙溪县吴子瑜愿依中华民国国籍法第十八条及国籍法施行规则第六条所规定恢复中华民国国籍并查与中华民国国籍法相符，表示甘愿作为保证人、出具保证书，进行担保。日期是中华民国三年一月三十一日。

2）内务部复籍批文。内务部复籍批件首页：内务部民治司第二科字第号事由批吴子瑜准其复福建龙溪县原籍由稿总长印章次长印章司长印章中华民国三年二月四日另注明三年二月二十四日公布已行。批文编号是“内务部批文第96号”。批准日期是民国三年二月四日。批文为许允拟稿，赵寿桐缮。批文主要内容是：原具呈人吴子瑜呈悉所请恢复福建龙溪县原籍一节自应照准除由部注册并令行福建民政长转饬该县备案外并将复籍执照填给仰即具呈遵领合行批示此批。

3）复籍指令。指令首页有令福建民政长准吴子瑜复龙溪县原籍由稿总长朱启钤印章，次长钱能训印章司长于宝轩印章，中华民国三年二月四日。指令批文：无编号。时间是民国三年二月四日。内容是令福建民政长据吴子瑜呈称原籍福建漳州府龙溪县现籍日本台湾台中厅台中街兹依中华民国国籍法第十八条及国籍法施行规则第十二条所规定出具愿书及保证书请许可复籍等情前来查吴子瑜请愿恢复福建龙溪县原籍核与国籍法第十八条相符业业经本部批准注册除将复籍执照填给外合行令仰该民政长转饬该县备案此令许允拟稿，陈松茂缮，第二号部务稿。

4）个人领取复籍执照时所写的收条。内容是：执照已领吴子瑜（签名和盖章），另注明：为遵批发照回籍事于二月十号所领执照依一纸是实承领人吴子瑜（盖章）。

5）《更名呈请书》

《更名呈请书》前有内务部收件办理的记载。内务部民治司第二科收吴子瑜呈既经恢复国籍请仍用原名世勋由，中华民国三年二月十三日收件，有总长朱启钤印章，次长钱能训印章，司长于宝轩印章，核准曾毓骧印章，又有“已办”“注册”章等。

《更名呈请书》的文件编号基644民治。（另有民430字样）。吴子瑜又于民国三年二月十一日向内务总长提交了仍用原名吴世勲的呈请。文件名称为：“吴了瑜呈请既经恢复国籍仍用于原名世勋”主要内容是说明吴子瑜原籍福建龙溪县蔡墘社、年三十岁、现住本京南柳巷晋江邑馆。其中写道：“为呈请事窃子瑜原名世勋前因寄籍日本台湾、故用子瑜之名、自民国元年八月回国所有创办实业仍用原名世勋、今既恢复国籍、理合更正原名、方能相符为此恳请大部俯准存案谨呈内务总长鉴核施行吴子瑜（盖章）。

6）内务部的《更名批文》。

批文首页如下：内务部民治司第二科字第号（无编号）；事由批准吴子瑜更名世勋由；稿总长印章次长印章司长印章；中华民国三年二月十四日办十八日发。文件上方并注有：三年二月二十八日公布；另注已行已抄送文书科。

内务部的更名批文内容如下：内务部批第号原具承人吴子瑜呈系所请更名世勋本部应即照准除由部注册并令福建民政长转饬备案外合行批示遵照此批张玉麟拟稿，增启缮二月十四日。

7）内务部的更名指令等。

指令首页如下：内务部民治司第二科第号；事由令福建民政长准吴子瑜更名世勋由；稿总长印章次长印章司长印章；中华民国三年二月十四日。

指令内容如下：内务部指令第号令福建民政长据福建龙溪县人吴子瑜呈称原名世勋前寄籍台湾曾用子瑜之名既恢复国籍理合更正原名等情本部查核无异应即照准除由部注册外合行令仰该民政长转饬龙溪县遵照备案此令张玉麟拟稿二月十四日增启缮。

3. 第三份是林子瑾的资料。封面（带封底）标题名为“林子瑾呈既经恢复国籍请仍用原名少英一案”。列有北 6070（143）字样呈一件、稿式件中华民国三年二月二十四日立内务部民治司第二科字 56 号。其内附贴小条有 017 等字样。其中主要包括呈请仍用原名的呈请书，内务部收条，内务部批文、指令等。

1）《林子瑾呈请仍用原名的呈请书》。

《呈请书》文件编号：基六四二号民治民 427。

《呈请书》名称：林子瑾呈既经恢复国籍请仍用原名少英（分民治司）。

《呈请书》主要内容：明确林子瑾原籍福建平和县埔坪社；现住本京南柳巷晋江邑馆；原名少英；年三十七岁；既经恢复国籍理合更正原名方能符合，呈内务总长鉴核施行。日期是中华民国三年二月十一日。

2）《更名呈请书》前有内务部收件办理的记载。写明内务部民治司第二科收林子瑾呈“呈既经恢复国籍请仍用原名少英由，中华民国三年二月十三日收件，字第 56 号，有总长朱启钤印章，次长钱能训印章，司长于宝轩印章，核准曾毓骧印章，又有“已办”“注册”章等。收件上方另注：已办注册。

3）内务部的批文。

批文前的首页如下：内务部民治司第二科第 56 号；事由批林子瑾准更名少英由；稿总长印章次长印章司长印章；中华民国三年二月十六日办十九日发。文件上方并注有：三年二月二十四日公布政府公报已行；另注未登内务公报。

批文内容如下：内务部批第 103 号原具承人林子瑾呈悉所请更名少英应即照准除由本部注册并令行福建民政长转饬备案外合行批示遵照此批曾毓骧拟稿二月十六日刘大鋆缮。

4）内务部的指令。

指令文首页如下：内务部民治司第二科第 56 号；事由令福建民政长准林子瑾更名少英由；稿总长印章次长印章司长印章；中华民国三年二月十六日办十九日发。

指令文内容如下：内务部令福建民政长据福建平和县人林子瑾呈称原名少英前因寄籍台湾曾用子瑾之名今既恢复国籍理合更正原名等情本部查核无异应即照准除由部注册外合行令仰该民政长转饬龙溪县遵照备案此令曾毓骧拟稿二月十六日刘大鋆缮。

2. 中华民国国籍法的有关条文

档案中多处提到所依国籍法有关条款。初始的国籍法（法律第四号）颁布日期为民国元年 11 月 18 日，后来又做了修正，而修正的国籍法（法律第 26 号）为民国三年 12 月 31 日出台。连雅堂等这份档案的起始日期是民国三年 1 月 31 日，那时修正的国籍法尚未出台，因此文件所依的应当是初始的国籍法。查其有关条文摘录如下（条款依次追叙），其中：

第四章国籍之恢复

1）第十八条依第十二条第一项第四款规定丧失国籍者既于中国有住所并具备第四条第二项第三款至第五款条件时经内务总长许可得恢复中华民国国籍但归化人及随同取得国籍之子不在此限

前项规定于依第十五条规定丧失国籍之子具备第四条第二项第二款者准用之

2）第十二条中国人有左列各款情事之一者丧失中华民国国籍

第四款依自愿归化外国取得外国国籍者

3）第四条外国人或无国籍人经内务总长许可得归化

第三款品行端正者

第四款有相当之财产或艺能足以自立者

第五款本无国籍或因取得中华民国国籍即丧失其本国国籍者

3. 对档案文件初步分析、学术探讨和几点结论

根据以上原始档案文件进行初步分析，从学术上可以明确以下几点：

1）这份档案文件中出现的最早日期是民国三年（1914）一月三十一日，这是三人提出呈请书中的日期；本文件中出现的最晚日期是民国三年（1914 年）二月二十八日，这是公布批准连雅堂更名的日期。全过程历时一个月。

2）当时三位人士都住在北京南柳巷晋江邑馆。

3）三位人士都曾一度是当时“日本台湾籍”的台湾人。史学界曾经有人以为连雅堂和吴子瑜的复籍保证人林少英一直是中国国籍，是客居北京的福建晋江人，乃是误解，必须更正。从档案中我们可以清楚看到，连雅堂原籍福建龙溪县马崎社；吴子瑜原籍福建龙溪县蔡墘社；而林少英即林子瑾，原籍福建平和县埔坪社。

4）连雅堂、吴子瑜复籍的本人申请书、本人出具的《愿书》以及林少英

等为他们出具的《保证书》上的日期均为民国三年一月三十一日。连雅堂和吴子瑜是同一天提出申请复籍的，林子瑾等也是同一天为连、吴出具保证的。

5）这份卷宗中有连雅堂这次办理的复籍和更名连横的档案，有吴子瑜办理的复籍和仍用原名吴世勳的档案，而仅有林子瑾复籍后办理仍用原名林少英的档案，却没有林子瑾的复籍原始档案。这也是为什么我在这里如此详尽分析已发现的档案内容。查找林子瑾的复籍原始档案也应列入下一步的工作，因为在学术上总要确定台胞开始复籍的确切时刻。

6）分析文件可知复籍和更名是分两步办的。连雅堂、吴子瑜二人都是二月十号领到复籍执照，并紧接着第二天（二月十一日）二人马上提出呈请“更名”或“仍用原名”。二位复籍和更名虽分两步，但是二位是连续办理的。其间并无间断。

7）三位办理改名的日期都是民国三年二月十一日。林子瑾提出申请的呈文编号是基六四二号，民四二七号。连雅堂提出申请的呈文编号是基六四三号，民四二九号。吴子瑜提出申请的呈文编号是基六四四号，民四三零号。呈文本身都有编号，而且三人编号基本连续（642—643—644，427—429—430，其中未用428、估计是疏忽）。

8）北京政府内务部总长等二月十三日同时收到三人的更名呈文，并分民治司办理。我们可注意到，林子瑾仍用原名呈文的收件登记有编号，为第56号；连雅堂更名呈文的收件登记却无编号；吴子瑜仍用原名呈文收件登记也无编号；这是很大的区别。

9）十四日批准连雅堂氏更名，批文由许允拟稿，刘大鋆缮，批文前的首页无编号，批文本身也没有编号。批准吴子瑜氏更名也是二月十四日，批文由张玉麟拟稿，增启缮，批文前的首页无编号，批文本身也没有编号。而批准林子瑾更名却是二月十六日，批文由曾毓禳拟稿，刘大鋆缮，批文前的首页却有编号，也为56号，批文本身也有编号为103号。

10）由于这份文件中并没有林子瑾本人的复籍《呈请书》、《愿书》和别人给他出具的《保证书》，这些材料只能证明这次林子瑾只是在复籍后于民国三年一月三十一日为连、吴做复籍的保证人，并等到二月十日连、吴二氏复籍被批准后，于二月十一日在连、吴二氏紧接着办理更名的同时和这两位一起为自己补充办理仍用原名林少英的呈请手续，却无法证明林子瑾的复籍和更名是连续办理的，也无法证明林子瑾也是这时和连、吴一起同时复籍的。

11）根据林子瑾文件中已有“既经恢复国籍请仍用原名少英”以及指令

中有“本部查核无异应即照准”的记载，可以判定，林子瑾确实在更名前已经复籍，但林子瑾和其他两位同时一起办复籍的可能性较小。而且，根据林子瑾已是另外两位复籍的保证人的事实，他更可能是在连、吴这次复籍之前就已经恢复国籍了。因此文件另有所在，而并未和连、吴复籍档案归在一起，台胞复籍准确的起始时间、尚待进一步仔细挖掘考证。据我记忆，林子瑾本人是在民国元年恢复国籍的。

12）林子瑾仍用原名呈文编号最靠前，而最后批办，他比连、吴的批办日期晚了两天，又都有编号，从这点分析，很可能是因连、吴复籍、更名两者是连续办的，更名文件和复籍文件可以放在一起，无须另外编号。而林子瑾在这次之前就已复籍了。需核对过去复籍原件。并且这次更名文件与过去复籍文件不能放在一起。所以收件和批文必须另行单独编号。可能也由于这一办理过程，故比其他两位迟批了两天。

13）当时的内务部总长为朱启钤，次长钱能训，司长于宝轩。所有审批文件上，均盖上了印章。

14）呈请文件中都有根据法律的表述，说明当时他们三人同步的法律观念。

4. 连雅堂、吴子瑜、林子瑾等民初复籍始末经过简述。

据笔者回忆当事人林子瑾口述进行整理，部分经过与当时报刊核对，概括介绍经过如下：

武昌起义成功后，孙中山闻讯从美国回国。1912 年 1 月民国宣布成立，他在南京就任临时大总统，后于 4 月请辞，民国政府迁往北京。孙中山于 8 月到达北京，黄兴 9 月也到达北京，梁启超于 10 月从日本回国到达北京。历史悠久的古都北京继而成为民国首府之后，一时又成为全国及海外关注的焦点。北京也同样吸引着边陲宝岛台湾心向祖国的赤子。向往祖国的连雅堂、林子瑾、吴子瑜、林献堂都计划到北京看看，这时林子瑾、连雅堂时年皆三十四岁，吴子瑜才二十八岁，青壮年气盛。1912 年 4 月林子瑾便与大病初愈的连雅堂结伴启程，捷足先登奔赴大陆，返回祖国，足见他们盼望祖国即刻复兴的爱国热情。行前雾峰林祖密（即林季商）特地为他们二人饯行于瑞轩，可见他们三人心中的爱国思想、观点、目的是何等一致。[①]（当时林祖密需清整在台的庞大家业并欲将其族长地位转给林献堂，随后林祖密于 1913 年也回大陆厦门。）连雅堂、林子瑾二人从台湾台中出发同车先去台北，住

① 《台湾日日新报》1912 年 4 月 25 日。

鲲溟会馆。然后从基隆乘亚米利加号轮船启程到达日本神户，滞留数天会见故友，随后到达上海，住共和旅馆。由于钦佩当时的革命党人秋瑾、徐锡麟等，次日他们便先去杭州，瞻岳武穆墓和徐锡麟、秋瑾埋葬之处，又返回上海。1912 年中秋时节，到上海经商的吴子瑜邀请连、林在上海“张园”聚会（时革命党人和文人常聚会于此）并结识一些社会名流。在上海获悉民国政府迁往北京后。连雅堂曾因事暂留上海，据我记忆林子瑾是 1912 年便先赴北京了。他启程时国籍法尚未出台，在到达北京后正值国籍法公布，便毫不犹豫地恢复了国籍。因为他早就一直认为自己就是中国人，办理复籍手续只是必然结果。

复籍后他转而去天津工作和考察。连雅堂在上海滞留约 9 个月后，于 1913 年 1 月离沪经南京、天津赴北京参加华侨选举国会议员。后游张家口，又转奉天、吉林，入新吉林报社，1914 年 1 月又回北京。林子瑾与连雅堂、吴子瑜相约，作为连、吴二氏复籍的介绍人和保证人，于 1914 年初又回到北京。那时连、吴、林都暂时住在北京南城宣武门外南柳巷的晋江邑馆。1914 年 1 月 31 日开始，林子瑾引领连、吴共赴内务部办理连、吴复籍手续，他自己这次也和连、吴两位一起补办了申请仍用原名林少英的手续，并获得了当时内务部的批准。

连雅堂 1914 年入清史馆，冬回台湾。林子瑾热衷于继续在大陆从事教育和办矿、开发交通的实业活动。吴子瑜则从事商业活动。经过对照，口述历史和档案记载是基本一致的。

5．台胞复籍的意义是：

1）说明血浓于水的天然向心力。

2）说明日据台湾后，台湾同胞自辛亥革命起便开始从中华民族认同和文化认同发展到正式的国家认同和身份认同。辛亥革命是日据后台胞从中华民族和文化认同即刻转到国家认同和身份认同的原因和起点，在学术上也不能忽略研究它的意义。辛亥革命后，1912 年颁布的国籍法是继清末的《大清国籍条例》之后，民国史上第一部国籍法，是民国在国籍问题上法制建设的开端，一经通过便得到日据下台胞的承认，因此也是近代台湾同胞在法制上认同祖国的开端，也说明一些台胞的法制观念与当时民国政府的法制建设同步。

3）这几位台胞复籍代表了绝大多数台胞的认同心愿。台湾民众世代生活在那里，多数不可能迁徙，于是被迫沦为日本国籍，少数台胞复籍却代表了绝大多数台胞的认同心愿。因此，他们复籍的行为并不仅仅是个人的行为，他们的祖国情怀是当时台湾民众心声的代表。他们声明自己是中国人，也是对日本侵略的藐视、挑战和抗议。从 1895 年算起，到 1911 年中国大陆爆发辛亥革命的时候，虽然台湾已经被日本统治了 16 年，但是台湾人民仍然心怀祖国，并没有忘记自己是中国人。正如人们所云：他们却毅然在日本殖民地统治下的台湾鄙视日本，来大陆向当时的国民政府提出申请恢复中国国籍。与在日本嚣张的年代，没骨气的汉奸花钱去买日本国籍，求得减税和所谓“治外法权”形成鲜明对比。他们复籍的行动说明中华魂始终居住和缭绕在他们脑海中，而中华魂是须要世代传承和延续的。台湾同胞和大陆同胞是同祖同根的关系，无法人为改变。当时大多数台湾人民由于生长在那里，才被迫沦为日本国籍。这几位台湾人耻为日本“顺民”，他们当时恢复国籍，声明自己是中国人，为被日本奴役下的台湾民众大出了一口气。

4）他们的祖国情怀和复籍行动也反映出强烈盼望祖国从此早日强大，也想要出力参加祖国建设、发展民族经济的决心。这次复籍行动仅仅是认同祖国的第一步，他们后来就为祖国出力建设。林祖密复籍后在福建参加了后来孙中山发起的护法运动，最后牺牲了生命。林子瑾考察大陆文化后曾返台开展台湾文化启蒙运动，接着便响应孙中山实业救国的号召，参加了大陆的交通建设，后殁于北京。连雅堂在清史馆获得充分史料，回台后最终完成《台湾通史》，可谓辛亥革命促进了《台湾通史》的问世。连雅堂写完《台湾通史》后又于 1933 年再度返沪并殁于上海。吴子瑜后来参加北京台湾青年会，支援岛内的抗日活动，并在大陆从事商业。

5）他们复籍活动进一步证明了他们根本不主张台湾“独立”。

6）他们的复籍行动说明了大陆发生的辛亥革命对台湾的影响。

7）他们的复籍行动也说明了他们已从旧文人转变成紧跟时代发展的知识分子。他们的复籍行动反映了他们既反对日帝又反对封建的清政府，向往民主的愿望。复籍的行动说明他们憧憬辛亥革命后的民国是向往台湾民主国的继续，两者是统一的。

8）就他们个人说来，这次行动使他们进一步了解了祖国。他们少年时代在台湾读古书不仅有时代差距，还有地域差距。这次大陆之行使他们大开眼界，亲瞻祖国山河、人文环境，更增加了爱国热情。当时民国刚成立，他们寄希望于全中华民族的复兴。他们虽然不可能预测民国的发展途径，只是知道推翻帝制、期待民主、振兴中华的大方向，迅速投入祖国怀抱。此行也锻炼了能力。祖国情怀对他们后来曾一度返台、在台湾从事的活动又产生深一层的次级影响。例如连横这次大陆之行后，回台写《台湾通史》则更有底蕴。林子瑾后来则积极开展台湾的文化启蒙和民族民主运动。

我之所以用很大篇幅在此详述和求证复籍的问题，是因为在南京第二档案馆藏资料中，尚未见到林子瑾复籍的原件，而是从其恢复原名的原件提到他已经恢复国籍而得知的。而在此从学术研究的详细分析论证角度提出问题，有待今后档案部门进一步深入继续开展搜寻档案的补充工作，以便明确台湾同胞最早复籍的确切时间。

四、从革命角度看辛亥革命对台湾抗日武装斗争及台胞在大陆参加革命的重要影响

1. 台湾岛内的抗日武装斗争

1895 年日据台湾后，台湾岛内仍然存在抗日武装斗争，较突出的有简大狮、柯铁虎、林少猫的游击活动。而就在 1895 年孙中山也曾派遣兴中会成员杨心如到台湾宣传革命，1897 年又派革命党人陈少白到台湾配合杨心如发展组织、筹集经费。孙中山本人于 1900 年 9 月 28 日也亲抵台湾基隆，在台北新起町（今长沙街）筹措军械、指挥广东的惠州起义。孙中山曾考虑利用台湾作为基地，从事动摇和推翻清政府的行动。这些行动虽然也在台湾播撒了革命种子，但结果却失败了，而与此同时简大狮、柯铁虎、林少猫的游击活动相继被镇压。到 1902 年武装抗日暂时进入低潮，直到 1907 年。

1907 年后又开始了新一轮的战斗。1907 年有蔡清琳以孙中山的“兴中会”为榜样而成立的“台湾复中兴会”，并发动了新竹的北埔起义，这是新一轮战斗的序曲。新一轮战斗主要是在辛亥革命武昌起义成功的鼓舞下兴起的，台湾的武装抗日斗争不但从 1902 年暂时低潮又重新走向新高潮，而且也明显受到辛亥革命的影响，进入新的阶段。这一阶段的抗日斗争等于中国大陆的辛亥革命影响波及最早的沦陷区台湾。台湾民众对清政府弃台自保本来怨气十足，此时获悉清政府将被推翻、无不欢欣鼓舞。在辛亥革命的鼓舞下，1911 年 10 月 19 日，澎湖渔民章吉辅最先驾驶危舟，突破日军封锁，渡海投奔祖国大陆革命军。在台湾的武装斗争新阶段中，主要有 1912 年台湾马上发生的林圮埔起义、土库起义。1912 年—1913 年更发生了同盟会罗福星直接领导的苗栗起义，1915 年则爆发了大规模的噍吧哖起义等武装斗争，但由于与日本的武力对比悬殊，结果都失败了。此前大多仅从这一角度审视辛亥革命对台湾影响，故已有很多的文献研究，这里不再详述。这里特别提出的观点

是，要把台湾发生的事和大陆及世界联系起来看。1915 年台湾噍吧哖起义之时也正是第一次世界大战时期，也正是大陆同胞反对袁世凯承认二十一条之时，两岸的反殖斗争遥相呼应，也和世界的潮流相融会。

2. 台胞保卫辛亥革命成果的行动

1913 年“二次革命”失败时，台胞翁俊明等人对袁世凯深感痛恨，想以病菌毒杀袁世凯。1913 年秋，翁俊明、杜聪明经日本神户转赴北京。毒杀计划虽未成功，却显示了台湾同胞对祖国革命运动的热烈响应，对保卫辛亥革命果实的赤胆忠心。

3. 林祖密参加护法运动（详细内容在本节下面第六个大问题中论述）

总之，辛亥革命从革命和政治角度上对台湾的影响是巨大的。辛亥革命时期也仍是日本统治台湾的前期武官总督统治时代。从桦山资纪到明石元二郎，辛亥革命的影响和台湾爱国志上的行动，对日本构成在台湾殖民统治的压力。如前所述，连日本殖民当局也竟有这样的记载：“在检讨形成本岛政治运动勃兴动机的要素时，第一须要举出的是支那革命发展的影响。”[①] 当然这是他们的担忧，不可作历史的根据。但这一材料从反面说明辛亥革命在国际上起到打击日本帝国主义和掀起殖民地民族解放运动的作用，这也是辛亥革命的世界意义。

五、从建设角度看辛亥革命对台胞到大陆参加建设的影响

没有建设的革命是没有意义的。我们不仅要研究孙中山的革命思想，而且也要研究孙中山的建设思想及其对台胞的影响。以台胞林祖密、林子瑾为例，他们在把台湾前途系于祖国强大、中华振兴观念的基础上。林子瑾把梁启超对 30 年内中国无力顾及台湾和孙中山的振兴中华结合起来，结论就是到大陆效力，为祖国强大添砖加瓦，于是还进一步产生了不愿将人力和资金留在台湾为日本人效力，而转移到大陆为发展祖国经济做贡献，为振兴中华出力的思想。这种思想正好与孙中山力倡实业救国的号召和临时政府颁布的政策措施相交融和接轨，他们得知上述这些措施及孙中山的主张后，予以积极响应和身体力行，便出现了台胞积极参与实业救国的行动。这一问题以往研究较少，也是本文的研究重点之一。

据现在有关辛亥革命学术研究发展的情况，我们也要从建设的视角研究

---

① 警察沿革志出版委员会：《台湾社会运动史第二册政治运动》，台北创造出版社 1989 年。

辛亥革命，包括辛亥革命初期的法政建设、文教建设和经济建设等。值得研究的是这些方面建设都与台胞有同步的密切关系：国籍法制定后就有台胞能马上恢复国籍；辛亥革命后大学兴起，台胞也曾参访京师大学堂；民初孙中山提倡实业救国，就有归国台胞深受辛亥革命孙中山民生思想影响，为振兴中华、为发展民族经济曾走上了实业救国的道路。所以研究本问题的根本目的在于从建设角度探讨大陆和台湾同胞振兴中华目的的同一性。进一步说，从传统文化由炎黄子孙共同传承角度看，这些现象有其必然性，而绝非偶然。台湾同胞认同祖国、恢复国籍的爱国主义，参与祖国的各项事业事业之重视教育、重视农业、兴办实业、振兴中华的自强不息精神本来就是传统精神及其发展的核心。

1．辛亥革命初期经济政策对台胞参加大陆实业救国活动产生影响，促使一些赴大陆的台胞走上了实业救国道路

从孙中山的经济建设思想的视角研究辛亥革命的影响，我们注意到台胞为振兴中华、发展民族经济而来大陆参加实业救国活动是辛亥革命对台胞的重要影响之一。辛亥革命后林祖密、林子瑾深受孙中山的实业救国思想的影响，而投入了大陆的实业救国活动。

孙中山提出从经济上振兴中国的一系列宏伟设想，他的建设思想绘出了国家近代化的蓝图。实业救国是为近代化、改变中日国力对比、振兴中华打基础的。孙中山在民国成立后便认为："今日共和告成，措施自由，产业勃兴，盖可预卜。"[①] 因此大力提倡实业救国。武昌起义成功后，孙中山的南京临时政府除了制订起宪法作用的临时约法外，也颁布了许多有利于国计民生的法令和措施。在经济方面有保障工商业的规章，鼓励人民兴办实业，鼓励华侨在国内投资，设立实业部和各省成立实业公司等规定。报刊竞相宣传"实业救国"，并提出国家振兴实业"要道"5条：改良各种行政机关、调整和统一度量货币、疏通货物流通渠道、收集才智之民归实业界、制定特别保护奖励法规；提出要扩大出口贸易、实行关税保护政策等具体办法，曾形成了比较完整的"实业救国"的方针和措施。当时那种强劲的振兴实业思潮较深入人心，不少爱国人士积极响应，许多人认定，政治革命根本目的就是发展实业，振兴国运。应该强调，台胞从事实业救国是有其社会历史背景的。台胞来大陆投入实业救国活动正是辛亥革命后孙中山开始大力提倡实业救国的时代，

---

① 孙中山：《孙中山选集》，北京人民出版社1956年。

而孙中山的实业计划思想和方略一直持续，直至逝世。办实业、开发经济也是个长期的基础性活动，也不是一蹴而就的事。孙中山自辞去临时大总统后，曾把全部精力放在为实现“实业救国”的理想之上。他说：“今日清政府退位，中华民国成立，民族、民权两主义俱达到，唯有民生主义尚未着手，今后吾人所当致力的即在此事。”[①] 他把振兴实业，推动民族工商业发展，作为他卸任后的第一要务实行。因此，他指出：“盖实业主义为中国之必需，文明进步，必赖乎此，非人力所能阻遏。”[②] 他提出从经济上振兴中国的一系列宏伟设想，包括大港，修 20 万里的铁路，修筑遍布全国的公路网。他把致力于修铁路、建矿山、发展民族工商业，作为他为富国强民而奋斗的新目标和新起点。

孙中山力倡实业救国的内容中，特别优先强调修路。1912 年 1 月，中山先生在演说中突出提倡修筑道路，中山先生在“道路为建设着手的第一端”中再次竭力提倡修建道路，认为“衣食住行乃人民四大需要，修治道路，以利民行”。他 1912 年 8 月，孙中山北上。也一路弘扬“实业救国”思想理念。所到之处，凡涉及的谈话与演讲，无不与振兴实业有关，无不涉及修路、建设、引资金、办实业。中山先生明确“民欲兴其国，必先修其路”，[③] 甚至后来索性题写“造路救国”四个大字，这就为实业救国以开路为先锋的切入点奠定了思想基础。(插图)

台湾同胞林子瑾等人振兴祖国、转移资金的观念正好与孙中山的实业救国接轨，林子瑾的修公路和开办长途汽车运输业的设想也正与造路救国相吻合。

这里选择林子瑾为例，是因为林子瑾先生辛亥革命后马上回大陆恢复国籍，热心相应孙中山实业救国，1916—1924 年回台湾发起文化启蒙运动，后来就一直定居大陆，历经不同历史时期，直到 50 年代去世，他是把爱祖国和爱台湾统一起来的一位十分典型的老台胞。

林子瑾的童年时代，是清朝刘铭传任台湾巡抚的时代，刘铭传在台湾开展了洋务运动。当时修筑铁路，曾算作最先进的事物之一，在林子瑾幼小的心灵中，产生了一定影响。他在少年时代，亲身经历了《马关条约》以后，台湾沦陷为日本殖民地的痛苦历程，所以他非常痛恨日本侵略者。那时，日本强行要台湾岛内的居民归属日本国籍，污蔑他们为“清国奴”。他深知自己

---

① 黄彦：《孙文选集》中卷，广东人民出版社 2006 年。

② 广东社会科学院历史研究所等合编：《孙中山全集》第二卷，中华书局 2006 年。

③ 张磊：《孙中山文粹》上卷，广东人民出版社 2009 年。

乃是炎黄子孙，所以时刻怀念祖国、爱国主义精神和民族意识非常强烈。他反对腐败的清朝封建统治，在日本留学时便结识了孙中山和黄兴。辛亥革命武昌首义成功的消息传到台湾后，他欢欣鼓舞。如前所述，1912 年 1 月民国刚宣布成立，林子瑾于 3 月便立刻启程奔赴大陆。足见他急切盼望祖国即刻复兴的爱国热情。他到北京后立即带头恢复了中国国籍，随后又投入实业救国的活动。他认为甲午战败割台，祖国的大陆也面临列强瓜分。祖国并未消亡，也不可能消亡。实业救国既是救亡，又是振兴中华的手段。台湾的前途，有赖于祖国的强大，中华的复兴。他的一首“寄江西邓天民”的诗篇充分表现了他的信心和他的群众观点：“一片精诚动彼苍，手无寸铁亦何妨！匹夫有责澜能挽，众志成城势莫当。试看英雄能暗合，应知家国未沦亡。他时定有同舟日，珍重天涯各一方！”[①]

林子瑾幼年受刘铭传修铁路的影响，在他的成长期又在台湾办过一些公司，取得些经验。在上述政治思想的影响下，民初获悉孙中山的造路救国号召，就特别起劲地想在大陆开展公路运输事业。后来林子瑾按孙中山的兴国必先修路的思想继续投入了修路活动并发展公益性强的长途汽车运输业，他曾修治的是北京通往古北口长城塞外的道路——京古路，向北延伸到承德，再延伸到沈阳，今已发展成为 101 国道干线的一段。

2. 黄兴与台胞林子瑾共同策划发展民族经济、振兴中华的新资料

这里提供一个辛亥革命领袖黄兴和归国台胞一起策划振兴中华使台胞参与发展民族经济的新研究资料。

当时，孙中山、黄兴和林子瑾对国家发展实业的看法很乐观，并抱有非常的热情，黄兴对林子瑾说，孙中山和他本人都要去干发展铁路的事。林子瑾可找到了知音，备受鼓舞，表示自己要从事发展公路的民间事业。特别是林子瑾和黄兴还谈到了中国农民的疾苦以及在中国国民经济中发展农业的重要性，建议并和黄兴共同策划首先建立农业银行，从发展金融入手，推动农业发展的事。我们可以通过林子瑾当年的题为“与黄兴（时同计划农业银行）”的诗篇记载来了解这段历史：“立国宗农信不诬，况经兵燹尽荒芜。中原病久多孱弱，养血先当服首乌。”[②]

寥寥七言句，盈盈祖国心。诗文中尤其值得注意的是台湾同胞“立国”

① 傅锡祺：《栎社沿革志略 · 瑾园诗抄》，台湾银行 1963 年。

② 傅锡祺：《栎社沿革志略 · 瑾园诗抄》，台湾银行 1963 年。

和“中原”的概念，并且早在这时就提出以农业为基础的重要指导思想。首先这充分说明，这一代台胞的国家观念是何等的明确，明显是以自己为中国人的身份，首先关心的是整个国家，是中原，是全中华的振兴。从诗中看到，他认为大陆是中原，台湾是边陲，并把台湾的命运和祖国的命运紧紧联系在一起，深知祖国整体由弱变强，台湾才能从日本手中收复；深知祖国整体有前途，台湾局部才有前途。其次，他深刻认识到中国要以农业为基础，想把资金从台湾转移到大陆，支援大陆建设，而不能在台湾为日本效力。用资金筹办农业银行，从发展金融贷款来促进农业开发的想法和业务选择，现在看来也属超前思维，是很重要的思想。这时，摆在他们面前两个问题，一是修路，一是发展农业。林子瑾思考了这两者的关系，他肯定了农业是基础，十分重视农业。他也更加肯定发展交通、开路是先锋、两者同时发展并不矛盾，也开始探索投资修建公路的事宜。不过他想修路要先投资，首先要把资金转到大陆。而且修路要有很长的过程和时间，还要学做精通汽车业务的准备工作，非短期所能成就。应该先从和黄兴商定的筹建农行入手，而且首先要把资金转到大陆。于是先到天津观光，了解金融发展状况，探索建立农行的可能性。

同时，他从台湾到北京后，也感觉和观察到北京与天津的关系。他认识到：天津是当时北方最大的商埠。那里的市场比北京要发达得多。这时抓紧利用这段时间设法较深入了解天津金融界，找关系，拜访一些人，思考怎样在金融界打开一条路。他了解到：台湾的资金转移需通过日本的横滨正金银行天津分行办理。当时这里的银行除了正金和英国的汇丰银行外，在法租界还有中、日、德合办的北洋保商银行总行，仅此而已。外资银行业务多是外贸中的国际汇兑和结算以及吸收官僚们巨额存款，不少前清的遗老遗少以及北洋的军阀，官僚和政客在天津都有存款，官僚们从来愿于外资银行存款，不受中国政府的控制和影响。而当时金融界主要也都是外国银行，为西洋和东洋人所把持，金融和政界又是紧密连在一起的。

这时忽然晴天霹雳，宋教仁在上海被暗杀。南北决裂在即，自然林子瑾和黄兴的银行策划不得不中止。原来筹办农行发展农业的想法落空，被扼杀在摇篮中。他在了解金融过程中，唯一的收获仅仅是了解到台湾资金转移到大陆的办理渠道，而台胞从事实业救国的思维与活动却留下了鲜为人知、未被重视的事迹。

1914 年 7 月爆发第一次世界大战期，列强忙于大战，欧洲对中国的商品输出减少，客观上给辛亥革命时期中国实业发展提供了一个好的机会。当时安徽的煤矿开发很兴盛，林子瑾虽然回国办农业银行碰壁，但敏感地觉得又遇到发展机遇，能发展民族经济。于是也曾一度去安徽办理开发矿务，笔者亲眼见过他的一些办理文件、执照，他还到上海了解汽车的经营业务。

在林氏宗族的老家福建漳州、厦门一带，林祖密的实业救国活动内容更是非常广泛。由于他在台湾雾峰的家族地位，很早就要从事实业经营和管理。清末内渡返回大陆祖籍后，以厦门作基础，作为朝廷地方官员，他也非常重视发展地方实业。辛亥革命后，他很快便与孙中山的实业救国号召接轨，在闽南老家大力从事投资开发，开展实业救国活动。1895 年他随父林朝栋内渡后，曾一度返台，后又往返于台湾和厦门之间。一说 1910 年返台后，由于日本当局阻拦，直到 1913 年 1 月才携资金前往漳州，预备发展实业。1913 年 11 月恢复中国国籍被批准，他居住在鼓浪屿，倡办多项实业，如余庆信用公司、龙溪轻便铁路公司、南靖垦牧公司、华封疏河公司、龙岩煤矿公司等公司，直到他参加护法运动，被军阀杀害，倾家荡产。

此外，台胞吴子瑜也响应实业救国的号召，早年即奔赴大陆从事商业活动，大办实业，1914 年前就有很大规模，活动地域也很广泛。据我回忆，他曾在北京、天津、石家庄开矿，上海等地也有业务。由于资料匮乏，需要进一步挖掘。在吴子瑜 1914 年与连雅堂一起恢复国籍并使用原名时的申请书中有这样的陈述："自民国元年八月回国，所有创办实业仍用原名世勋，今既恢复国籍，理合更正渊明，方能相符"。这说明 1912 年吴子瑜就回国办实业，可顺此线索深入研究。

六、民初 1912—1918 年的混乱政局中，林祖密、连雅堂、林子瑾在大陆的活动综述。

林祖密的活动：林祖密定居厦门，除了从事上述的大量实业救国活动而外，他直接投入孙中山的革命活动。辛亥革命后，1912 年政权落入袁世凯手中。民初的政局相当混乱，真可谓民国初创，政局动荡，国事纷纭。1913 年宋教仁在上海被暗杀，孙中山从日本回国又发动了反袁的军事行动二次革命，但不到两个月就失败了，1914 年 7 月在日本组织"中华革命党"。1915 年，孙中山久闻林祖密文武全才、志向不凡、有民族气节和在闽台深孚众望，遂派秘书徐瑞霖造访联络，林祖密便加入了"中华革命党"。历史记载袁世凯称帝是在 1916 年元旦，有一说："袁世凯称帝前，林祖密也曾被中华民国北京中央政府指挥的福建护军使黄培松任命为招军特派员。除此之外，当时地方治安不佳，土匪出没，黄培松亦拟委任其为北溪下游清乡督办，而林祖密也于实业百忙中，曾聘请厦门关洋员，每日清晨集同志二十四人，在鼓浪屿作军事训练，以备带队剿匪之用，后来以袁世凯称帝事件而作罢。”1915 年 12 月袁世凯准备于 1916 年元旦登基时，蔡锷及其老师梁启超经周密策划实际领导了反袁的“护国运动”。历史记载，1915 年 12 月到 1916 年 5 月“护国运动”开展得轰轰烈烈，云南、贵州、广东、广西、浙江、陕西、四川、湖南等省相继独立（福建的情况更为复杂，没有宣布独立，但也开展了反袁）。3 月下旬，袁世凯仅当了 83 天皇帝，便被迫取消了帝制，并于 1916 年 6 月死去。历史记载，1916 年 5 月孙中山发表《第二次讨袁宣言》，这是护国战争的尾声阶段。又有记载说，袁世凯企图窃国称帝后，林祖密也极为愤慨。1915 年 7 月林祖密曾随母亲来台，1916 年，林祖密又急回大陆召集泉漳有志之士、革命党人，聚集在鼓浪屿住所宫保第，筹划组织秘密革命军事机构，并捐献出 50 多万银圆作为军饷，组建闽南革命军，参加讨袁护国战争，积极进行反袁斗争。

护国运动反对的是袁世凯，其后的护法运动反对的则是段祺瑞。孙中山的护法运动对台湾同胞产生了重要的影响。那是在袁世凯死后，黎元洪继任总统，国务总理段祺瑞掌握实权，1917 年段祺瑞执政时无视约法，拒绝召开国会，1917 年 8 月宣布不再恢复“临时约法”和国会。1917 年 9 月孙中山在广州成立军政府，任大元帅，以广州为中心又掀起了护法运动。林祖密除了在闽南从事投资开发的实业救国活动外，又加入了护法运动。1917 年 9 月，林祖密被委任为大元帅府参军，辅佐孙中山进行护法。1918 年 1 月，孙中山曾正式委任林祖密为陆军闽南国民革命军司令。1918 年 5 月，西南军阀已完全控制实权，孙中山被迫请辞并返回上海，护法运动失败。如今在鼓浪屿还保留着“林公馆”，就是当年他组织军事、经济活动的基地。

前述连雅堂在生了一场大病后，于民国元年（1912 年）和林子瑾结伴，经日本转赴大陆，游上海、杭州、南京、武汉、北京、沈阳等地。到达上海后，1913 年连雅堂一度在上海华侨联合会担任编辑工作。他主编过华侨联合会发行的《华侨杂志》，该会由孙中山设立，是同盟会在上海的联络点。他与当时俊杰名士以及孙中山领导的革命党人有所往来，常议天下时政、激扬文字、意气风发。据说连雅堂在此期间结识了革命党人张继与章炳麟等人，也有说 1913 年春，连雅堂赴北京参加了华侨选举国会议员时，结识了国民党元老张继，二人谈论甚笃，结为莫逆之交。1914 年，连雅堂寓居北京，其后连雅堂游张家口，循平汉铁路沿线，历汉口、九江、芜湖、安庆等地。是年秋，再由牛庄至吉林，入吉林报社。在沈阳，他浏览文渊阁藏书和四库全书中的《平定台湾纪略》。1914 年，清史馆总裁赵尔巽慕其名，邀连雅堂入馆共事。他应聘任清史馆名誉协修，在清史馆中连氏如鱼得水，乃得尽阅馆中所藏台湾档案，留心搜集抄录馆中所藏有关台湾档案史料。这些对他撰写《台湾通史》增添了许多宝贵资料，所获史料都成为《台湾通史》的珍贵信息。而在清史馆工作中，他还曾写过一篇《上清史馆书》，建议编纂《清史》时应有一篇《拓殖志》，以记述海外华侨的灿烂事迹。这充分表现了他的深远的历史见解和对国家民族文史工作的热情。不久，他离开清史馆，再度游览了我国的东北，还考察了日俄战迹，所到之处常以传记载。民国元年至三年（1912—1914）期间，他足迹先后遍及十余省，亲临大陆，感受了传统文化。1914 年返回台湾。

林子瑾这次在大陆停留时间较长，从 1912 至 1916 共有五年。林子瑾 1912 年在北京恢复中国国籍后会见了故友黄兴，共同策划成立农业银行，同时在天津了解金融发展情况和资金转移途径，准备建行。1913 年宋教仁案后，筹建银行事成为泡影。他又在京探索修建公路的事宜。清代道路是官办民修、洋办官买、官督民养、官巡民护。到了民国则是军用民修、商用自修的状态。民初北京的道路基本是清朝遗留下的驿道、御道、官马大道。清帝为赴避暑山庄曾修有东西两条御道。这时林子瑾想到如在御道基础上改建公路较方便些，那也是一条古道。秦始皇时，今北京怀柔、密云一带是边塞重镇古称渔阳。始皇东临碣石，返回咸阳时便经过这里。汉朝时即形成了这条路的雏形。北魏孝文帝时，古北口之路是北方各部族贸易通途，唐时则已初步成为边关驿传的驿道，后来辽宋互派使节也多经此路。金建都燕京，这是自燕京去会宁（老金都）的重要通道。元代于古北口设驿，此路是自元大都至上都的重要道路之一。明朝时更形成了由京师到古北口的驿站干路。到了清朝，京承驿站道路又成为御道，是清帝赴承德避暑山庄之路。林子瑾有较深厚的国学根基和历史知识，也喜欢上北京这条古道。他认为修垫改造这条道路，有利于开发边远落后地区并有利于日后发展为交通干线，有利于国计民生。古北口通往关外，发展有利。1913 年北京也只有法国商人开办的一家飞燕汽车行租赁汽车和马车。1914 年北京政府将顺天府改为京兆地方，设京兆尹公署，京都市政公所，其头目就是内务部长兼工所督办，负责北京近郊公路的施工。

不过 1914 年 6 月只公布了《公修马路简章》，实际上一切进展缓慢。当时的长途之旅只能在晚清修好的北京几条铁路干线上乘火车。京汉铁路 1905 年通车，京奉铁路 1907 年通车，詹天佑主修的京张铁路 1909 年通车，津浦铁路 1912 年通车。林子瑾到八达岭长城就是乘京张路的火车。

他在北京时期对民国初期的混乱局面感到惆怅和伤感，他目睹了袁世凯对辛亥革命果实巧取豪夺，对孙中山的取代，革命势力的软弱。被袁世凯迷惑的人和舆论极力拥戴袁世凯，弱势屈服于强权的状态和大小军阀的纷争。他留下如下一首说明当时心情的诗篇，这首诗曾被收集在栎社诗集第一集中、题为：《咏史（时在燕京）》，内容是："操戈同室尽仇雠，借箸频闻起代筹；势弱但知秦客贵，言厖更杂楚人咻。马肝讳死甘心日，牛鼎分羹染指秋。几本周嫠空恤纬，南冠无地哭神州！"[①] 这首诗是他通过亲身观察，认识到辛亥革命在一定意义上失败了。我们还必须注意到 1915 年大陆已经开始了五四新文化运动，民国初年他还经常去北京大学考察，书籍集散的场所也是他时常出没的地方，收集新旧书籍以便日后带到台湾。近来在台湾发现他当年携回台湾的京师大学堂讲义，非常敏锐地注意到全国和世界文化发展新动向。林子瑾在五四新文化运动氛围所受到的影响也是值得我们注意的。他也经常去台湾乡亲陈顺龙在前门外开设的牙医馆，那时北京几乎没有其他的台湾乡亲。

那时他受到大陆革命思潮的影响，开始注意到主张男女平等，重视女权的问题，对女子自强予以期盼。这种思想表现在诗篇《赠鉴和女史归国（时被聘为天津女子高等师范学堂监督）》中："多年负笈滞东瀛，绳木揉轮学业精；巾帼能施绛纱帐，须眉惭戴曼胡缨！灵犀照席骊渊浅，锦石支机女界明。归去殷勤种桃李，他时报我看繁荣。"[②]1915 年正是欧战激烈的年代，列强忙于战争，是中国发展民族工业一个好的机会。安徽出现开矿采煤的热潮，林子瑾敏锐地感到这点，在北京探索修路后，林子瑾便又跑到安徽探讨开发矿业，1916 年才回到台湾。

七、辛亥革命后，中华文化对台湾的新影响

这里我们要特别提出讨论的是民初这三位"祖国派"的代表人物到大陆后，继续向台湾传播祖国文化，继续两岸文化交流的工作，进一步使台湾受

① 傅锡祺：《栎社沿革志略 · 瑾园诗抄》，台湾银行 1963 年。
② 傅锡祺：《栎社沿革志略 · 瑾园诗抄》，台湾银行 1963 年。

到祖国影响。这是很重要的一点，一直未被充分注意和研究。连雅堂、林子瑾走访大陆的巨大收获是：进一步传播中华传统文化从而产生对台湾的巨大新影响，以致后来发生了台湾启蒙运动。

1. 林祖密重视文化

大家十分注意林祖密追随孙中山先生的革命行动和办实业的活动，这也的确是他的主要行动。但我们也还要更进一步研究林祖密内心的文化世界和重视文化的行为。

在这一时期，林祖密到大陆后，曾注意到文字改革的必要，大力支持卢赣章的汉字拼音研究。卢赣章曾提出过“中国切音新字”的方案，未获官方通过。后来他便在上海出版了《中国字母北京切音教科书》和《中国字母北京切音合订》。这两本书名旁都有对联：“卅年用尽心机，特为同胞开慧眼；一旦创成字母，愿教我国进文明。”据说是林祖密（林季商）题赠的（但也有一说是林景商题的）。

1912 年曾有施景琛以“福建实业协会”的名义赴台湾考察实业。由于当时台湾已经隶属日本，所以表面和形式是中日间的交流，而实际上当然是两岸的交流，而且暗中这时的施景琛已经是同盟会的成员。林祖密积极参与了这次活动，并引领施景琛游台中其商会所在地，也就是当年栎社的集会地“瑞轩”，交流文化和提供发展实业活动的经验。所以从这意义上理解，这实质上则是在两岸中国人之间的交流，林祖密主动参与的目的是为交流文化和发展中国实业以便使得祖国强大。这一活动还证实 1912 年林祖密确是在台湾，而且 1911 年 10 月 22 日林祖密与林子瑾、林献堂等曾一同参加了制糖会社的宴请活动，1912 年 4 月又为林子瑾和连雅堂赴大陆饯行，这说明 1911—1912 年他们是在台湾听到了大陆武昌起义的消息。

2. 连雅堂通过大陆之行，进一步向台湾传播传统文化

连雅堂这次大陆之行后，通过在大陆吸收传统文化的营养和历史档案文献的收集，自 1915 年回台湾后就已经有可能充实内容、完成台湾通史这部意义重大的著作。他回台湾后仍在《台南新报》社主持汉文部，其后任职之余，博览群书，继续考察台湾，着手著述。可以说连雅堂后半生便埋头书房，呕心沥血，继续潜心撰写《台湾通史》。1918 年移居台北，于是年秋结稿。自 1899 年立志撰述《台湾通史》，1908 着手，前后经十年（1908—1918）艰苦努力，《台湾通史》全书终于完成，1919 年刊行，1920 年及 1921 年夏中册、下册相继发行。《台湾通史》共六十万字，三十六卷，有纪四、志二十四、传八，共计有八十八篇。上至隋大业元年，下至清光绪二十一年台湾沦日，总共记载一千两百九十年的台湾历史。尤其郑成功以来二百余年反抗异族统治的光荣史绩，特别搜集不少有关台湾民主国的文件，也表明了他的民族、民主思想。对凡有关台湾的政治及军事、经济、物产、风俗、人物等，都有论列。书中以大量的史料证明，台湾自古属于中国，台湾是大陆人民尤其是闽粤移民同少数民族一道，披荆斩棘，艰苦奋斗开拓出来的。全书分疆域、职官、户役、田赋、度支、典礼、教育、刑法、军备、外交、抚垦、城池、关征、榷卖、邮传、粮运、乡治、宗教、风俗、艺文、商务、工艺、农业、虞衡二十四志，六十列传，并附有图表，是台湾有史以来第一部完备的史书。在日本以同化政策腐蚀台湾的情况下，及时敲响警钟，让台湾民众铭记自己的来历和祖先。

连雅堂在其《台湾通史刊成自题卷末》诗中云："庸书碌碌损奇才，绝代词华谩自哀。三百年来无此作，拼将心血付三台。""马迁而后失宗风，游侠书成一卷中。落花先民来入梦，九泉可作鬼犹雄。"这部《台湾通史》实在是他多年呕心沥血的结晶！问世后，日本朝野颇为重视，祖国人士则因地域隔阂当时犹有生疏之感，惟章太炎先生认为此书志在发扬民族精神，是民族精神所附，必为传世之著。《台湾通史》问世之初，在日本殖民当局压力下，销售并不佳。但果如章太炎所预料，刊行二十多年后果然风行，商务印书馆印行重庆初版本、上海初版本以应各方需求。《台湾通史》为后人留下了一笔宝贵的文化遗产和丰厚的精神财富，在台湾文献史上的地位甚高。连雅堂毕生尽瘁于保存台湾文献，意在保存民族常规和文化，弘扬民族情神。为提倡民族精神奋斗不止，其思想也流露于著作之中。

学术界对《台湾通史》素有些争议，不可否认连横是文人著史，他的确是一个思想有发展的传统文人。诗胜于文，文胜于史。由于连横是业余修史，加上条件的限制，许多史料当时未能发现和引用，某些史实未能像专业史家那样严密考证，所以书中在引文、史实等方面，也存有错误，但此书之光辉是不可磨灭的。近年，厦门大学台湾研究所邓孔昭先生编著了《台湾通史辨误》，对其中六百多处进行考订，从而为有关台湾史的研究，提供了更有利的条件。

连雅堂生前著作颇丰，还陆续完成《读墨十说》、《台湾赘谈》、《中国文字学上之古代社会》等书稿。连雅堂把古今有关台湾历史山川文物之诗作集中起来，编成《台湾诗乘》，全集共六卷，可用来作为《台湾通史》的辅助读物。这部书的编纂过程中，一直得到其夫人在精神上的鼓励和安慰。他的诗中即可看出："男儿铸史女绣诗，武公之子乃尔奇。赖君为母兼为父，昼课男儿夜女儿。"（寄少云四首之三）

长期的报人生涯，使他有机会涉猎有关的书籍文献。他曾先后多次参访大陆，1915 年，不幸母亲亡故，此后就在家中，将两三年的游览见闻加以整理，发表了一篇《大陆游记》，并又将旅途中所做的一百二十六首诗编成《大陆诗草》，于 1921 年 6 月发表。在这百余首诗中，他不仅抒发了他对祖国锦绣河山的炽热之爱。而且更有许多慷慨悲壮的诗句，表现出他对民族英雄的钦佩，在日本的统治下的台湾有力传播了中国传统文化的精神。例如《柴市谒文信国公祠》："一代豪华客，千秋正气歌。艰难扶社稷，破碎痛山河。世乱人思治，时乘将不和。秋风柴市上，下马泪滂沱。""宏范甘亡宋，思翁不帝胡。忠奸争一瞬，义节属吾徒。表驱残卒，崖门哭藐孤。西台晞发客，同报此心朱。"连雅堂以一爱国书生而远游故土，心里感慨万千。后来章太炎先生读了这些诗篇，曾叹曰："此英雄有怀抱之士也。"连雅堂于 1919 年全家再次迁到台北大稻埕，并任华南银行秘书，从此开始又进入了金融界。

3. 林子瑾通过大陆之行，进一步向台湾传播传统文化和祖国新文化，促进台湾抗日活动

辛亥革命为台胞来大陆创造了条件，使台胞能够直接进一步接触传统文化，给台湾文人以思想启发。连雅堂和林子瑾在进一步向台湾传播传统文化上各有特点。连雅堂回台后，主要是消化了大陆获取的综合资料，通过 1918 年完成《台湾通史》，1921 年发表《大陆诗草》来进一步传播传统文化。而林子瑾则是有如取经一般，从民初的乱象发现辛亥革命失败的一面。他来大陆后悟出一个道理：和世界发达国家不同，民国建立后，民主并不能顺利实现，而大多数人尚未觉悟到需要一个启蒙过程。辛亥革命前在中国并没有一个形成气候的启蒙运动，于是他开始在头脑中酝酿了台湾的启蒙运动，这是他来大陆五年最大的收获。实际上，这也是后来台湾发生启蒙运动之酝酿期。通过在大陆见闻和学习储备了启蒙的肥料和种子，经自身的消化，1916 年回台后，根据梁启超的启示，从 1917 年开始大力开展台湾文化启蒙运动，针对日本对中华文化的封杀，来保卫、传承和发展传统文化。他在大陆游历上海、武汉、天津、北京、安徽等地，所到之处必涉足一些文化场合，深受传统文化的影响，将民国元年鄂官书处重刊的《扬子法言》、《方言》以及《行在阳秋》甚至京师大学堂讲义带到台湾，近年发现至今仍保留在台湾，在北京的国家图书馆也鲜有完整保存。他喜爱这些作品是因为他对传统文化的追求和思考。例如他高度崇拜郑成功的民族气节，重视传承这种精神，因此他参考《行在阳秋》深入研究了南明史，研究传统文化在台湾的发展——郑成功文化。又如当时他已经注意到文化传承需要文化的普及及语言的规范和文字的改革。他有英语、日语、德语、罗马拼音的基础，又深入研究了语言学，所以有兴趣熟读《扬子法言》、《方言》等书籍，力求博古通今，从根源上找出传统文化的发展途径。这就是他日后在1919年台湾的文化启蒙运动中，首先提倡白话文和拼音文字的根源。同时林子瑾在大陆读到了当时的一些先进刊物，从中可以看到他这时就已经埋下1919年在台湾开展启蒙运动的种子，为在台湾开展文化启蒙做了准备工作，映射出祖国传统文化及新文化影响台湾的发展脉络。后来林子瑾在台湾大力开展了1919年保卫汉文化又提倡新文化的启蒙运动。在传承传统文化中，起到承上启下、继往开来的作用。所以我不赞成新旧文人截然分开，新文人另从天降，新旧文化断然相隔的看法。我认为其间有过度、有转变、有发展，而过渡性的研究是很重要又是往往易被忽略的。下节将集中述及台湾的文化启蒙运动。

总之台湾民众以拥护和积极参与辛亥革命前后的活动为中心，出现了如下的活动，包括：岛内的武装抗日活动；台胞恢复国籍、认同祖国、挑战日本的活动；台胞参与辛亥革命和建设及进一步坚持在台湾传播中华传统文化的活动。近代史中，台湾民众多方面参与辛亥革命是他们民主观念迸发的继续，这也证实了他们由台湾民主国的失败转到追求和憧憬辛亥革命表面成功后而诞生的民国。

八、从辛亥革命与台湾同胞关系的角度提出对辛亥革命研究的几点看法

广义的辛亥革命时期一般是指1901—1919年这一历史时期。从以上所研究的问题中，我们可以意识到辛亥革命的历史时期正是那代台胞青年到中年时期。所以通过他们的活动，实际上讨论的是“辛亥革命与当时台胞的关系研究”问题，从中我产生了对辛亥革命研究的若干看法。

我认为“辛亥革命和当时在日本殖民统治下的台湾同胞关系”研究是辛亥革命研究的一个重要组成部分，也是辛亥革命研究中一个值得注意的突出问题。过去也有过一些关于本专题的论述，内容和成果大多体现在如下几方面：孙中山在兴中会和同盟会成立早期就曾派员到台湾发展革命组织；孙中山数次莅临台湾的情况研究；辛亥革命对台湾武装抗日斗争影响的研究；台

湾民众欢迎辛亥革命的场景和现象的研究；台湾雾峰林祖密参加 1917 年孙中山领导的护法运动等等。但是研究仍不够全面，仍有些重要问题值得我们进一步深入研究并挖掘新的资料来论证，填补部分稀缺文献的学术研究空白。例如以武昌起义为分界线，按时间顺序系统阐述辛亥革命时期包括武昌起义前后大陆与台湾同胞相互密切关系和影响的问题；通过辛亥革命与台湾关系的研究，从辛亥革命世界意义角度深入研究其反对殖民主义的实质、意义及其在世界反殖民主义斗争中的地位和历史作用；由于缺乏新资料，过去在论述辛亥革命对台湾同胞的影响时往往有反复引用相同事例的情况，还有时间或叙述顺序不够连续的，所以有必要重视历史事件发展的连续性。开创性研究也较少，在论述辛亥革命对台湾武装抗日重要影响的同时还应从建设视角充分论述辛亥革命对台湾同胞的多方重要影响，例如从孙中山重视民生、号召实业救国的角度上看辛亥革命初期经济政策对台胞投身发展大陆民族经济的重要影响；大陆和台湾同胞民族民主革命愿望、要求和行动的同一性研究等等。由于台湾当时已沦为日本的殖民地，通过从国际视野和多角度审视辛亥革命与台湾同胞的关系及其对世界反殖斗争影响，我们要力求根据新挖掘的资料，这些问题都需要深入研究才能使对辛亥革命整个研究更进一步踏上学术化道路，这里填补的一些学术研究空白和观点，仅供两岸学术界参考。

当前对辛亥革命的研究正在循着时空延展、视角转换和深入社会生活的途径进展，[①] 而且进一步学术化，研究领域也正在拓宽，更需加强实证的开发。我认为"辛亥革命与当时台胞的关系研究"既然是辛亥革命研究的组成部分，和各个有关辛亥革命研究领域一样，这一研究也需要遵循上述途径有所深入开展。

所以我们讨论的问题实际上是在开发新的实证、充实问题的研究内容，同时进一步从中探讨辛亥革命的意义。这涉及从学术角度全面研究辛亥革命，提出一些新的研究方法问题并从研究结论中提出一些新的概念和提法。我认为应该讨论如下问题：

1. 把大陆和台湾作为一个整体去研究辛亥革命。虽然辛亥革命时期台湾已经沦为日本殖民地，但因为台湾和大陆原本是属同一国家，处于同一社会

① 章开沅：《辛亥学脉，世代绵延——辛亥革命九十周年国际学术会议述评》，《华中师范大学学报》（人文社会科学版）2002 年第 4 期。

发展阶段的统一体，台湾同胞和大陆同胞是同祖同根、同文、同一板块、同一循环系统、血浓于水的关系，辛亥革命收复台湾（即反对殖民）的原则是明确的，孙中山出任临时大总统后曾对记者表明过收复台湾的愿望。[①] 辛亥革命时期，孙中山在海峡两岸同时开展了革命活动并产生影响，这就更促使两岸同胞在革命思想观念、革命要求和振兴中华目的上都高度一致的，具有同一性。不应因当时台湾被割让而影响对辛亥革命的整体研究，不能因日本占领台湾而把大陆和台湾作为两个孤立体系去研究。过去我们总是孤立地说孙中山领导了广州起义，我们还孤立地说孙中山曾在台湾领导了大陆的惠州起义，但是我们总没直截了当地把两者联系起来说：孙中山是在海峡两岸同时开展了革命活动，我认为这种提法在对辛亥革命的理解上是有飞跃的。在整个辛亥革命历史时期，无论是从武昌起义之前反殖反封的革命视角、还是从武昌起义之后的建设视角以及从台湾武装抗日的重振与革命性转化角度来观察，在推翻清政府的革命要求和振兴中华的愿望上大陆和台湾同胞都是高度一致的并且时间上也是同步的。因此，从学术观点上，我的提法是两岸同胞民族民主革命目的、要求和行动是一致的，具有高度的同一性。广义的辛亥革命是大陆和台湾人民共同参加的，当然还包括海外侨胞。辛亥革命和台湾同胞的密切关系和影响是相互的，其中大陆对台湾的影响又是主要的，而孙中山在两岸的活动和影响又是最主要的。孙中山在两岸的革命活动也更加促进了这种一致性。所以，辛亥革命对台湾武装反对日本殖民统治有重要影响，促进台湾人民给了日本统治者以顽强反击。还应指出，辛亥革命对一些台胞恢复国籍行动也有重要影响并创造了条件，是台胞从中华民族和文化认同转换到国家和身份认同的原因和起点。辛亥革命非常重视国家近代化建设。武昌起义后民国刚一成立，孙中山便强调了实业救国，黄兴就和归国台胞一起策划筹办农业银行。所以两岸在迫切要求及时进行近代化建设的观点上也是同一的。

2. 从当时台湾已经处于日本的殖民地地位的角度出发，进一步研究辛亥革命对殖民地影响和辛亥革命的世界意义。辛亥革命是在帝国主义瓜分世界、世界殖民主义体系形成的国际环境中发生的。把辛亥革命放在世界环境中，总结出辛亥革命的世界意义和历史地位，而不应脱离世界环境去研究。台湾当时又确实在日本的控制下，已经是日本的殖民地，这说明了辛亥革命发生

① 庄政：《中山先生与台湾》，台湾《中央日报》1999 年 6 月 19 日。

在帝国主义殖民主义体系形成的时代。辛亥革命具有反对殖民主义的实质，其在世界反殖民主义斗争中具有领先的地位和历史作用。现在从台湾已处于日本殖民地地位的角度来研究问题，主要是以台湾为例，从辛亥革命对世界殖民地、半殖民地人民反侵略斗争的影响角度审视辛亥革命的世界意义，从中可以看出辛亥革命时期大陆和台湾同胞怎样相互紧密配合、遥相呼应，给日本殖民帝国主义以顽强反击，从而显示出辛亥革命在世界反殖斗争中的历史地位。

3. 从辛亥革命时期大陆和台湾人民在革命目标的同一性及台湾当时处于殖民地的特殊地位两个角度的结合上，我们可深入研究辛亥革命的性质和特点。

从武昌起义及其前后时期辛亥革命和台湾同胞关系的探讨中，看出辛亥革命具有反殖民主义和反封建制度相结合的性质，也具有革命与建设并重的性质，它指明落后国家和被压迫民族应该及时进行革命和近代化建设。辛亥革命的反殖精神和天下为公、世界大同的理想也指出了世界发展的正确方向。辛亥革命时台湾和大陆高度的同一性和配合，使辛亥革命更加具有综合全面的反封建和反殖民主义相结合的性质和意义。落后国家反对本国封建专制和反对世界殖民主义具有关联性，辛亥革命是民族民主相结合的革命。

注意和重视台湾民众当时的活动后，我们就会发现，辛亥革命时台湾和大陆同胞具有共同认识，像一个人一样，心心相印地相互密切配合且彼此支持、互动。同时根据不同情况，各有侧重。大陆更侧重于反封建专制的清政府以实行民主共和，台湾因已属日本殖民统治，则更侧重于反对殖民统治。台胞支援大陆反封建，大陆支援台湾反殖民。辛亥革命是大陆同胞和台湾同胞共同演出了中国历史上精彩的一幕，辛亥革命也使两岸在清政府被推翻后仍然继续共同反对日本殖民主义。大陆和台湾的结合，更深层次的意义也正是反封建和反殖民主义的结合，从而也反映出辛亥革命兼有国内和国际意义。

首先辛亥革命是民族的。尽管辛亥革命对帝国主义有一个认识过程，对民族主义的定位也有一个发展过程，但无论从辛亥革命整体看，还是从辛亥革命发生的国际环境看，辛亥革命发生在世界帝国主义殖民体系形成时代。当时中国是世界的弱势群体，受到列强的严重侵略和国际势力的强烈冲击。中国本身的一部分——台湾已经完全处于殖民地地位，而大陆也处于半殖民地状态。历史赋予辛亥革命以双重任务，这就使得中国的辛亥革命本质上站在因处于封建社会而落后于时代发展的、被压迫的弱势民族的立场上，最终具有反对世界殖民主义、维护民族独立的实质，其在世界反殖民主义斗争中具有领先的地位和历史作用。辛亥革命通过台湾直接给日本殖民主义以顽强反击，它比 1918 年一战后倡导的民族独立要早 7 年。

中国是大国，又是弱国。究其落后原因则是封建制度，辛亥革命要推翻清政府封建制度、建立共和，而也同时具备明显的民主革命性质，殖民主义的外因通过封建制度的内因使中国陷于落后的状态。辛亥革命反对封建帝制，主张民主共和是很明显的。

所以从国际范畴看，辛亥革命确是属当时世界落后国家的民族民主革命。本质上，辛亥革命同时具有反殖民主义和反封建的双重意义。在反殖和反封紧密结合的意义上辛亥革命与之前的英国革命、法国革命、美国革命、日本维新及其后的俄国革命、德国革命都不同，辛亥革命确是世界史上有中国特色的革命。

辛亥革命的另一重要性质是革命和建设的结合。这特别表现在孙中山革命和建设思想的紧密结合、综合构想上具备世界眼光。辛亥革命是传统社会迈入近代的转折点，武昌起义刚成功，南京临时政府刚成立后就及时展示了未来建设图景，实际是向世界强调和表明弱势国家革命应该与近代化建设相结合才有意义。他也反映出革命者充分意识到本国的落后，急切希望猛起直追、迅速振兴中华的心态。在这样一个小结的基础上，再进一步结合观察在辛亥革命时期之后的事态发展主流，日本发动全面侵华战争，中国经一步步曲折斗争，继续顽强奋战，直至日本投降。辛亥革命是其后中国这一发展主流的源泉，在独立与民主结合的意义上是良好的革命开端，起到近代中国革命之母的作用，至今海峡两岸都纪念它。从台湾同胞全面参加辛亥革命运动的情况看，这是台湾民众在近代史上的第七个亮点。

4. 辛亥革命继承传统文化，其反殖精神和天下为公、世界大同的理想是一致的。这点更显示出其指明了世界发展的正确方向。

5. 通过以上研究，我还想提出一个思维方式和研究方法的问题：

1）在研究方法上采用从整体出发到个体分析、再回到整体综合的有机联系方法，从世界整体的发展和影响去看中国的辛亥革命，又从中国的辛亥革命看对世界的发展和影响。同理，从中国整体去看台湾发生的事，又从台湾的事去看全中国辛亥革命的整体发展，避免孤立僵化的研究。

2）我们在兼用实证和文本、诠释—叙事的方法基础上，也提出采用两个结合的方法，即文献资料发掘和当事人口述历史结合；把馆藏资料和民间个人资料相结合的研究方法进行验证事实。

3）关联化研究。在当前台湾近代史研究中，就某一专题或某个人研究的材料比较多，多专题和多个人间的相互关系研究材料相对较少。我认为多专题、多个人间有机联系的研究需要进一步开展。根据第一手材料，需要有较多的专题和多个人物“并联”和“串联”、纵向和横向内在联系的有序研究，才能进一步说明当时历史事件相互影响发展的真正轨迹。本书就是要把林祖密、连雅堂、林子瑾放在一起，做关联研究，提供的材料及对此进行的研究，力求使我们对台湾近代知识界思想发展和一些人物的研究关联化、系统化，而且也使重要历史事件的影响关联化。例如不仅挖掘连雅堂与林子瑾的思想观念和行为的关联，孙中山、黄兴和台湾人士的关联，而且呈现了大陆辛亥革命与台湾的关联与链接，辛亥革命与台湾后来文化启蒙的关联，大陆与台湾的中华文化传承和发展脉络的关联与链接，辛亥革命与世界殖民地民族解放运动的关联，辛亥革命的国际意义等，这在近代史的进一步研究中也是有意义的。

6. 启动把台湾近代史纳入中国近代史的工程。

这里从关联化研究方法的思考出发，我认为大陆和台湾的关联是很重要的，从而进一步提出一个观点和展望：应该起动把台湾近代史纳入中国近代史的工程，不能因为台湾曾一度被日本统治而舍弃纳入工程。

7. 多角度找回历史记忆的基本概念。

在我们研究辛亥革命的时候，要树立一个多角度找回历史记忆的基本概念，这有其重要现实意义：

1）在研究辛亥革命的时候，不应忘记当时的台湾同胞曾有过的民族、文化、经济、国家认同观念和活动。本文列举的前辈台胞都是长期居住台湾。这部分台胞历史上传承着中华民族文化并曾具有整体的中华观念的研究具有重要性和现实意义，但是过去没有深入研究，在一定程度上甚至遗忘了。他们欢迎辛亥革命，也曾为振兴中华出力。他们行为的意义、价值、结局和后来的情况和发展等，都是客观历史事实，应找回历史记忆，使关心这一段历史的人们都知道。特此进一步提供些当年的真实材料，供海峡两岸各界人士研究、参考，也供年轻一代知晓和思考，对大家继承先人遗愿、寻找共识可能有些现实意义。

2）填补了学术空白。从文献中找出的一些新内容是辛亥革命与当时台湾和台湾同胞的关系问题的重要内容之一。缺少了它，研究便不完整。本书也是多角度研究辛亥革命课题的初探，以此填补了学术研究空白。

3）研究辛亥革命要加强对振兴中华思想的学术研究。回顾历史，发扬精神，希望有助于在新的历史条件下，进一步促进大家中华振兴的共同愿望。

当然，辛亥革命对大陆和台湾在1919年后的政治运动也有次级的纵深影响，在当时的台湾，影响了台湾文化启蒙运动及台湾议会设置运动；对蒋渭水等人拥护三民主义和一些台胞归国抗战等事都有巨大的持续影响。日本继侵占台湾后，进一步于1931年在大陆发动“九一八”事变，1937年发动全面侵华战争。中国在世界反法西斯战斗中，历经八年艰苦抗战，台湾终于完璧归赵。在1945年光复后，大陆台胞的进一步情况。我将在第五章后分别叙述。

九、大陆辛亥革命后日本在台湾的统治概况（1911—1918）

大陆辛亥革命后，日本在台湾的统治是在政治方面强化三大支柱，总督的专制独裁权力、严密的警察社会统治和保甲制度的确是日本在台湾殖民统治的三大支柱，日本害怕辛亥革命的影响，而一直在不断强化这三大支柱。1911年后又增设报价事务所。这一时期受辛亥革命影响1912年在台湾发生的林圮埔起义、土库起义、苗栗起义和1915年的噍吧哖起义都被残酷镇压下去了。

在经济上，这时期日本仍是在台湾发展农业的政策。一方面继续完成已经开始的基础项目，例如继1910年开始的林业调查，于1914年完成；1906年开始的基隆港扩建二期工程又于1912年完成；1908年开始的高雄港扩建工程于1912年完工。另一方面在发展农业的过程中，实际上从1910年代单一的砂糖原料（甘蔗）生产正在开始向米糖两大农业产品转化，造成后来发生的所谓“米糖相克”的矛盾。

在文化上，日本统治者一直力图加深限制、打压中华文化，发展日本文化，首先仍是推广日语（称之为“国语”）。在教育方面，这一时期仍继续实行差别教育即隔离教育，针对日本人、台湾人和少数民族，分别设有小学校、公学校、和根据1914年颁布的“蕃人公学校规则”而设的蕃人公学校，比一般公学校学制少2年。台湾人的公学校发展也十分缓慢，1915年入学率不到10%，也就是说台湾学龄儿童入学机会甚少。在这一时期，总督府还有计划的取缔台湾传统的“书房”。

十、1911—1918 年间在台文人坚持中华文化的活动

针对日本的文化侵略，台湾文人在 1911 到 1918 年阶段，继续坚持传播中华文化，不过这时期基本上仍然是继以日本占领初期出现的诗社为中心，坚持诗社活动及书院私塾教学活动等等。用汉文进行创作本身就是对日本取缔中华文化的反抗。例如誉为诗圣的台中诗人林痴仙在 1911 年与梁启超接触后，更留下“花前说天宝，徒使青衫湿”的名句，他的无闷草堂诗集一直鼓舞人们的抗日精神，后来他还亲自参加了抗日的民族运动。

十一、台湾的同化会

1912 年后，林祖密、连雅堂、林子瑾来大陆的同期，林献堂等在台湾开展了台湾同化会等各项主要活动。

连雅堂、林子瑾捷足先登，1912 年春就来到大陆，特别是辗转来到祖国文化中心北京考察。此后，1913 年林祖密在赴大陆厦门前，将雾峰林家的家主地位交予堂叔林献堂，自己就前往大陆恢复中国国籍。这时林献堂在台湾的家族事务也更加繁重，他也更加确定，基本上自己不能再长期离开台湾，于是他在台湾开展了下述活动。

1. 1912 年的台中中学创立运动。林献堂重视教育，从教育入手要求权利。自 1895 年日本统治台湾开始，到那时已经 17 年了。可台湾人还没有自己的中学。林献堂等提出创立中学的要求。总督府基于控制的考虑，提出公立，由台湾人出资，交总督府办。林献堂也提出条件，一是要按文部省令五年制中学校规模设置，二是要收纳台人子弟。后于 1914 年获准，1915 年开校。

2. 林献堂于 1913 年曾来大陆北京一游。林献堂为了进一步开阔视野，也为了回访梁启超而到北京。经梁启超介绍，他认识了一些北京当时的政要。

3. 1914 年的同化会运动。同化会 1914 年成立，1915 年就解散了，寿命极短。当时日本统治者一方面要保持政治经济文化待遇上的差异，另一方面要在精神、思想上彻底奴役台湾人、打出同化大旗。所以日本的同化政策只是骗人的把戏，从根本上说就自相矛盾。日本政界一些政客更看重从根本上奴役台湾人，主张缩小当前日本对台湾人的一些差别待遇，以便使其成为日本南进政策的驯服工具。代表人物是日本的板垣退助伯爵。而林献堂的想法则是利用其缩小差别待遇来争取一些台湾人权益的改善，利用结交日本一些上层人士限制总督府的为所欲为。所以板垣与林献堂的同化活动实际是同床异梦。

林献堂从日本奈良会见梁启超，并于 1911 年在台接待梁启超，受梁启超启发，更加立志于为台湾人民谋利益，从事民族运动。1913 年他去北京回访梁启超后，回程经东京时，接触到想以汉字出版新闻而募资的佐藤原平和中西牛郎等人，经他们的牵线，见到了正居闲职的板垣伯爵。板垣对林献堂述及的台湾情况表示同情，佐藤等便促使林献堂出资，又劝板垣于 1914 年春渡台。板垣曾两次渡台宣传其主义，并于 1914 年 12 月在台北成立了同化会。会后板垣南下演讲，听众满堂，似乎兴盛一时。又在台南和台中分别成立组织，似乎大功告成。不过顷刻即先由在台湾的日本人反对，又遇到台湾人也质疑。本来同床异梦和相互利用就不可持久，接着经费亏损，1915 年 1 月即遭总督府勒令解散，犹如一夜之间大厦倾倒。从本质上分析，和日本人同化，就不能属于民族运动的性质，而只是力图缩小台湾人和日本人的差别罢了。

十二、林子瑾从大陆返台后的文化启蒙准备工作

1916 年林子瑾返台后一心开展台湾的文化启蒙运，但是正遇到同化会于 1915 年 1 月被总督府勒令解散以及 1915 年 7 月噍吧哖起义被残酷镇压，全岛抗日活动处于低潮，文人也处于沉默状态，林献堂也进入人们所说的“蛰伏期”。全台湾正处与极其阴暗、凄凉的状态。林子瑾深入思考，在这种情况下怎样开展起文化启蒙以及台湾文化启蒙的重点内容的确定、和应该从哪里入手的问题。他明确认为台湾当时主要面临的问题是反对日本的殖民统治，认为应该从反对日本文化侵略入手，提高民众的民族文化程度、启发群众的觉悟。他多次找林献堂研究，策动林献堂从修复林氏宗庙开始开展启蒙运动，并最终得到林献堂的同意和支持，商妥由林子瑾牵头任委员长，带头捐地出资，林献堂也出面任副委员长。1917 年俄国发生革命，1918 年一战结束后，根据世界形势，林子瑾就力劝林献堂参与开展启蒙活动。此后林子瑾全力投入台中林氏宗庙重建的发起工作、汉文语言文字研究工作、西方文化翻译研究工作、成立台湾文社等启蒙准备工作。此后见下节的叙述。

总之在本章中，我们看到辛亥革命后的一个时期，在台湾出现的三种有意义的动向：一是受辛亥革命影响在台湾重新出现了武装起义；一是受其影响，出现台胞来大陆复籍、参加祖国的活动；一是在台湾本地为台湾人民争取权利的同化活动。

第三节　台湾的文化启蒙运动及战线统一时期的民族运动（1919—1927）

一、台湾文化启蒙运动的时代背景及20世纪20年代日本对台湾的统治概况

这一时期，台湾出现了文化启蒙和非武装抗日的民族运动，形成了统一的阵线并蓬勃开展活动，而后又出现分裂。这里研究的其实也正是大陆“五四运动和国共合作与国民革命时期”的台湾。虽然台湾那时已隶属日本统治，但是台湾与大陆民众本是同根、同族、同国，以同一文化传统为根基，日据前与大陆基本属于同一社会发展阶段，又同处在世界发展的大环境中，所以台湾即使在日本占领后，世界的潮流既影响到大陆，也影响到台湾。而且会发生类似的影响和受影响过程。更何况与大陆同根的台湾民众总是在时刻仰望着自己的祖国大陆，还有的台胞滞留在大陆观光、学习。这里特别要研究的是已被日本占领的台湾也出现了类似大陆的“五四新文化运动”的文化启蒙运动。因此，我们需要全面分析1919年台湾出现文化启蒙运动的时代背景。

我们这里不妨再大概回顾一下17世纪中国清朝初期的一个重要的历史文化现象，那就是当时中华文化在世界上仍然受到相当重视。不但当时西方兴起“中国热”，就连俄罗斯彼得大帝也紧追时尚，他在学习西方的同时也派人来华学习中国文化。中华传统文化中的自强不息精神乃是其可持续发展基因，新旧王朝的统治者充分吸取和利用儒家、法家的思想营养自己，不断积累统治经验，这些学术思想给了封建制度以丰富甚至过剩的营养，所以封建制度在中国有相当长的历史。当时清政府封建王朝高度重视传承汉文化，利用过剩的营养正在强力不断继续壮大自己。从另一个角度看，封建专制的加强，却也造成了中国的悲剧。而实际上早在14—16世纪，在资本主义最早萌发的意大利，首先出现新文化潮流，出现许多知识分子，从多方面冲击封建社会，他们借助了希腊、罗马的古典文化，树立起人文主义，从以神为中心到以人为中心。当时人们看来，这种新文化仿佛是希腊古典文化在经千年教会压迫下的复兴，称之为文艺复兴运动。其实那不是古典文化的复兴，而是资产阶级新文化的兴起。就世界范围讲，那时就已开始了启蒙运动。启蒙运动后，

17世纪发生英国资产阶级革命，相继出现美国独立、法国革命，西方生产力突飞猛进，形成列强。到了中国晚清时期（大约1851—1911年）已是19世纪下半叶和20世纪初叶，中国在政治上受到列强的挑战。随着列强的入侵，在大陆和台湾都面临启蒙后的西方文化的传播，包括了基督教文化的传播。例如在台湾，北部有马偕牧师的教堂和学校，南部有巴克礼牧师的传教。这之后在大陆和台湾，中国的传统文化（一些人称汉学）都开始有了一些变化。前文已述及，大陆的郑观应和台湾的李春生同是在1894年各自发表了自己的著作，他们的著作中都出现了变法思想，台湾的李春生还有基督教思想。1895年大陆的康有为等人上书给清朝光绪皇帝，要求变法维新，后又出现了孙中山提出的三民主义和1911年的辛亥革命。清政府封建王朝被推翻，可是值得注意的是，在这以前中国并没有经过深入、长期的启蒙运动。所以辛亥革命后，广大群众仍然处于封建文化的禁锢中，革命没有真正发动起来。中国资产阶级也十分软弱，一直在列强入侵的外部状况下生存，内部封建势力却仍然十分强大。所以民国以后，中国的社会是处于半封建半殖民地社会。民初政局混乱，当时中国部分先进的知识分子意识到中国需要一个自己的启蒙运动。其实我们须注意到，梁启超自晚清以来，在启发民智上一直做了很多有益工作。不过他本身也一直在摸索和变化中，不断有所前进、变化，但那时却并没有形成具规模的运动。后来在1915年陈独秀创办新《青年杂志》后，便出现了新文化运动。根据中国的情况，新文化运动的主要内容便是反对封建、提倡民主；反对迷信愚昧、提倡科学；反对文言八股，提倡白话文，从而提高大众文化和觉悟。新文化运动的主要人物包括蔡元培、陈独秀、胡适、李大钊、鲁迅等等。虽然中国当时处于袁世凯末期玩弄权术的蒙昧时期，新文化运动似乎只是几个青年知识分子在学校、媒体上的议论以及蔡元培在教育上的开明主张，但是它是一线曙光，迎来了黎明和觉悟，意义十分重大。我们注意到，当时台湾的"祖国派"人士林子瑾自1912年来大陆恢复中国国籍后，1915—1916年正逗留在大陆进一步学习中国古典文化和继续博览西方文化史籍，收集书籍（台湾在日本控制下的可读书刊太贫乏）和体验辛亥革命后的祖国状况。这时又受到新文化运动的熏陶和启发，他也深深感到文化启蒙的重要。目睹了民初的乱局，1916年他就回台湾从事台湾的文化启蒙运动了。这是台湾文化启蒙运动根源和发展的一条重要线索，此前学界没有研究提出过，很需要对这些看似孤立的事实作关联的研究。

1894年中国在中日战争中战败，1895年4月与日本签订的《马关条约》，台湾被割让给日本。1895 年 6 月，日本就在台北成立了总督府。日本军队在南下台湾的过程中一路遭到武装抵抗，最终，台湾进入了长达 50 年的日据时代。在台湾的日据初年，又有不少武装抵抗屡遭失败。台湾军民在力量对比悬殊和清政府持割让自保立场的情况下，只好暂时接受被占领的现实，把民族观念深埋在心坎中，可是决不放弃抵抗。中国近代历史上有影响的人物梁启超 1911 年春又曾访台，进一步暗示强调台湾人民不可作白白牺牲，可效仿爱尔兰抗英的方式对待日本侵略，埋下了一颗非武装抗日的种子，对台湾知识界的影响很大。大陆 1911 年 10 月发生了辛亥革命，当时的南京临时政府公布了有利于发展实业生产的政策措施。而 1914—1918 年世界上又发生了欧战，列强忙于战争，中国资本主义出现了短暂的发展机会。1917 年俄国发生革命，支持民族解放运动。1918 年美国总统威尔逊提出民族自决的主张，一战结束后世界的民族自决思潮大力兴起。1919 年中国大陆发生了五四运动。1919 年，日本同样处于一战后的时代，也正是所谓日本"大正民主时期"。当时日本已处政党政治时代，执政的首相是立宪政友会的原敬。日本对台湾的统治手法和策略，包括政治、经济、文化，在世界潮流的影响和压力下，也有些相应的调整。这在一定程度上也给台湾的非武装抗日的民族运动提供了一些得以实现的客观条件。

1919 年已经是日本统治台湾的第 24 年。政治上，在一战后出现的殖民地民族自决的潮流下，采取欺骗策略，实际继续坚持总督专制，表面上开始改派文官总督，进入了文官总督时代（1919—1936）。第一届文官总督为田健治郎（1919 年 10 月—1923 年 9 月），总督府于 1921 年 6 月开始指定一些台湾士绅如辜显荣、颜云年、林熊征、林献堂等为评议员，做出尊重民意姿态，蒙蔽民众。在经济上，统治初期的土地、林野调查、统一币制和度量衡、扩建港口、铁路、公路等殖民地经济"基础工程"早已完成。这时期经济上仍然继续执行"工业日本、农业台湾"的殖民地经济政策。不过由于高产稻米品种的引进，使得稻米种植面积增加。这时期的最大特点是从 20 世纪 20 年代中期，台湾农业生产和对外贸易结构由单一经济作物（蔗）为中心转变到以米、蔗两大经济作物为中心，随后就出现"米糖相克"的矛盾。由于台湾稻米大量出口日本有损于日本稻农的利益，总督府又一度减少台湾的稻田面积，奖励转作经济作物。台湾经济虽然实施以农业为中心，但以米、糖为中心的加工工业也随之发展，加上煤炭开采和交通运输业进步，在社会人口调查中也反映出工业人口的比例在增长。到 1920 年日本在台湾的工业投资已上升到2亿日元。工厂增至2600个，工人增到4.8万人。年产值增到1.5亿日元。1919年曾投资3000万元创办台湾电力株式会社。在文化方面和政治上一样，这时期日本同样不断深入开展同化政策，或称“内地延长主义”，妄图把台湾人同化成日本人。不断推行日语、扼杀汉文化。但是日本统治者又始终不肯让台湾人和日本人平等，所以“同化”只不过是自相矛盾、自欺欺人的主张。

总之，台湾就在这种世界历史背景、中国大陆背景、日本本土政治背景下，发生了文化启蒙运动。所以说台湾的启蒙运动是在一定的社会经济基础上，在世界浩荡的民族运动思想、中国大陆和日本本土政治情况背景的影响下发生的。在文化上，日本当局虽有不同阶段的策略，但总的说来，则不断在台湾推行日本文化。台湾人学日文的情况也在发展。所以，台湾的启蒙运动又特别是在日本进一步企图在台湾排除汉文化的背景下发生的，也更是在日据后台湾民众爆发过一系列武装抵抗失败后发生的。这就是台湾文化启蒙运动发生的综合时代背景。

通过深入研究发现，台中的林子瑾是这一时期非常活跃的人物。这是因为日据时他17岁，已经完成了完整的中国传统文化教育的刻苦学习，又经过西学、大陆福建法政学堂进修和留学日本，辛亥革命后他又马上捷足先登，是民国成立后第一位去祖国大陆观光、学习的台湾人。经历了在大陆长达五年时间的体验、考察后，满载而归。他比20年代才去大陆求学的台湾人提前受到大陆影响，不但有了更深的中华传统文化的底蕴，还亲自观察和感受到1915年开始的大陆的新文化运动氛围。这一经历在当时台湾人中是很少有的，几乎独一无二。他早年留学时期对日本和西洋文化又都早有充分的接触和研究，思想比较开阔。所以这时他便又先走一步，把大陆受到的影响带回到台湾，最早在台湾大力开展了文化启蒙运动。所以在台湾近代史中，必须把文化启蒙运动的始终和线索阐述清楚。明确地说台湾的文化启蒙运动是分两个阶段：第一阶段是台湾文化人受世界思潮和辛亥革命以及1915年大陆新文化运动的影响，经过自己思考消化、自觉发起的文化启蒙，对后起的新文学运动及赖和等人产生了深远影响。运动的发源地是在台湾的台中，而不是日本的东京。这点此前少有研究。第二阶段才是1919年大陆发生五四爱国学生运动后，台湾后起的进步青年中这时有人才步前人后尘去大陆，将大陆文化启蒙成果作品直接搬运到台湾，从而扩大影响的。

二、台中林氏宗庙的重建是台湾文化启蒙运动的序曲

1916年林子瑾返台时正是日本残酷镇压噍吧哖起义之后，武装反抗进入暂时低迷时期，也是领袖人物林献堂的同化运动遭到挫折时期。“而献堂与惠如等则暂时潜伏，以待他日东山再起，台湾民族运动的尝试时期遂告结束，此乃因挫折而产生退缩的反映……”[①] 在这种情况下，为改变这种民族运动尝试失败的状态，怎样重新大力开展民族运动，抵制日本殖民者呢？林子瑾想到从建宗庙切入，这也最容易得到林献堂的赞同。

现为台中市第十五号古迹的林氏宗庙正是1917年发起、1919年动工重建的。它不仅很具规模、建筑技巧和水平相当高，而且重建时的立意才是最有意义的。从其重建过程可以看到中华传统文化是怎样影响台湾并在台湾生根的，同时又可以看到文化启蒙的影子，启蒙是怎样步步发展起来的。

台中的林氏宗庙和祖国大陆的林氏宗庙同出一辙，是大陆的宗族在台湾延续的见证。台中的林氏宗庙最初叫“尚亲堂”，曾建于清嘉庆年间（1796—1820）的内新庄（即今台中县内新村）。光绪（1875年）又移建于旱溪庄（即今台中市东区旱溪里）。后为白蚁所侵损，光绪二十一年（1895年）又将神位暂移于太平庄（即今台中县太平乡）林凤鸣家中奉祀。前后长达22年，直到1917年（民国六年）台中林氏宗庙才由台中林子瑾说服林献堂又开始重视、运筹、发起重建的。12月在花园町（即今台中市信义街）寄梁，由于有风水之说，又另择定老松町（即国光路）现址，于1919（民国八年）10月着手动工，直到1930年（民国十九年）才全部建造完成，前后历时十二年。从它的兴建可以看出当年在日本人的统治下，台胞们是怎样热心保持中华文化传统，暮鼓晨钟地提醒人们不要忘记自己的祖宗是中国人，自己的祖国是中国。

重建宗庙是不是搞复古？这个问题就好像欧洲的启蒙曾被误认为是文艺复兴一样，其实具有欧洲启蒙的全新意义。同样，重建宗庙乃是反对日本殖民主义的新前奏，同时也是台湾文化启蒙的新序曲，因而打一个有趣的比喻，林氏宗庙的重建就像是台湾的文艺复兴。表面的中华古典传统形式和祭祖的传统，实质却具有在台湾继承传统汉文化，又向新文化转折来对抗日本殖民政策。重建宗庙的发起人林子瑾为什么在那时开始积极着手发起这项工作呢？原来这与他一贯传承中华传统文化的主导思想密切相关。如前所述，他在《马关条约》割台前就已经完成了传统文化的系统学习，崇拜祖宗的文化、崇尚

① 张正昌：《林献堂与台湾民族运动》，益群书店1981年。

民族气节。他憧憬着祖国的前途，辛亥革命一胜利，他便于 1912 即刻到大陆恢复中国国籍，并是《台湾通史》作者连横先生、爱国实业家吴子瑜先生复籍的保证人。他在大陆参观过很多名胜、景点、庙宇、宗祠，特别是文化场地、孔庙、图书市场、京师大学堂等地，亲自感受到炎黄文化的博大精深，吸收了更为丰富的文化营养，同时也为辛亥革命后革命果实被篡夺的乱象而伤心。不过，他虽然为神州在民初时的乱象而伤心和担忧，但对祖国的热爱却有增无减。他更反思到辛亥革命后无论大陆、台湾都需要有文化启蒙的补课。重建祖庙是他从大陆吸收营养、增长见识后，1916 年回到台湾后主要着手从事的第一项工作，他和林献堂商议开展建庙工作，自己也慷慨捐赠，目的是台湾不应在武装抗日斗争被残酷镇压后，停止抗日。文人也要用非武装手段继续对抗日本，宗庙的创建实际乃是开始用非武装手段继续对抗日本的一个新标志，是针对日本在台湾取缔汉文化的企图和严重状况，坚持继续在台湾传承中华文化的第一步，就是沿用传统建筑形式，纪念自己祖先，首先从大姓望族林氏族人自己做起，不忘先祖，不忘自己是中国人，这才是当时考虑重建宗庙的真正动机和重要意义。深入地说，当时的实际情况是：这是林子瑾对抗日本的同化手段，极力劝说并争取林献堂的支持，努力扭转此前发生的同化运动，使其向自治的民族运动发展的第一步，这也是着手开展台湾文化启蒙运动的第一步基础工作。林子瑾除捐地之外，还积极带头捐献现款四千元，林献堂捐献三千一百元。此事林纪堂捐献最多，竟达六千六百元。

宗庙重建之始，林子瑾为创立委员长，主导创建工作，主持筹集资金、申请兴建、制定管理规则、重建章程，其中包括管理制度、组织形式等。林子瑾在主持建庙的基础工作中，始终重视和突出中华文化传承的指导思想，保持按高标准的民族形式兴建的方针，使宗庙有相当的文化价值，可谓台湾地区的传统祠堂建筑标本。这还表现在突出妈祖文化。林氏宗庙奉祀的三座妈祖像，是远自福建妈祖文化的发祥地湄州移灵而来。妈祖真人即是林氏的列祖列宗之一，本名林默娘，也是传说中的天上圣母。宗庙还有一对石狮子，是沿用光绪初年在旱溪原祖庙用的旧品。庙中还有一把深具历史价值的石刀，是民国九年十二月十日，在新庙右畔龙柱磉盘下九尺五寸处出土的，长一尺五寸八分，是石器时代的古物，极具考古价值。宗祠建筑的设计出于名师陈应彬之手，是陈氏中期作品的代表作。搭配各种工匠画匠等，水准也相当高。林子瑾和林献堂的全面启蒙工作研究中，建庙只是其中之一，他们还商议研究了今后的步骤。由于林子瑾急于马上腾出手来开展文字研究和翻译工作，于是后期的建庙完全转给了建庙副委员长林献堂负责。

三、林子瑾的汉文语言文字研究工作

林子瑾在打好兴建宗庙的基础工作后，腾下手来，开始对传统文化中的语言文字问题进行深入思考，这是他从大陆返台后开展文化启蒙的第二步打基础的工作——和日本当局普及日语对着干，在台湾努力从事推广本来固有的汉民族文化。他有很强的群众观点，这可从他的《寄邓天民》的诗句中看到："一片精诚动彼苍，手无寸铁亦何妨！匹夫有责澜能挽，众志成城势莫当。……"[①]他高度重视大众的文化普及，认为启发大众觉悟，对抗日本的奴化教育，必须向大众普及汉语文字。不能只少数人识字，写难懂的文言文。认为汉字和文言难学是我们汉文化的自身障碍，要想对抗日本的文化围剿，必须先克服汉文化的自身障碍。"文言"已经到了迫不及待的需要改革的关头了，必须首先提倡白话文，这是文化启蒙运动的重要内容。（有的记载需要进一步研究和考察，一些文献记载最早是黄呈聪和黄朝琴两位先生开始提出的白话文主张。而我认为林子瑾和蔡培火提出白话文问题的年代似乎是在二黄之前，有关白话文问题将在本书台湾文化协会有关章节中叙述。这是一个历史真实情况的学术问题，需要澄清和商榷。此外，虽然可以而且应该把大陆1915年发生的五四新文化运动和1919年发生的五四爱国学生运动统称为五四时期，但不可把两次运动本身混淆，而这一概念在有些文献中也有一定混淆。）林子瑾提倡白话文也是受大陆文化的直接影响的明证。他不是在根本不熟知中国历史上的语言发展和当时汉语普通话的盲目基础上孤立在台湾提出白话文主张的。他早在1915年就在大陆受到五四新文化运动的熏陶，而不是在大陆1919年"五四爱国学生政治运动"的影响下，现"抄袭"来的"单纯的模仿"。他早在1912年就在北京学会了普通话，这很重要。他是在这一基础上，详细研究了从大陆带回到台湾的古籍《扬子法言》、《方言》。见图。这是林子瑾从大陆携回台湾熟读并保存在台湾的大陆古籍，上有"中华民国元年鄂官书处重刊"字样。在全面研究传统文化、方言的基础上。在深入研究古汉语、现代汉语、台湾的闽南语方言和去大陆了解的北京官话以及外国语（主要是日本语、英语）之后，在全面深入了解中国语言文字的历史发展的基础上，他感到语言现象也是一个复杂的学问。拼音文字比象形文字学起来要

① 傅锡祺：《栎社沿革志略》，台湾文献丛刊第170种，台湾银行1963年。

容易，但存在方言的拼音写出的文章无法跨地区交流。中国的象形文字是统一的，虽然各地方读音差别却很大，但写出文章却可以交流。古典文言文的书面文字和口语表达又有区别，而随时代发展，新的词汇、用语也不断出现，他认为改革首先应该是使现代的书面文字和现代的口语表达相一致，所以认为在台湾首先应提倡现代白话文。这既是文化启蒙的首要任务，从和日本当局推广日语相对抗考虑，也是当时抗日的政治任务。

四、林子瑾开展西文著作的翻译研究和西方文化介绍工作

为了给开展文化启蒙做准备工作，林子瑾在开展语言研究的同时又把主要精力转移到第三步基础准备工作，即包括翻译西文著作和介绍西方开展民族运动的状况。

1. 翻译西方著作。

他在大陆感触很深的是西方文化对中华传统文化的直接冲击。在台湾，他也深感到除中西文化碰撞外，绝不可忽略日本文化侵略的严重威胁。他注意到台湾在日本统治下，西方文化除宗教途径外，书刊杂志则多经日本才能转手到台湾贩卖。他想让台湾的传统文化也要像大陆那样受到西方文化的直接冲击，以利于台湾的中华传统文化也和大陆同样能扩大包容性而得到进一步发展。在那一代传统旧汉诗人当中，有正式留学经历、民国考察经历又熟谙英语、有翻译能力的人，实在少有，这个任务就只有落到了林子瑾自己身上。林子瑾之父林染春本身是秀才又是刘铭传的军医，非常重视西学和子女教育，曾经请英人家庭教师授课。林子瑾之母吴杏元也熟悉罗马拼音，要求林子瑾晚 9 时必睡，早 5 时必起床读书。林子瑾的妹妹林素鄂是英国剑桥大学毕业的留学生（研究幼儿教育，曾任广州大学第一女子师范幼稚园教师）。所以台湾旧文人中，林子瑾直接获取和选择英语书籍是有便利条件的事。他注意到西方相对落后的德国怎样发展起来，选择和翻译了英人 John Finnemore 写的《德国史略》并介绍到台湾。《德国史略》除在台湾文艺丛志陆续连载外，也出了单行本书籍发行，以扩大社会影响。他也及时注意到俄国发生了革命，于是特别选择翻译了 Lucy Cazalet 著的《俄国史略》，由台湾文艺丛志连载、介绍到台湾。他的翻译风格可以和当时大陆的一些翻译家作品比较，他十分注意保持原作的风格，又十分注意民族化，使大众易于理

解。[①] 这是因为他翻译的只不过是历史论述，两点兼顾比较容易。

2. 介绍西方开展民族运动的状况。

自从梁启超表示台湾应仿爱尔兰抗英，开展非武装抗日活动，林献堂、林子瑾等人受到很大启发和影响，但这并不是一句话就马上可以变成现实活动的，要经过一步一步的宣传、介绍、启发、摸索和实践等大量基础工作。如果台湾人连爱尔兰都不了解，又怎样仿效爱尔兰而因地制宜呢？所以第一步的工作是要先向台湾知识界和民众介绍和宣传爱尔兰的情况，这个任务也只有落在具有上述经历和深刻研究过世界历史的林子瑾身上，由他去完成。于是他先后写成《爱尔兰形势》、《论爱尔兰自治》两篇论文介绍爱尔兰的抗英活动，大力宣传民族自治思想。《爱尔兰形势》中全面介绍了爱尔兰的抗英活动。有趣的是，《论爱尔兰自治》中还承认阶级和阶级斗争的观点，台湾旧文人中第一次出现了明确的阶级和阶级斗争的观念。

3. 主持成立"台湾文社"。为了达到宣传目的，林子瑾于 1918 年转而开展第四步基础工作，主持成立"台湾文社"。1919 年林氏宗庙重建的工作则由林献堂继为实行委员长。林子瑾腾下手来，除翻译和写论文外，还于 1919 年主持成立"台湾文社"，详见下文。

五、"台湾文社"的诞生。从"栎社"到"台湾文社"的变化过程

约 1919 年到 1926 年间，台湾众多的文化社团中有两个比较重要而并存的团体：一个叫"栎社"，另一个是"台湾文社"。两者的关系为："栎社"是母体，"台湾文社"是由"栎社"发展蜕变而来。前文已经叙述了母体"栎社"的由来，这里再从比较的角度，概括强调一下"栎社"的特点。1895 年日本统治台湾后，日益摧残汉文化，台湾私塾渐废。台湾诗人为延续汉学、维护自己的传统文化而组织诗社，其中最早的规模和影响最大的便是 1902 年台中雾峰成立的"栎社"。"栎社"以研创汉学旧体诗为中心，成员和作品严格面向知识界中的上层汉学诗人，部分作品内容也有民主思想和初步的启蒙性。在"栎社"成立 16 年后的 1919 年，"台湾文社"诞生了（"崇文社"比"台湾文社"早成立一年，但"台湾文社"也在 1918 年孕育，且启蒙作用和规模远大于其他社团，所以这里以其为研究对象）。学术界对"栎社"研究甚

① 详见吕若淮：《台湾文社及其〈台湾文艺丛志〉研究》，福建师范大学 2011 年博士研究生论文。

多，对“台湾文社”研究相对较少，目前已开始引起学界的注意。其实，这是一个非常重要的社团，其意义远比“栎社”要大，它又是历史上被一定程度忽略的文化团体，所以这里重点讲述“台湾文社”。“台湾文社”出现在台湾被日本殖民后的第 23 个年头，日本在台湾排除汉文化变本加厉，大力推行日语，也出现一些台湾人不愿学汉文而改学日文、说日语的情况。“栎社”一些成员（尤其是傅锡祺、林子瑾、林献堂、蔡惠如等人）深感汉文的危险处境，在汉文将在台湾消亡的危急时刻，共同策划，另成立了“台湾文社”，以延续汉学为自己使命。“栎社”中提出倡议的十二位社员同时担任了“文社”第一届理事。

“台湾文社”孕育产生的具体过程大致如下：自从 1911 年春梁启超游台访“栎社”后，社员受很大影响。1911 年秋大陆又发生辛亥革命，更是震撼了台湾。“栎社”的一些核心人物如连雅堂和林子瑾去了大陆。1912 年（民国元年）6 月 15 日“栎社”创立十周年时，柬请各地诗友光临莱园大会，与会者社员十八人，来宾十五人。这次大会使“栎社”更加规范化，改订社则为十八条，增置社长一人、理事四人，连前理事两人，共为六人。之前推选的社长赖绍尧，至此时开始就任。而此时的社员连雅堂和林子瑾二人深受辛亥革命影响，已结伴奔往大陆，故未参加这次集会。

“栎社”核心成员广泛受到梁启超影响后，在怎样实现梁启超“台湾应该仿爱尔兰抗英”的建议上，尚处于两路分兵的摸索阶段。一路是林献堂等开展“台中中学校”的办校活动。林献堂于 1913 年短暂赴北京回访梁启超后即刻转赴日本会见了日本上层社会的板垣退助之后，回台湾开展“同化”活动，1914 年 3 月板垣第一次来台活动。所以 1913 年（大正二年）栎社举行了秋会后，1914、1915 两年，栎社多数核心成员，包括林痴仙、林献堂、林仲衡、蔡惠如等人多集中精力投入板垣的“同化会”活动。其中林痴仙、蔡惠如两人还曾为“同化会”生变共赴日本打听消息。台中中学设校活动，则是由雾峰林家主持发起，全台士绅（包括栎社社员）参与捐款者二百余人。结果与总督府几经交涉，虽然于 1915 年正式开校，但仍以创设基金捐献给总督府代理创建为条件，足见总督府的高度控制。而梁启超“台湾应仿爱尔兰抗英”建议摸索阶段两路分兵的另一路则是林子瑾等赴大陆学习考察了长达五年，在大陆重新会见在日本留学就结识的梁启超和黄兴。在感受过 1915 年大陆的新文化运动后，林子瑾于 1916 年从大陆回到台湾，两路重新会合，而林痴仙已于 1915 年 10 月就病故了。林子瑾和林痴仙很要好，也非常崇拜痴仙的创诗天赋，立即参加了林痴仙病故一周年的悼念活动。林子瑾不但即刻重新积极参与诗社活动，更有把诗社改造为广泛开展文化启蒙组织“文社”的思想，并得到傅锡祺的有力支持。到1917年栎社创立十五周年，值社长新丧，11月29日复于莱园大会，遂推选傅锡祺为社长。到1918年第一次世界大战结束后，世界民族独立思潮澎湃。虽然日本第一个政党内阁的原敬首相逐渐将日本带入现代化的民主时期，但是，处于殖民地民众地位、面临被日本同化的台湾人，却强烈地感受到台湾并没有和日本本土社会一起进入现代政治社会，而是继续被日本人奴役，出现连自己的母语汉文都即将在台湾消逝的危机。傅锡祺在1918年的诗句中有所体现：“劫后斯文成弱线，忍将绝续任悠悠”，“匹夫大任千钧重，吾道生机一发危”。它反映了部分汉文化文人在台湾的共同的危机感。这便是台湾文社为什么会在1919年成立的基本原因和文人团体的统一认识和思想基础。1919年1月《台湾文艺丛志》创刊，在第一年第一号的发刊词中，倡议创设文社的十二位栎社成员共同发表《台湾文社设立之旨趣》，向全岛文士呼吁：“本岛自改隶而后，凡欲攻汉学者，于文不受制义所拘，于诗不为试帖所厄，上下千古，纵意所如，此诚文运丕振之秋，诗界革新之会也。迩来二十有余年，其间中南北部诸君子，同声相应，同气相求，结社以切磋，风雅道义者，几如雨后新笋，栉比而出，海隅风骚，于斯为盛。然而犹有憾者，以未有文社之设立也。……我栎社诸同人，不揣固陋，恐斯文之将丧，作砥柱于中流，全谋设立台湾文社，以求四方同志，更拟刊行文艺丛志，以邀月旦公评。愿中南北部诸君子，鉴此微衷，赞襄是举，庶几海隅文社之盛，与诗社并驾齐驱，是亦维持汉学之一道也。”当时一般年轻人觉得汉文已不好应对现实，在日本统治时代，学习日文是“识时务”，更不知汉文的光辉。而文社这些汉文基础雄厚的诸发起人深知汉语、国学的博大精深，更对祖宗的文化遗产坚持保卫态度，不屑于部分时人所谓的“识时务”，而是要真正的“识时务”——需要认识到当时保卫汉文化的重大任务，同时向台湾介绍世界的新发展。因此在发刊辞中对全台文化界作了这种积极的呼吁。设立这个组织，创刊这个杂志的主要目的就是要延续汉文。他们有感于汉文之将丧，愿为中流之砥柱，以全面“鼓吹文运，研究文章诗词，互通学者声气为宗旨”，便共谋设立“台湾文社”，并刊行《台湾文艺丛志》，对于维系汉文有着重要影响力。上面提到，社员林子瑾因早年赴日留学时较早接触西方文化，又赴大陆见识5年，深刻体验祖国传统文化的博大精深，从大陆归来台湾，又经世界第一次大战后，思想更为开阔，成立文社正是他回台湾开展启蒙运动的打算，因此非常积极。最初文社办公地址就设在他家“瑾园”，所以“瑾园”是“台湾文社”的诞生地，很有纪念意义。今“瑾园”主建幸而尚存于台中东区大智路 104 号。台中市火车站开通到大智路的时侯，因为经过林子瑾故居“瑾园”，时任台中市长的林金标先生，便以林子瑾的外号“大智”命名为大智路以纪念他（栎社诗友常称林子瑾为“大智”）。

“台湾文社”的成立已是林子瑾 1916 年从大陆归来主建林氏宗庙后的第四个大动作。1919 年 6 月 14 日（中华民国八年、古历乙未年五月十七日），栎社会于台中林子瑾之“瑾园”。先是讨论“台湾文社”成立，基六、沧玉、灌园、南强、惠如、槐庭、少舲、联玉、伊若、大智、望洋、鹤亭等十二人以创立者而为理事；确立“台湾文社”成立的当日，即是栎社总会又兼文社理事会。来会者，基六、沧玉、槐庭、少舲、卿淇、灌园、南强、壶隐、子材、鹤亭等，加上主人大智（即子瑾）共 11 人；客则鹿港施家本、蔡子昭、蔡子舟、牛骂头、郑邦吉等氏。作诗钟七唱，即“诗社”、“水花”、“不知”、“烟树”、“秋雨”、“古桐”、“宠风”等。次日，乃为纪念摄影。“6 月 18 日，栎社又会于台中大智之瑾园。鹤亭新丁母艰，以收支决算书托望洋携之报告于席上。是会出席者，社友 13 人，即基六、升三、笏山、少舲、沁园、子材、大智（即子瑾）、南强（即幼春）、太岳、灌园（即献堂）、豁轩、望洋、子昭等；来宾为王石鹏、王竹修、王达德、黄尔璇、蔡梓舟诸氏。诗题有‘啖荔枝’、‘瑾园听雨’等。先是各交宿题之‘田横’咏史诗；选取后，乃击钵。越 20 日，散会。”

1919 年 10 月 15 日（古历九月十五日），“栎社社友基六、莲溪、升三、卿淇、作敬、笏山、少舲、沁园、子材、壶隐、大智、南强、太岳、灌园、子昭、鹤亭等 16 人集于雾峰南强（林幼春）府第。夜作诗畸，以‘金长’二字为凤顶格。翌日过午，开总会。本社创立二十周年纪念大会因种种准备，不能照豫定进行，不得已而展缓；鹤亭报告计划之经过及展缓理由。次颁社员纪念章；章为圆形，金制品，径七分、厚半分，面镌‘栎’字、背镌‘栎社二十周年社员纪念章’等字。次报告收支决算。次提议理事增加二名，满场赞成；因就社规第五条中‘六’字改为‘八’字。商议之余，决由鹤亭指名。鹤亭重违众议，请以壶隐、太岳二君充之，满场赞成；总会告毕。少憩后，再作‘石人’燕颔格之诗畸。又以‘捕蛇’、‘眠床’为题，各作七绝诗。

17 日，散会。社友现数二十三人。”[①]

1919 年 10 月 19 日，复假台中街“台中座”戏院，台湾文社正式举行成立大会。并公推创立者林子瑾、傅锡棋、蔡惠如、陈基六、林献堂、林幼春、陈槐庭、庄太岳、林载钊、郑玉田、陈贯、陈瑚等十二人为理事，都是栎社重要成员。此后，因其成员几乎重叠之故，栎社与文社名称常一并出现。曾有“台湾文社”全岛性广泛联络和深受学界欢迎的报道：“台湾文社客年由栎社同仁发起，联络全岛诗社和新旧学界。发刊文艺丛志……发刊以后，深受学界欢迎。入会者已有四百余名，去 19 日午后 2 时召集全岛会员，在第一台中座，开正式成立大会。”[②] 足见当时启蒙影响之广泛深远，文社虽然设在台中，却已是全岛性的文化组织团体，《台湾文艺丛志》已经成为新旧学界中、大家的启蒙刊物。

请注意：看来“台湾文社”虽于 1919 年 10 月 19 日才举行正式成立大会。但这已是召集全岛社员隆重集会，林子瑾报告成立经纬。而实际上 1918 年发起时就做了大量准备工作，核心成员预备会议、征集发展社员、筹资、会刊征稿、组稿、编辑、印刷等等大量工作都已就绪，而且完成得相当顺利和迅速。1918 年 12 月社刊《台湾文艺丛志》就已经完全刊印完毕。而早在成立大会十个月之前，1919 年 1 月 1 日就已经开始针对性的发行全岛了。

六、台湾文化启蒙运动的开端。启蒙刊物《台湾文艺丛志》的诞生。

1. 启蒙刊物《台湾文艺丛志》的诞生。

上述在 17、18 世纪，历史上著名的启蒙运动在法国和欧洲进一步发展。亚洲的中国大陆在 20 世纪初叶也出现了具有启蒙性质的五四新文化运动。上面也谈到台湾文化启蒙的一些前奏和准备工作，于是出现一系列需要明确的回答问题：如果当时台湾也出现过文化启蒙运动，那么是什么时候正式开始的？哪里是发源地？标志是什么？根源和动力是什么？特点是什么？启蒙先驱来自何方？启蒙运动发展的轨迹和线索是什么？

那时日本统治下的台湾的确也存在一个可称为文化启蒙的运动，我认为其正式开端是 1919 年。台湾文化启蒙的发源地是台湾本土的台中，启蒙组织是一个文化团体，即从栎社衍生出的“台湾文社”。为扩大影响力，“台湾文

① 傅锡祺：《栎社沿革志略》，台湾文献丛刊第 170 种，台湾银行 1963 年。

② 《台湾日日新报》1919 年 10 月 22 日。

社”还于1919年1月创刊定期出版物《台湾文艺丛志》作为自己的宣传工具，从1919年到1926年，共坚持发行了大约7年左右，在台湾大力开展启蒙宣传。所以启蒙运动正式开端的标志是启蒙刊物《台湾文艺丛志》的创刊，启蒙根源和动力是中华传统文化自强不息的基因和极为广泛的包容性。启蒙最大的特点是面临日本文化围剿，保卫、继承、特别是发展中华传统文化。那一代台湾知识分子实际上是处在日本殖民地地位艰难的条件下传承和发展中华文化的楷模。启蒙先驱不是突然出现的新文人，而是由旧文人转变而来的。上面已经述及林子瑾从大陆返回台湾后，积极做了四方面成为文化启蒙运动的前奏。《台湾文艺丛志》是日据时期台湾最早的汉文杂志。《台湾文艺丛志》出版后，大量发行。林子瑾的译著《德国史略》和《俄国史略》和论文《爱尔兰形势》、《论爱尔兰自治》等就是通过该刊的刊载介绍到全台湾的，明确宣传了民族运动的自治观念。对后来台湾政治运动和文学的发展都有相当影响。所以说《台湾文艺丛志》的出版实际是台湾启蒙运动的开端。随后林子瑾又和林献堂、蒋渭水一起促成文化协会的成立。当时林子瑾在启蒙运动中的社会影响相当大，所以在1921年台湾文化协会成立大会上被众人公推为大会议长（即执行主席），主持成立了台湾文化协会。此后他除了进一步深入在台湾积极开展文化启蒙运动外，更努力把精力放到使运动转到非武装抗日活动的开展上，从而发动起有自治思想的民族政治运动，造成对日本殖民当局多年的经常性冲击。而后，他再度回到大陆从事实业救国、发展交通的实际活动，以期增强国力，实现中华振兴。他始终认定只有中国强大了，才能从根本上把台湾从日本殖民者手下解救出来。他的行进轨迹充分折射出日据台湾早期“祖国派”人物的特征，坚定地认为祖国的变强和根本解决台湾问题是同一个问题。启蒙运动的发展线索是从1919年的“台湾文艺丛志”创刊到1920年的《台湾青年》的创刊，又发展到政治运动，再到1921年成立的“台湾文化协会”，以至影响后来又出现于20年代中期的台湾新文学运动。下面介绍当年台湾启蒙运动的真实情况和详细发展轨迹。

2. 台湾文化启蒙的任务

台湾在这一历史阶段文化启蒙的精神和内容应该是什么？当然，和世界其他启蒙性质的活动一样，文化启蒙的精神基本仍然应该是消除愚昧、提倡科学，认识人的理性，天赋人权、平等、向压迫者要求民主，反对封建专制。当时日本在台湾的统治也是民族的压迫，人权的剥夺。日本驻台湾总督是专制性质政权，台湾人和日本人根本不能平等。台湾人不能做高级管理人员，只好从事医学、教师、理工专业等工作。处于殖民地地位的台湾人有要求民主、平等、人权、理性的诉愿，有启蒙的要求，启蒙运动应运而生。所以，在当时的社会发展阶段，文化启蒙的任务应该是反对殖民和专制，要求民主、自治、平等、理性、人权。启发人们放眼世界，引导台湾人融入世界民族独立和民主思想潮流。提倡自由，反对民族压迫。保卫自己固有的文化和使用自己语言和文字的权利。消除传统文化普及的自身故障，改文言文为白话文。提倡科学，反对愚昧。总之从文化启蒙的角度反抗日本侵略。而当时，“台湾文社”这个组织就明确这些任务是自己的历史责任，自觉地负起这个责任，起到启蒙运动先锋和旗手的作用。为什么这样说呢？以下介绍“台湾文社”做了哪些启蒙工作。

3．文化启蒙工作内容

“台湾文社”及其刊物明显扮演了启蒙先锋的角色。有人形容文社是当时天空中飞翔的领头雁，的确是很恰当的比喻，“台湾文社”及其启蒙刊物开始有了自己的新建树。主要表现在：

突破了母体“栎社”研创古体诗的局限，《台湾文艺丛志》刊登内容以全新的面貌出现。从文学形式上说，除诗篇外，包括散文、论文、小说等。从关注和刊载的学科内容看相当广泛、全面，远远超出仅属于文学的旧体诗的范畴、文学以外，扩大到包括了哲学、教育、美术、音乐、体育、史地、科学介绍等学科内容。这就建立了多方面人士、多学科、多形式的会同管道，有利于全面宣传各种思想，在社会上开展全面的文化启蒙。

文社是放眼世界的，是介绍世界新思潮的先行者。“台湾文社”在其设立旨趣中，还曾强调世界各地距离虽远，但彼此渐能交通往来，世界已成开放之势，所以处于当下之人，在学习时要“学不拘乎古今，地无限乎东西”，要广开眼界。因此，在《台湾文艺丛志》中，就常介绍许多外国局势、西方新文明以及国外文人著作的概况，如刊载译述《夏目漱石传》、《伍尔奇矣传》、林玉阁译《亚米利加史》（连载）、许三郎翻译德富苏峰的《生活之意义》等。从《台湾文艺丛志》上引介岛外思潮来看，内容形形色色，层面广泛，皆有利拓展台人知识视野，掌握世界脉动，快速吸收西方文明。所以面对其所扮演的启蒙大众的“先锋”角色，“台湾文社”在保卫和传承中华固有文化的同时，通过对世界新思潮的介绍，比较系统、全面地宣扬新思想，开辟了新文化视野，因此是台湾新文化运动的开端，是启蒙的开端。例如结合当时台湾的贫穷落后情况，启蒙先驱便选择了世界列强中的德国和俄国向台湾人介绍，引导人们重视这两个原来比较贫穷落后的国家，寻找自己改变落后的出路。《台湾文艺丛志》1919 年创刊的第一期第一篇便刊登了林子瑾译英人 John Finnemore 的《德国史略》并进行连载，紧接着又连载了他翻译 Lucy Cazalet 的《俄国史略》，所以扮演了启蒙大众的“先锋”角色。

在介绍西方启蒙以后的社会政治学说中的民主思想、民权思想、自由平等观念的同时，进一步把世界被压迫民族的抗争状况介绍和灌输给台湾人。这样就把启蒙思想完全和当时世界反殖民统治的民族运动密切结合在一起并作为先导，因此完全具有近代性色彩。这充分体现在《台湾文艺丛志》中刊登的林子瑾先生的论文《爱尔兰形势》（The Position of Ireland）中。有趣的是文章中在介绍英国当时相对先进的政治状况的同时，又把英国放在被告的地位，而强调了爱尔兰的抗英，因此文章处处闪烁着为民主、自由、平等而抗争的思想，给当时的台湾人以要求平等、人权的启示。这里我要突出强调，前面说过，著名的中国历史人物梁启超当时对台湾的影响很大，不少资料都明确，他曾建议台湾要仿效爱尔兰抗英的做法，但是其后台湾人是怎样按梁启超的启发做的，怎样宣传爱尔兰的，抗日政治实践活动前期的文化宣传具体过程线索是怎样的，一直未见有论述写出。这的确是需要填补的研究空白。林子瑾和梁启超当时有较多来往，我愿意在这里建议，那就是应该把梁启超关于建议台湾效仿爱尔兰抗英的做法和林子瑾在启蒙刊物《台湾文艺丛志》上发表的重要文章《爱尔兰形势》（The Position of Ireland）以及《论爱尔兰自治》紧密联系结合在一起研究。再将紧接在其后林献堂领导的十几次议会设置请愿民族政治运动一起研究，才能清晰反映出梁启超引导之后，付诸实践的过程和线索，完整勾画出历史发展的真正轨迹，填充研究空白。其实以致今日台湾人的民主诉求，都与当初的启蒙有关。这才是历史发展的真正轨迹。

林子瑾为保卫传统文化并照顾到旧文人维系汉文的普遍认同，“丛志”内容包括守旧的一面，他自己就说“丛志”是个保守刊物。其实这正反映林子瑾不满单纯“维系汉文”，“保守”只是一个方面。他的真正目的是把“丛志”办成启蒙刊物，所以一发刊，他就猛然抛出上述四篇启蒙文章，而不是旧文学，远远超出单纯维系汉文的“趣旨”。这就使得“丛志”实际已成为启蒙刊物。他急切盼望完全代表新文化刊物的出现，到 1920 年 7 月，果然在《丛志》的影响下，东京终于出现了《台湾青年》。这一影响突出表现在《台湾青年》承认自己是响应启蒙，而在创刊号上登载了林子瑾的贺词《响应》。

更有趣的是，《丛志》新文化引入的同时，还能注意到新文化经济基础的问题，说明资本主义市场经济的缺欠，对不同模式的社会发展显示可能的信号，提醒和引导台湾人注意不同模式的社会发展道路，这点是甚为深刻的。它甚至还刊登过日本马克思主义思想家河上肇的《救贫丛谈》、《现代经济组织之陷落》的译文，来说明资本主义市场经济的缺欠。选择启蒙后兴起的德国和已发生了 1917 年革命的俄国介绍到台湾，显然是开始引导台湾人广泛注意不同模式的社会发展道路的可能性，以事实深刻说明它不是全盘性接受“西方思想”而是客观批判性的接受，这些对后来台湾发生的诸多运动有一定的深刻影响，很值得研究。

《台湾文艺丛志》是面向社会大众的。广泛的思想表达方式给台湾文化的全面发展创造了条件，建立了管道。“栎社”严格面向上层汉诗人和知识界，而“台湾文社”及其刊物则面向社会征稿和发行，社会联络对象广泛。不同文类作品，符合群众口味及大众化要求，还采取连载方法。内容涉及面广，影响力扩大。“虽然，创设之初，乃以十二位栎社社员为主导，但是，它不像作为诗社的栎社般，以严格的标准来筛选社员。换言之，台湾文社不是采取向内凝聚的方式，来联络同志者的声气，而是采取积极拓展的态度，只要关心汉文，愿意缴交社费襄助该社之运作，就可以成为社员，也可以和其他社友共享资源，互相切磋文艺。该刊按月举办征文、征诗，向全岛开放，并邀请具有崇高地位的文人来担任文宗、词宗，务期全台文人能踊跃投入，以壮大该社的声势，达到延续汉文命脉的目标。”①

在科学方面，《台湾文艺丛志》提倡科学，消除愚昧。它还刊登过《科学丛谈》、《科学杂俎》，甚至介绍当时最先进的科学学说《爱因斯坦与相对论》等，相当新颖。

在文史方面，除了大量的刊载文史文章和诗作外，丛刊特别注意到连横新著《台湾通史》的重要意义，并给予积极支持，率先向社会介绍并刊登了《台湾通史》初版的自序。

由于内容新颖，便决定了必然大量出现和运用现代词汇。文字也是文化的重要组成部分，提倡白话文也是新文化发端的重要内容。文社的内务林子瑾先生也是白话文在台湾的最早提倡者。

① 施懿琳：〈台湾文社初探—以 1919—1923 的〈台湾文艺丛志〉为对象〉，栎社成立 100 周年纪念学术研讨会论文集，台中县文化局 2001 年。

从观念上分析，突出宣传介绍了民主、自由、平等、理性、科学的现代精神特质和理念，这就涉及哲学思想和文艺观念。大量作品是带明显的启迪性，充分具备了近代化文化启蒙素质，有明显的启蒙作用。《台湾文艺丛志》曾是台湾人自己最早进行启蒙宣传的汉语刊物，它是阶段性文化启蒙的开端，在保卫汉学的同时，起到宣扬新思想的启蒙效果。从林子瑾先生当时对发行成果的总结中也可看出丛志影响广泛，有效达到启蒙目的。“从上面的理事、评议员名单，可以看出文社极有心要囊括台湾文艺界重要人士加入这个阵营。随着时间的累积，会员越来越多，满一周年时已有近500人，扩展颇为迅速。据林子瑾在台湾文社周年的会议演讲中所云，创设一年以来，捐巨资以支持文社活动者有：林熊征、颜云年、郑拱辰、郑神宝、蔡莲舫、林阶堂、林烈堂、林献堂、林幼春、蔡惠如、蔡敏庚、蔡诒祥、林月汀、甘得中等。而大力支持应募征文者，则有基隆李石鲸、桃园曾国金、新竹彭镜泉、彰化陈材洋、吴德功、澎湖陈梅峰、陈锡如、台南许子文、王则修、屏东尤养斋以及洪少陵、林开泰、陈樵隐、陈蓬村、林一等。至于，主动投稿诗文者，在论说方面有：陈沧玉、陈联玉、魏润庵；小说方面有叶陶仙；天文地舆方面有吴锡斌、陈福全；科学方面有：许子文；杂说有张淑子；节孝有吴德功……在每一期的卷末又附刊前贤遗稿，比如丘逢甲的《岭云海日楼诗钞》、林痴仙的《无闷草堂诗钞》、许梦青的《鸣剑斋遗草》等，希望借此将前人优秀的作品留存下来，不使湮没无闻。”

当时文坛名望人士大多支持台湾文社及其《台湾文艺丛志》，有林幼春为之作弁言，连雅堂、吴德功为之写祝词等。

后来的陈忻与杨云萍都曾给予了《台湾文艺丛志》以正面而肯定之评价。台湾文社出现后，由于人马的重叠，也使得旧文人社群中，“栎社”也更成为具有自觉意识的一个文学社群。“不仅其文学素养高，他们对时代的感受特别深切，投入社会文化启蒙运动的态度也较积极持久，对新文化新文明的接受也广泛而开明，在旧传统中隐然有着现代性思维，是一个新旧调和并进的传统诗社。”从《台湾文艺丛志》发表的梁启超文章的情况，我们还可以看出梁启超对台湾的重要影响的脉络。“他的文章《人生目的》刊于《台湾文艺丛志》第三年一号（1921年1月15日），演说词《为学与做人》刊于《台湾文艺丛志》第五年四号（1923年4月25日），其诗《辛亥薄游台湾，遗老百余辈设欢迎会于台北荟芳楼，赋此奉谢》刊第六年一号，同时焦窗《诗话杂录》叙其游台事，并录梁令娴诗。梁氏文章的被选录，正可见栎社对他的崇仰之情未减，据此观之，梁氏对台湾文化、文坛的影响力还是继续存在的。”杨云萍认为台湾文社的设立，在台湾文化史上，是一件相当值得记忆的事情。它不仅对于维持将绝于本岛的传统汉文有所贡献，就是对日后的台湾新文化运动，也做过播种的前军，可惜这事却被后人所忽略，足见台湾文社成立的意义及重要性。尤其创刊于1919年的《台湾文艺丛志》，与日据时期其他汉文刊物相较，尽管当时已有《汉文台湾日日新报》的发行，但毕竟是官方的发声器。而《台湾》、《台湾青年》、《台湾民报》等代表新文化力量的杂志报纸当时还尚未发行，台人接受世界新思潮，尚缺乏有效的管道。因此，20年代以后台湾新文化、新文学的发展，《台湾文艺丛志》扮演了相当重要的“先行者”的角色。①

4. 台湾文社的影响和历史地位。重要历史和现实意义。

1919年在台湾台中创刊的文化团体台湾文社刊物《台湾文艺丛志》至今已近100年了。台湾文社诞生在台湾本地的台中，而不是在日本东京。通过上述对台湾文社出现的基础、根源、背景及其成立主旨、性质、特征以及其工作和出版物中心内容的探讨，明确台湾文社的成立及其刊物的发行是启蒙的开端，也是近代汉学在台湾发展的标志和转折点，具有重要的历史意义，对后来台湾的发展有深远影响。它是一个新阶段的开始，长远影响到其后台湾的社会发展，在当时则直接导致了其后发生的政治运动。林献堂重视自学，而早年就留学日本的林子瑾和林献堂亦亲亦友，他曾将法国大革命后的自由思想及欧美的民族自治思想传达给林献堂，力劝献堂变“同化”为“自治”。1919年10月“台湾文社”出现一年以后，东京出版的《台湾青年》也是在他们的启发和一定的财务支持下于1920年4月创刊。

事实的发展经过如下：1919年东京的台湾青年曾组织启发会。但影响不大。该会解散后，1920年1月林呈禄又在东京动员蔡惠如组织新民会并公推蔡惠如任会长，当时负责台湾文社外务的蔡惠如则坚持必须请林献堂为会长并决定对林献堂做动员工作，敦促其出任。后来在1920年7月《台湾青年》杂志（后发展为《台湾民报》）创刊发行。在台湾本地，林子瑾除在期刊上发表启蒙文章外，私下也极力说服林献堂放弃同化和“六三法”废弃运动，而走向民族自治的民族运动，1920年他们赴东京后又合并林呈禄的自治观念，

① 施懿琳：《台湾文社初探—以1919—1923的〈台湾文艺丛志〉为对象》，栎社成立100周年纪念学术研讨会论文集，台中县文化局2001年。

商妥开展了议会设置运动。林献堂是 1920 年 12 月才终于同意担任新民会会长的，其后他们又汇合台北的蒋渭水催生了 1921 年成立的“台湾文化协会”并导致文化启蒙运动进一步展开。台湾后来又出现了 20 年代的台湾新文学运动。其实台湾文社实际上是“台湾文化协会”的前身和雏形，同时整个文化启蒙运动只不过是前奏和舆论准备。后来他们这些人紧接着便直接发起了议会设置请愿运动等一系列抗日的民族民主的政治运动。台湾光复后，甚至现代台湾发生的一些情况，连后来出现的政党“台湾民主自治同盟”（该党现在在大陆、早期长听文化协会讲课的党员谢雪红等 1947 年在香港发起成立）的名称都间接与此次启蒙有关。

七、旧文化向新文化的转变，近代台湾知识界中出现的第三次转变：部分旧文人向新文人的思想转变

启蒙的开端实际是台湾当地新文化的开端，也是汉学近代在台湾发展的转折点。

下面我是从中华文化和思想发展的角度去观察台湾这次的文化启蒙，可以发现其重要特点，那就是非但不是完全否定汉学固有的传统文化，而是处于日本殖民当局力图在台湾根除汉文化的紧急情况下，自己处于日本殖民地民众地位的艰难条件下，去保卫、继承和发展传统文化，并且在旧文化的基础上还要向新文化迈进（从世界角度观察中华文化的发展及考虑当时在台湾保卫汉文的任务，这里不妨也采用“汉学”这一词汇）。它不但是对传统文化的保卫和继承，而且是一种发展。即一方面，在一定程度上，面对汉文在台湾将被日本消灭的状况，必须拼命保卫汉学，那是一场艰苦卓绝的民族固有文化保卫战，体现了台湾知识界对祖宗固有文化有深厚的感情，这也是台湾文化启蒙运动的重要地区特色。可是不可否认，另一方面则是他们对祖宗固有文化确实有更深层的理解，明了汉学自强不息、厚德载物、天人合一的固有精神，他们也深刻理解中华文化的广泛包容性。因此面对日本殖民当者对汉文化的围剿，不但不采取完全否定打倒的态度，并且在原有基础上进一步吸收和接受启蒙思想，是对固有文化精神的进一步发挥、充实和重要的发展、贡献，从而构成当地新文化的开端。从启蒙刊物《台湾文艺丛志》开始，汉学在台湾有了近代化的新生命，这是一次飞跃。因此，是汉学近代在台湾发展转变的标志和转折点，具有里程碑性质。我认为那一代台湾一些知识分子对新旧文化的认识和态度是科学的，至今反思仍然是正确的，能经得起历史

的考验的。

近代汉学的发展在一定意义上说是近代思想的发展，这首先是人的思想的变化和发展。当年已经有深厚汉学功底的部分台湾知识分子继承了传统汉学自强不息的基因、作为自己的动力，开始力求在保卫汉学的基础上发展汉学，改变“文言文”的传统，突破自身发展的障碍、扩大汉学的包容性，普及、传播进步思想。从文化根源分析，当时台湾知识界主要面临三种文化：一个是本身固有的中华传统文化；一个是欧洲启蒙运动后的西方文化；还有明治维新后的日本文化。日本文化早期大量吸收中国文化为底蕴，后来又学西方文化。在中西文化已经都有发展的台湾沦为日本殖民地后，对于台湾知识界，尽管日本殖民当局当时处在控制者的位置，当日本要在台湾排除汉文化，以日本文化取代汉文化时，台湾知识界从骨子里就有一种明显的传统文化自豪感和傲骨，以祖先曾高度影响过日本文化的辉煌的汉文化为荣，并看不起日本文化。他们认为，论传统文化，还得说汉文化，论新文化则要说欧洲新出现的文化。有中华文化深刻底蕴又曾受西方直接影响的台湾知识界必然在文化上和日本文化较量。台湾被割让后，他们比当时大陆知识分子更直接亲身处于殖民地地位，深受异国政权统治的压迫，面临日本对汉语文化的围剿，深知保卫汉学的重要性。深知作为传统文化的汉学已经到了急需改变自身“文言”障碍的时刻。同时，他们深刻理解传统文化的包容性，善于吸收外来文化来丰富自己的文化。他们注意到西方的文化，也亲自看到和感受到日本明治维新后的变化。在当时社会经济的基础上，在上述一系列历史事件发生后，以栎社和台湾文社为代表的台湾文人经过栎社成立后 1902—1919 年间世界发生的大事，尤其是一战后的民族自决潮流，部分旧汉学者思想观念已经开始转变。具有传统思想、读旧书、研究古典文学的汉学者却又跟上时代潮流，转变成引导台湾汉学发展的文化运动先驱。面对日本殖民者在台湾取消汉文的企图，部分传统文人既维护汉文化，又跨入新文化行列。他们不但保卫了汉学，而且发展了汉学。表面上台湾文社诞生的直接原因和导火线是保卫汉学，但实质上，在一些代表人物的观念中已经深深埋藏下新思想种子。文社和栎社是同一批核心人物，同是在台中地区，随着时间的推移，人的思想变了，而这一发展实际上首先是人的思想过度，是旧文人向新文人的过渡。从而导致了旧汉诗向现代散文过渡，旧文学向新文学的过渡。也是旧文化向新文化的过渡。同时，面对日本的高压统治，追求民族自主权力，产生和提倡了明确的民主、自治观念，抗拒日本的奴化教育，提倡科学，从而提倡新文学白话文，该问题将在后面详述。他们客观批判性的接受西方文化，这是汉学在台湾求实创新的发端。这是一个我们必须锁定研究的历史关键时刻，这一代人的转变凸显了汉学在台湾发展的真正轨迹，他们在 1919 年左右完成了由旧到新这一基本的转变，台湾文社的诞生也就是跟随人的思想转变而水到渠成的。这一转变是继上述变法维新、民主意识迸发及其深化后接踵而来的第三次重要转变。它的特点是在固有传统文化的基础上，批判性的接受外来文化并融汇之。文社容纳百川的开放风格、学术和民主风气相当高，几乎可与大陆北大蔡元培校长当时的开明办学思想相比。

台湾启蒙运动中，涌现出了一批突出的先驱人物。他们从初期就具有要求民主、自治，提倡科学，提倡白话文的观念。在发展成民族运动后有许多关键的人物，例如林献堂、蒋渭水先生等等。但在详细研究启蒙在台湾发展的领域，还少有介绍和研究的林子瑾先生在运动初期的关键作用的著述。因此读过一些版本的台湾近代史后，特别是有关文化启蒙和政治运动的描述，常使人感到不连贯和模糊，甚至有张冠李戴、线索不明的感觉，这可能与这些版本中都省略了介绍林子瑾有关。而林氏在发动以非武装抗日冲击日本统治后，认为解决台湾问题根本要靠祖国强大而又回到大陆走实业救国的道路，于 1924 年便离开台湾，客观上使研究者忽略了他的存在。其实林子瑾是当时的汉学诗人、“栎社”理事，是台湾文社的重要发起人、创建人之一，当时主管文社内务。台湾文社的最初社址和办公地点就是他家“瑾园”，他又是启蒙刊物《台湾文艺丛志》初期的重要撰稿人，《德国史略》和《俄国史略》都是他翻译发表的，这是引导台湾人放眼世界的第一幕。论文《爱尔兰形势》也是台湾文人中唯一紧跟梁启超的启发写出的第一篇有关爱尔兰抗英斗争的介绍，首先向台湾人介绍了爱尔兰（目前还未发现其他文人的有关论述）。还有一篇有关爱尔兰的著作，我年轻时亲眼看到过，也仔细读过，那里还述及和接受了马克思的阶级斗争的观点，可惜目前尚无法提供原本出来（《台湾文艺丛志》的各期保存本不全，我的保存本据受委托人说丢失了，希望能找到）。林子瑾亲自参加过 1911 年梁启超访台的接待，他在 1921 年台湾文化协会成立大会上被公推为大会的议长时，他就开始在台湾提倡白话文。在台湾的近代汉学发展中起到承上启下的作用。台湾新文学之父赖和还是被林子瑾的虎旗诗篇激发，继而写出另一篇名诗，就是林子瑾承上启下作用的明证。面对日本侵略，林子瑾非常尊重对保卫汉学有贡献的同辈汉学家。例如，他很尊重连雅堂（即连横）的才能和贡献。他们二人是好友，曾于 1912 年结为旅伴于辛亥革命后马上奔赴大陆。而他却同时也十分看重张我军及赖和在新文学方面的进展，认为是后浪推前浪，所以他与后来到北京的张我军也是好友。实际上，他自己是一位非常低调却相当开明的台湾文化启蒙和抗日民族民主运动重要先驱者和代表人物之一。有人认为林子瑾"晨五时即起熟读诗书的好习惯，构成在日据时期坚持汉文化传承，以文化抗日的根基"，并认为"是以外号大智字少英的林子瑾改采柔性的汉文化抗争，以建设强大的中国进而收复台湾为其终身奋鬪的职志"，这确实准确反映了林子瑾的情况。①

八、文化启蒙对台湾非武装抗日民族运动的重要影响

以台湾文社为开端，以《台湾文艺丛志》发行为标志，正式的近代台湾文化启蒙运动发生后，紧接着发生了台湾非武装抗日的政治运动。随后发生的一连串政治运动都说明了台湾文化启蒙的巨大作用和深刻影响。台湾非武装抗日运动包括了新民会的活动、"六三法"撤废运动、台湾议会设置请愿运动、新台湾联盟、台湾民众党成立、台湾地方自治联盟等等内容。而且，思想启蒙开始发动和激起政治运动之后，便和政治运动交错地，都是在摸索中持续进行。在政治运动的开展过程中启蒙机构也在不断增多和壮大，启蒙活动也更不断深入和发展。在政治运动中，这里重点提及的是台湾议会设置请愿运动。因为议会政治是当时世界上较为进步的近代社会政治诉求，特别是该运动已经脱离了同化主义，属于民族自治运动范畴。它迎合世界潮流，具有反对殖民主义的性质，理论上甚至可以隐含着脱离日本殖民统治、回归祖国的发展方向。民族自治运动的发起人之一的林子瑾本人也是回归祖国的典型，因此有进步意义。日本统治者也看到它的真实性质，因此非常忌惮，极力破坏、镇压这一运动。该运动在台湾持续时间较长，影响较大。参加者超越了党派，而形成了联合阵线之势。这一运动基本是林献堂等地方领袖领导的，由台湾的台中发展到日本的东京，又回到台湾的台北、台中、再发展到片及全台湾。

非武装抗日运动实际上最早是林献堂等受梁启超献给台湾仿爱尔兰抗英的抗日思想策略指导和影响，而力图在启蒙开始后开展的政治运动。是在《台湾文艺丛志》进行大力启蒙宣传后而实践的政治运动，是启蒙思想宣传动员

① 摘自udn网络城邦 小城故事文史工作室影视部落格《文化抗日志士林子瑾（1878—1956）事略》，2013/09/27。

后的一次社会实践。由于林献堂自学为主的特色，政治运动前的启蒙宣传、翻译和介绍西方著作及撰写大量启蒙宣传文章则落实到林子瑾肩上。林子瑾早期留学日本，思想较为开阔，中、日、西文都很好，他是有条件完成的人。他突破旧式诗作，在写诗的同时，更重视开始写启蒙宣传论文。1919 年林子瑾亲自积极撰稿，从《台湾文艺丛志》第一期开始就连续发表了《德国史略》和《俄国史略》等译著。后来在《台湾文艺丛志》发行一周年时，还曾总结了发行一年来的丰硕社会效果。我们还注意到，由于固有的民族观念与一战后世界民族自治思潮崛起的影响，林子瑾对同化运动一直有否定看法，他当时已经明确树立了民族自治和议会诉求的观念，他也从来未参加过台湾的同化运动（林献堂 1914 年开展同化会运动时，林子瑾却在大陆恢复中国国籍）。这时林子瑾明确认为，如果单只废除“六三法”，台湾也仍然落入日本统治者的同化圈套（1896 年 6 月 30 日公布的法律第 63 号《关于实行台湾之法律》，即简称“六三法”，日本帝国议会授权台湾总督可以制定与法律同等效力的命令，是使专治统治合法化的措施。台湾知识界部分人曾认为“六三法”必须撤废。反对“六三法”无可非议，但是深入思考，它仍然是在同化主义范畴之内）。这里，我再次不惜重复、反复强调说明：林献堂和林子瑾同受梁启超启发，但怎样具体实践，个人想法和理解不同。献堂侧重“六三法”撤废，而子瑾侧重民族自治的议会设置。但林献堂的家族地位、经济实力、社会地位都比林子瑾高，个人观点不是一下就改变的。为了进一步说服献堂并向台湾人进行启蒙宣传，启发由“六三法”撤废转向提倡自治的议会设置，那么首先就应该让台湾民众知道和清楚爱尔兰的抗英活动的经验和手段。这个任务也是由林子瑾来完成的。当时文人中只有他及时按梁启超学习爱尔兰的启发，不但私下和林献堂研究，力劝其从“六三法”撤废转向提倡自治的议会设置，而且已如前述，在《丛志》上公开发表了有关爱尔兰的两篇文章，进行社会动员。1920 年林子瑾在《丛志》第 6 号上发表的《爱尔兰形势》中，及时介绍爱尔兰抗英的经验，鼓动政治运动。他认为应从同化主义转向民族自治，上述他受到梁启超的启发还写过的一篇《爱尔兰自治》的文章中，就有鲜明的自治观点。在开展有关爱尔兰的启蒙宣传之后，林子瑾便和林献堂商议，觉得他们孤军在岛内开展启蒙仍感力量单薄，而且按梁启超的引导，需要仿效爱尔兰，转换到非武装的政治运动，进行社会实践。那就还要做疏通日本上层人士的大量工作，献堂对这点却非常感兴趣，也认为极符合他的本意。此外还要探索发动东京的青年留学生广泛参与的可能性。具体怎样开展活动尚待明确，林献堂的想法还是侧重从“六三法”的撤废入手开展政治运动，林子瑾则极力说明要跳出同化观念而代之以自治和议会设置诉求。1919年3月1日朝鲜爆发了“三一运动”，日本甚感惊骇。在台湾，也改变实行更富欺骗性的策略：日本要把台湾的武官总督改为文官总督，林献堂正想赶在新总督上任前先去东京拜访，于是他1919年10月便先去日本。拜访了第一届文官总督田健治郎。到1920年1月负责台湾文社外务的蔡惠如和东京的留学生林呈禄等在东京留学生中组织了新民会，希望林献堂出任会长。但因有较大的分歧意见，林献堂并未立即接受会长职务。其后蔡惠如又前往中国大陆，联络在大陆的台湾青年，林献堂则返回台湾。1920年，林献堂与蔡培火、杨肇嘉仍呼吁日本当局撤销“六三法”。林子瑾仍不断向林献堂建议，最后终于初步说服献堂基本接受民族自治，并协同林献堂再赴东京扩大政治运动队伍。林献堂和林子瑾、林幼春商议后，于1920年秋返回东京。在东京留学生中，以林呈禄为代表，很多人也认为应放弃“六三法”撤废运动，提出希望另选方式入手“试行政治改革运动”。留学生中也仍然存在很大的分歧意见，这次，经林子瑾的劝说后，林献堂开始重视了这一分歧。献堂虽然不轻易改变自己看法，但是他的最大优点是能耐心听取意见，并仔细分析。这时经多次辩论、慎重考虑，最后终于决定不再坚持“六三法”废弃，转而采纳放弃“六三法”撤废运动的意见，经大家协商，从台湾议会设置情愿入手，开展政治运动。这实际上是由日本的“内地延伸主义”圈套到要求自治的民族主义的重大转变。不过，林献堂仍持十分慎重、稳健之性格，再三策略性的提出说明，主张表面上还不要提自治，只提台湾议会设置情愿，大家赞成，意见统一。同时，东京的留学生们在台中林献堂、林子瑾等人启蒙的影响、鼓励和支持下，于1920年7月《台湾青年》创刊，比台中的《台湾文艺丛志》要晚一年半多。林献堂在《台湾青年》出刊时曾捐赠1千元。[①]1920年12月林献堂才终于决定同意担任新民会会长。后来林呈禄在《台湾青年》第五号上发表了《＜六三法＞问题的归着点》，才加强肯定设置议会的观点。以上是启蒙发展的真实时间顺序和历经的详细过程。

当他们统一了意见，决策请愿时已经离第44届帝国议会的召开仅有一个多月了。所以第一次的请愿是仓促进行的，没有充裕的准备时间。

1921年1月30日在激动而仓促的情况下，提出了第一次请愿。从此台

---

① 见《台湾青年》一卷四号封底“捐赠芳名录”。

湾议会设置请愿运动便轰轰烈烈开展起来，历经统一、分裂、尾声等三个阶段。发展也有曲折。第一次议会设置请愿进行过后，一方面由分工主持文社内务的林子瑾、主持文务的林幼春继续在岛内继续抓好《台湾文艺丛志》，坚持按期组稿出版发行，一方面由林献堂和主持外务的蔡惠如再去东京，进一步扩展工作。1922 年又进行第二次请愿。

请愿运动由台中林献堂、林子瑾、蔡惠如、林幼春及留日的林呈禄等人的发起，有蔡培火、石焕长（即石霜湖医师）、李应章、陈逢源等骨干参加，并联合东京留学生为前锋，自 1923 开始又有岛内民众特别是有台北蒋渭水等广泛支持而又开展了第三次请愿活动。到 1934 年为止，前后共进行了 15 次请愿活动，坚持进行长达 14 年之久（1921—1934），虽然最终失败，但其对台湾民众具有的“民意意识”和“韧性意志”的深远影响仍然值得研究。

九、台湾文化协会的诞生及其初期活动

在第一次情愿后到第二次情愿前，在台湾出现了“台湾文化协会”。该会 1921 年 7 月诞生。这是台湾近代一件很重要的事。

台湾文化协会的成立和林献堂、林子瑾、蒋渭水、石焕长、李应章、蔡培火等人的广泛参与有直接的密切关系。林献堂以雾峰林家家主的显赫地位及经济实力为基础，接受梁启超开展非武装抗日的建议，在民族运动中形成了领导核心。成为台湾人的地方核心领袖人物。林子瑾则以其扎实、丰厚的传统文化根底开展了启蒙宣传工作，他早年留学日本，1911 年辛亥革命时代就率先去大陆五年，返台后从 1917 年开始就展开启蒙宣传，成为台湾启蒙运动的始发者和先行者。蒋渭水也早在辛亥革命时期就受到孙中山影响，还参加过同盟会台湾分会，1920 年后时常从日本进口《台湾青年》杂志提供给台湾青年学子，以启蒙其自主意识，这时他也打算开展启蒙宣传活动。1921 年林献堂、蔡培火等开展第一次请愿时，蒋渭水积极响应议会请愿运动，曾计划在林献堂等 4 月返台时，在台北组织青年学生举行盛大欢迎会和街头演说。林献堂因家中已收到恐吓信，从安全考虑，没有同意。1921 年 7 月蒋渭水便去拜访林献堂，并说明他与其他同志（李应章、吴海水等）成立台湾文化协会的想法，这正符合林献堂、林子瑾成立比台湾文社更大的文化组织、继续大力开展启蒙运动的心愿，于是一致同意并共同策划成立台湾文化协会。1921 年 10 月，在台北大稻埕静修女子学校召开文协成立大会，公推当时社会影响很大的林子瑾为大会主席。林献堂因在家服丧未能出席，由洪元煌代

替出席。大会公推林献堂为文协总理，蒋渭水为专务理事。其实在这些台湾文化协会创始人中，最主要创始人应说是蒋渭水。会名的提出、主要文件起草、群众组织工作、向当局申请等工作皆是蒋渭水出力担负。但林献堂当时名望大，更有号召力。林子瑾则因数年在大陆的经历而后返台最早开展启蒙运动的影响而被公推为成立大会主席，文协的评议员蔡培火也早就是林献堂开展同化会时的同行者，在东京首先打出反对“六三法”和请愿的旗帜。台湾文化协会的产生是台中台北抗日力量的融合，是台中的台湾文社积极扩大组织的努力与台北积极响应的结果。

有些著作中说，1922 年时“台北方面虽然已经成立文化协会，作为台湾议会运动的支持团体，可是文化协会这时尚未发挥功能，蒋渭水也尚未活跃起来”，① 这的确是文化协会早期概括的真实情况，说中了当时运动发展的程序和情况。其实详细地说，台湾文化协会成立之初，还是做了一些最初很重要的起步活动，例如发行会报。1921 年 11 月 28 日发行会报第一号，蒋渭水在第一号中就发表了文章《临床讲义》，把台湾比作原籍中国，现居日本的病人，文化落后而急需治疗，为的是要启发大众觉悟。林子瑾则发表《文化之意义》一文，现在看来，这篇文章才是近代台湾第一篇开展新文化、包括新文学、新文艺的总的纲领性意见，引起了日本人的警惕。它是分成两部分发表的，上半部分发表在台湾文化协会《会报》第一号上，于是受到日本的密切监视，第 2 号就不准刊载时事有关的内容而被取缔了。文协只好坚持战斗并采取策略，把第 3 号改为《文化丛书》名义，发单行本，以便继续宣传。在这关键时刻，文协非常重要的一件事是林子瑾坚持在台湾《文化丛书》第一号（实际上也就相当于台湾文化协会的发刊机关报—《会报》的第 3 号）上，巧妙地突破日本的封锁，继续坚持发表了《文化之意义》重要文章的后半部分，和日本殖民当局对着干。该期 1922 年 4 月发行，这也正是蔡培火、林献堂第二次情愿后从东京返回台湾的时刻。他们回来后大力宣传议会请愿运动。所以就内容看，这篇文章可以说是当时文化启蒙运动乃至政治运动的指导性文件。这在台湾近代史研究中却完全被忽略。此前一般研究只罗列文化协会的一些具体有形工作，如办书报阅览等等，而却忽略了最重要的无形的思想传播工作和具体的宣传途径，台湾只有几位个别的研究生在导师指导下发现并写论文提到此事。尽管林子瑾著作原文中有极为个别的不适概念、

---

① 张正昌先生著：《林献堂与台湾民族运动》，益群书店 1981 年出版。

归类或用词不妥，但在那个时代，能系统提出文艺理论，及时指导社会实践，确实意义深刻，其主旨也非常明确。我们可以从这篇文章中看到：

1）作者发扬民族精神，面对日本否定汉文化的企图，在台湾提倡日本文化，表现了高度的不服从和反抗。作者当时在日本的高压统治下千方百计宣扬中华传统文化，还要能在社会上公开发表，造成启蒙宣传影响，从理论和历史事实上，使殖民当局奈何不得。为此，他必须首先表面上蒙上些日本面纱，利用日本人的著作，从给日本文化定位入手，强调其起源于中国文化。他说："就日本方面而论、至明治维新之际、始输入欧西文化、若从前则全受中国文化所熏陶、现时社会上之一切道德、风俗、仍不脱中国文化之习气、若论日本今日之文化、超过中国则可、为非来自中国则大不可、此即东方文化渊源之大概也。"这就明确了中华文化在日本的基础地位。

2）明确地提出当时台湾文化发展方向。提出新文化的概念。认为新文化应该是充分利用传统文化包容性的特点，以传统文化为基础全面吸收先进文化，不断提高。他说："愚见台湾文化运动方针、对于物质的方面、当虚心采用欧美诸国、对于精神的方面、宜极力保存由中国传来之固有的文化、然日本之固有文化、间亦有可采用者、一言以蔽之曰、混合三种文化、而另构成一种之台湾新文化也。"他强调台湾人是炎黄子孙，提倡民族精神，要传承固有文化，自强不息，同时要向先进学习、不断进步。实际上是重视提倡科学的问题。他写道："然台湾人原为优秀民族、且系古代文明之子孙、对于纵的方面、更宜竭力发挥、如公派青年出欧米留学、或促成台湾大学、其他电气、航海、专门学校等。"这篇文章也是提倡新文学、新文艺运动的开始。他巧妙地利用希腊文化名人巴拉巴斯的例子，来说明和提倡、号召台湾文人发扬民族精神，他说："巴拉马斯于1860年生于卑屈拉斯、幼年住在米琐朗希地方、卑屈拉斯及米琐朗希两处乡村风景、都非常秀美、入如画图、他早年所著诗歌、大半描写此两处风景、且带有希腊民族的感情、和希腊山河色彩、他青年所著之诗、较诸后来所作者、更富于人道色彩、描写渔夫樵子、与夫市井贫民生活、非常悲壮热烈、它带有些宗教的色彩、故其灵魂完全是一个希腊民族灵魂。"这里提倡台湾文艺革新。他说明文化和文艺的关系，文艺必须以民族传统文化精神为核心，在民族传统文化的基础上发展，实际上提出了文艺理论、文艺方针、文艺工作者的任务。

3）他还非常重视大众文化，提出普及大众文化。他说："又对于横的方面犹当注意、台湾开化者、极占少数、故不得不由横的方面进展、如印行浅近出版物、通俗讲演、改良戏、又多设影戏院、小图书馆、读报社等。”指出文艺要为大众服务，就必须从普及大众文化入手。

4）以旧文人的身份明确预示台湾将出现新文学运动，推进诗艺改革、盼望和力促新诗的出现、并力倡和全力支持新文学。同时提倡和鼓励旧文人需自我改造，向新文人发展。他以希腊旧文人巴拉巴斯为例，写道：“巴拉马斯影响希腊文化之功、盖非浅鲜、他虽一个旧派词章家、然极表同情新文学运动领袖柏里斯、以成语体译成新约圣书、以故希腊文化、极其迅速向上。”“但现时新生一种之希腊文化、都有方兴未艾气象、千八百二十七年、政治独立之后、文艺有勃勃复兴之势、此时全恃几个诗人、厚于天秉的希腊性之诗人之努力、将希腊人于十馀世纪的昏黑隧道中、被呼起来、当时有一群希腊诗人、其中最著名者、即巴拉马斯、斯克比斯、福屈列提斯也、此三人称为希腊文艺复活之源动力亦无不可。”林子瑾自己也是这样做的，不断地自我改造，他提倡和企盼着后来果然发生的台湾新文学运动。

5）这篇文章是近代在台湾第一个在深入研究固有文化的基础上，大力提倡白话文和拼音文字、提倡普及大众文化的主张。指出文艺发展、普及大众文化应从提倡白话文入手。“鄙见于台湾文艺界、当有一番革新、以改从来古文体为白话文体、或用罗马白话字代之、使一般之人容易读之、又对诗之一艺大为推进、则台湾文化受此之助、其向上之势、当一泻千里也。”因为林子瑾早在日本占领台湾前就已全面完成传统文化学习，基础深厚。又于早年留学日本，对西方文化也有与东方文化深刻的对比研究。又早在 1912 年辛亥革命时就去大陆观光、在北京研究文史、北京话、方言，亲临 1915 年大陆新文化运动的环境，1916 年才回台湾，1917 年在台湾就注意到俄国发生了十月革命。所以如果说台湾的文化启蒙受大陆影响，也是早在那时就受到的影响，而并非单单是在 1919 年的大陆五四爱国学生运动发生后才受到影响。林氏从 1917 年借修林氏宗庙的活动，先从启蒙林姓家族作为前奏，在 1919 年初就在台湾大力开展文化启蒙运动。台湾文化协会成立之初的 1921 年，就在台湾公开正式提出白话文主张，此前尚没有发现在台湾提倡白话文的记载（蔡培火 1921 年也提倡过复兴汉文、1922—1923 年主张罗马拼音）。所以林子瑾、蔡培火才是近代在台湾最早提倡白话文的学者，这才是真正的历史发展轨迹。这篇文章本身已经几乎是白话，通俗易懂，还有原始标点。其中多大量采用新的名词和语言组成。例如“无产阶级即劳动者”“新文学运动”“市井贫民生活”“人道色彩”“浅近出版物、通俗演讲”“电气、航海”等等词语的采用，可谓台湾白话文的雏形。他早在 1912 年就开始学习了北京话。后来他也欣赏 1924 年张我军实践国语白话文的活动。

白话文的提倡，不是一般的问题，无论在形式和内容上都是传统文化的转折和发展。因为数千年来中国文化的载体一直是文言文，概括而广泛地说，内容多为诸子百家理论的流传。而白话文的内容则包含了更为广泛的天地，吸收了世界其他文化的营养，所以汉学的发展，从内容到形式，从此也出现了明显转折。

6）该文章是用汉文写的。该丛书是日汉两种文字合刊，很多文章是用日文写的。林子瑾又精通日文，可是他坚持用汉文写，和同刊物上左右的日文文章形成了鲜明的对比。

7）继 1919 年初向台湾介绍“俄国史略”后，这篇文章又注意到十月革命后的俄国文化，虽然他的观点不一定妥当，但在《文化之意义》中是他首先注意介绍了俄国十月革命后的卢那察尔斯基创建苏维埃文化教育的特点。卢那察尔斯基的美学和文艺理论遗产在世界也有广泛的影响，其一些文艺理论著作和戏剧作品后来在 20 年代末至 30 年代就由鲁迅等介绍到大陆。《文化之意义》一文起码在 1921 年就向台湾介绍了“劳动者、无产阶级”等词语和概念，启发和影响了台湾后来的政治运动的思维和发展，从中也看到林子瑾视野的广泛和超前性。

8）在其发表时间上正是台湾文化协会开始启蒙活动的关键时刻，他指明了文化发展总的前进方向，起到总的指导作用。

除此之外，台湾文化协会初期，还从 1922 年开始设立了一些读报社。受文化协会影响，台北学生也在 1922 年 5 月发生学潮。以上是说明林献堂等第一次请愿活动后，又与蒋渭水等组织“台湾文化协会”。于是从 1921 年文化协会明白宣言其宗旨为促教育普及、文明进步之文化运动。其实 1923 年至 1926 年间，文化协会在中南北部进一步举办政治演讲会达 978 次，继续开设讲习社，举办文化演讲会、夏季讲习会等，积极推动文化。连雅堂先生也积极参加启蒙运动，曾在演讲会上为大家讲解台湾通史。文协到 1927 年分裂，其后的事将在后面简单论述。

接下来是 1922 年 2 月林献堂等赴东京第二次请愿，返台后大力宣传，民众士气更加高昂，总督府开始弹压。林献堂被迫表面退出，蒋渭水开始进一步挑起台湾议会设置请愿运动的重担，并发展成为主力之一。1923 年 2 月他和蔡培火合作，亲赴东京进行第三次请愿，并在东京成立了台湾议会期成同盟会，石焕长为主干，他们渐渐成为民族运动者，为台民申民权、争自由。台湾总督府对请愿运动一直抱反对态度，终于在 1923 年底发生所谓“治警事件”的打压运动、全面逮捕请愿核心人员。在其后的 15 次请愿活动中，该运动屡遭到弹压、阻挠，以致最后终止。

十、台湾文化启蒙运动的研究总结

1. 台湾文化启蒙运动开始时的地区特色

和大陆比较，台湾当时的文化启蒙有其重要的地区特点，这主要是由台湾当时已经完全在日本殖民统治下，日本妄图在台湾消灭中华文化的情况决定的。启蒙先驱面临传统文化被日本残酷封杀，所以首先是保卫中华传统文化，而后才能谈得上继承和批判。这就促使他们不能全面否定传统文化，因为那将正合乎日本的意图。又要开展新文化运动，就必须在保卫传统文化的基础上，批判地继承，进一步提高、充实和发展文化，向新文化迈进。

台湾在 1917 年文化启蒙前奏吹响以后，经几年的宣传鼓动，便进入了 20 年代，在 1921 年 1 月首先大规模开展了非武装抗日——议会设置请愿的政治活动。而后 1921 年 7 月台湾文化协会成立，又继续深入开展文化启蒙。活动不断发展扩大，包括所谓抗日民族民主运动的开展，仅议会设置请愿活动本身就发生了 15 次，坚持了 14 年，才最后归于失败。后来台湾又发展到所谓抗日民族解放运动，其中有李应章领导的农民运动。随着当时国际共产运动的兴起和大陆的影响，还有 1928 年 4 月台湾共产党成立，力图开展共产主义运动。

总之，台湾的文化启蒙运动是台湾的新文化运动。它比大陆的新文化运动迟来 4 年，由于台湾的主要矛盾是中日民族矛盾，所以台湾的新文化运动的中心内容是自治（包括着民主）、科学、白话文。而不像大陆，可以明确提出民主、科学、白话文。在台湾连自治都被日本剥夺，民主更提不到日程，只能涵括在自治当中。此外大陆 1915 年的新文化运动的一些主要人物中，除胡适、傅斯年、钱玄同等部分人物外，另有部分人物如陈独秀、李大钊等后来又受到当时世界的国际共产主义思潮的影响，发展成共产主义者，而台湾的启蒙先驱却没有出现这样的人物。大陆的新文化运动发展成五四反帝爱国运动，台湾的新文化运动发展成议会设置情愿的民族运动，实际上同属于反对殖民主义的爱国运动，我认为就应该这样理解全中国的近代史。大陆的新文化运动强力批判旧文化，台湾的新文化运动则面临日本侵略威胁而首先保卫传统文化。台湾新文化运动先驱者还要采取策略，在表面形式上又不得不煞费苦心地掩盖一层日本袈裟，否则连发表文章都受到日本严格限制，根本起不了宣传、启发和动员民众的启蒙作用。

2. 台湾文化启蒙运动的阶段和发展线索

台湾文化启蒙运动是一个提高民众文化水平、启发民众觉悟、不忘祖国、跟上世界民族自决和民主潮流的重要运动。实际上，它包括了两个阶段：第一阶段是启蒙准备阶段。这阶段分四步进行，已如前述。第二阶段是启蒙开始发起阶段。从台中发展到东京，又发展到台北、台南以至全台湾。此后的发展又分为两个部分。第一个部分是文化启蒙发展到政治运动以及政治运动后续延伸阶段，即发展到台湾的共产主义运动。第二个部分是文化启蒙发展到20年代的台湾新文学运动直到1937年日本发动全面侵华战争，遭遇深入的“皇民化”而被迫中止。启蒙运动发展真实线索是清晰的，只不过是在没有充分挖掘历史资料的前提下，曾被不明确的记载、分析所混淆而出现模糊、间断、时间不确切和张冠李戴的情况。

文化启蒙的渊源实际是从1911年梁启超对台湾的启发开始。不过这以前还可追溯到1895年丘逢甲提出的民主概念，即我认为的台湾近代知识界第二次思想转变以及孙中山早年在台湾开展的革命活动的影响。1912年“祖国派”林祖密、连雅堂、林子瑾的大陆行实际给文化启蒙做了前期的充分准备工作。连雅堂、林子瑾返台后，带来大陆的影响。连雅堂主要从事著史工作，林子瑾主要从事启蒙运动。

从1916年林子瑾返台后，1917年就针对日本的文化侵略，积极采取对抗手段，开始了文化启蒙工作的前期基础准备工作。而以“台湾文社”和《台湾文艺丛志》诞生为明确标志，便正式开始了启蒙运动。从地域上分析，运动并非发源于国外（例如东京），运动真正发展轨迹是辛亥革命后，受大陆传统文化和1915年新文化运动的影响，台湾启蒙的火种本出自中华传统文化的基因，又被日据时期台湾最早的祖国派人士从大陆的北京、上海携回到台中，然后又发展到东京，与东京留学生会合后，再转到台北，及至全台湾。

从运动后续内容性质上分析，

第一个延伸内容是1921年以后文化启蒙运动就发展成为政治运动。包括直接影响的议会设置请愿运动及其后间接影响出现的台湾共产主义运动。台湾文艺丛志介绍俄国、无产阶级概念、资本主义经济的弊病等等对后来发生的共产主义运动不无影响，最后是1931年台湾共产党被破坏和1934年议会政治运动的结束。

第二个延伸内容是在文化上，运动又发展出台湾的新文学运动。新文学运动被日本封杀，台湾文化启蒙运动随着台湾完全陷入日本法西斯“皇民化”统治而被迫终止。

总之，台湾文化启蒙运动的发展线索是如此的清晰：梁启超仿爱尔兰的启发影响台湾文人，从而埋下非暴力抵抗的种子——丘逢甲的民主概念——孙中山与辛亥革命的影响促使林子瑾大陆行和长达5年考察体验（1912—1916），此期间接受大陆新文化运动熏陶（此时期林献堂在台湾开展同化运动、设立台湾中学。）——1916年林子瑾返回台湾开展启蒙准备（1917年发起建立宗庙、翻译著作、研究文字、撰写论文、注意到俄国革命、并受到一战后民族自决思潮的影响。）——1919年文化启蒙运动正式开始（成立“台湾文社”和创办《台湾文艺丛志》）——介绍德国、俄国、介绍爱尔兰抗英——扭转同化、发展到议会设置请愿的政治运动——成立“台湾文化协会”——提出文化方针——新文学运动。

表三：从文化启蒙到议会设置请愿运动的真实发展线索图表：

梁启超仿爱尔兰启发后的两路分兵

- 林子瑾1912-1915年的大陆行
- 林献堂1912-1915年的同化运动和反“六三法”

林子瑾1916年返台发动文化启蒙（两路会合）

1）1917年建林氏宗庙。

2）翻译和介绍西方著作。

3）1918-1919年成立台湾文社 创刊《台湾文艺丛志》。

4）介绍爱尔兰形势、明确提出自治和议会运动。林献堂接受林子瑾劝告共赴东京与林呈禄自治观点的汇合形成第一次议会设置请愿运动

5）1920年7月《台湾青年》创刊。

6）1921年台湾文化协会成立

7）1921年《文化之意义》发表，提出白话文主张及台湾文艺发展的总方略。

8）台湾的新文学运动。

启蒙运动的发端是在台湾本地而不是在日本。内在驱动力量的是自强不息、厚德载物的中华传统文化基因，而不是外来因素，外来因素只起到促进作用。启蒙先驱是自我改变思想观念、演变成新文人的旧文人，而不是天上掉下的新文人，这是台湾一代自尊心极强的知识分子在当时日本的强大压力

面前，维护中华文化的光荣一页。从台湾文社成立趣旨看出，他们具有自觉担当发展传统固有文化的光荣精神，也是东方中华传统文化具有广泛包容性的有力证明，又是中西文化交融的典型。这件事现在鲜为人知，更少有纪念，其实这算得上台湾近代发生的一件大事。从文化层面上看，它是近代汉学在台湾发展的一个转折点、里程碑。从政治层面上看，它起到其后台湾发生的一系列政治运动的文化启蒙先导作用。所以，无论从文化层面上、也就是从近代汉学在台湾的发展之观点上，还是从政治层面上观察这件事，我以为它是台湾近代历史发展中值得纪念的事。那代台湾知识分子作了他们应该做的事，完成了历史赋予他们的启蒙任务，也是对中华文化的大贡献，因此值得纪念。我在此只是抛砖引玉，希望引起大家的兴趣，其中的许多研究空白留待有兴趣的人士今后填补。

台湾文化启蒙运动发生的外在条件有辛亥革命影响，第一次世界大战后的民族自决和国际共产主义运动的影响以及日本的所谓大正民主时期和台湾的文官统治时代的影响。

启蒙运动是近代史上台湾民众活动的第七个亮点。台湾民众应该自豪，他们有自觉的醒悟，并非总是单纯模仿，而是研究世界和祖国大陆的发展，经过自己的思考、消化，开展有本地区特点的活动。我们应注意尊重他们，不可把他们看作只会跟在大人后面单纯模仿的小孩。

我们还要注意到，台湾文化启蒙运动提倡民主、自治，提倡白话文和大众文化普及，提倡科学反对愚昧，但是却不曾反对宗教信仰，这也是其高明、远见之处。

台湾文化启蒙运动融合文化包容的思想影响到现今世界，它是东西文化交融的好例子。现在中西文化也在相互交流，不但中华文化可以吸收西方文化的营养，而且西方对中华文化也表现出更进一步的兴趣，当今世界出现了中西文化互补发展的趋势。台湾的启蒙运动是台湾近代史中精彩的一页，它起到承上启下、继往开来的重大作用。它既继承了传统文化，又深刻影响到台湾的现代。

十一、台湾的新文学运动、启蒙先驱林子瑾对台湾的新文学之父赖和的影响

在《文化之意义》一文中，启蒙先驱林子瑾预见、期盼和提倡的新文学运动终于发展起来。他对后来台湾的新文学运动的直接影响，明显表现在被

誉为台湾新文学之父赖和的作品中。

赖和（1894—1943）生于1894年，比连雅堂、林子瑾等小16岁，是甲午战争的同龄人。他是日据时代台湾新文学抗议精神的代表性作家，是台湾文学发展史上新旧文学过渡期的重要人物。生前即被誉为“台湾新文学之父”。[①] 他在1925年创作出第一篇白话新诗《觉悟下的牺牲》、1926年发表第一篇白话小说《斗闹热》等新文学作品，开创了台湾新文学的原型，反映出自己、知识界及群众对于时局的反应，以及对于台湾未来历史发展的观点。20年代的新文学运动可以说是从这里开始的。赖和把握了文学发展的方向。

赖和开始受教育的时代是日据初期。这代知识分子与连雅堂一代不同，开始在台湾受到日本教育（连氏一代人并没受过日本教育）。虽然这代人开始受日本教育，但赖和自小也受到过书房教育，也参加汉诗诗钟、征诗比赛，并经评选优胜而刊载于刊物，如《刘铭传》等诗作，甚为老一辈文人所称许。他得益于自小受到的私塾教育，同时也得益于台湾岛上以被殖民者的身份写中国传统诗的创作氛围，因为这种氛围正是一种文化抵抗的姿态。赖和也以传统诗来维系民族精神，寄情言志，因此最能反映他的真实思想。因此我们可以说赖和也不仅仅是台湾新文学之父，而且他传统文化的根基很深，也是传统文化的批判继承者。新旧文学论战时的赖和，反对的是旧文学的缺点方面，消极颓废的方面。他不是全盘否定旧文学，而是准确掌握住了取舍的“分寸”。严格分清了内容和表现形式的区别。他仍以类似清朝末年诗界革命“我手写我口”的观念，提出“舌头与笔尖合一”的观念，以汉诗记录了自己对于时局的感怀，特别是30年代的赖和，回归了汉诗，更于1939年秋天与陈虚谷等九子成立了彰化“应社”。这即是以汉诗文化的运动抵抗日本殖民政府强力推动的皇民化运动，也区别于当时一些新文学作家以日文书写的形式。台湾新文学之父的赖和能从旧诗词出发，又以新内容回归，具有强烈的时代精神的旧体诗是赖和文学的真正面貌，赖和汉诗的新思想及其写作特色是：赖和的传统诗创作，数量大又质量高。有人将赖和的诗路历程划分为“小逸堂”、“台湾总督府医学校”、“厦门行”、“治警事件前后”和“回归汉诗”等五个时期，并认为1923年12月治警事件后的赖和汉诗作品，逐渐跳脱小我而入大我。这种说法是有一定道理的，足见林子瑾等当年开展的文化启蒙宣传和议会设置请愿运动时的治警事件对后来台湾新文学运动的影响，也即从

① 刘红林：《台湾新文学支父——赖和》，作家出版社2006年版。

梁启超的影响延贯下来的台湾文化发展的脉络，这样的研究才不是各件事孤立的研究。

受过日本教育的台湾知识社群如赖和、陈虚谷、张我军等日据时代第一代新文学家，都是兼善新旧文学写作。他们不同于乙未前即受汉学教育、而且以之求取科举功名的文人，也不同于第二代新文学家以日文书写新文学的方式。只有对赖和做进一步的研究探讨，才能真实地掌握台湾文学的发展史。

林子瑾当年既是栎社理事，也曾成立樗社。连雅堂曾赞扬少英“在中州别树一帜”。赖和与林子瑾都是“文化协会”成员，“文化协会”成立的时候，林氏43岁、赖和27岁。赖和曾有诗句“樗栎谁云是弃才”。[1] 赖和有两首诗明显说明了林子瑾和连雅堂对他的影响。

其一为《读林子瑾黄虎旗诗》：

黄虎旗，此何时？闲挂壁上网蛛丝；弹痕战血空陆离，不是盛名后难继。

子孙蛰伏良堪悲，三十年间噤不语；忘有共和独立时，先民走险空流血。

后人吊古徒有诗，黄龙破碎亦已久；风云变幻哪得知，仰首向天发长叹。

堂堂日没西山陲。

其二为《读台湾通史十首之一》：

“旗中黄虎尚如生，国建共和怎不成；天限台湾难独立，古今历历证分明。”

后来，作者又将这首诗改为：

“旗中黄虎尚如生，国建共和怎不成；天与台湾原独立，我疑记载欠分明。”

我们根据作品的历史背景，作者的创作意图，可以看出赖和在政治思想上不是主张台湾“独立”于中国，而是独立于日本。原前一首是针对中国而言，改后的是针对日本而言。这种说法并不牵强，有一定道理。前后贯穿就能看出，反对日本的殖民统治、追求民主、反对日本的专制压迫才是赖和的思想真谛。

我们必须反复弄清“台湾民主国”的实质。1895年4月，清政府在《马关条约》上签字，决意割让台湾。5月，面对日益迫近的日军，以丘逢甲为首的地方绅士们在台北集议，决定自主保台。25日，台湾民主国成立，推唐景崧为总统，改元“永清”，并仿照清青龙旗式样，制蓝地黄虎国旗，嗣后以台湾绅民的名义致电清政府，表示：“台湾绅民，义不臣倭，愿为岛国，永戴圣清。”唐景崧也致电清廷总理衙门，表示此举是不得已而为之，“嗣后台湾

① 庄永清：《赖和汉诗诗观及其含文化意识》，高苑技术学院通讯中心 2005年

总统均遵奉正朔，遥作屏藩，俟事稍定，臣能脱身，即奔赴官门，席藁请罪”。唐景崧还发布全台公告：“台湾疆土，荷大清经营缔造二百余年。今须自立为国，感念列圣旧恩，仍应恭奉正朔，遥作屏藩，气脉相通，无异中土。”另外，还有“事平之后，当再请命中国，作何办理”的条文。刘永福在《盟约书》中也明确指出：“变为非常，改省为国，名为自主，仍隶清廷。”

很显然，台湾民主国是台湾人民为抗日保台迫不得已采取的应急救亡措施。其倡导者无不认为台湾与祖国血肉相连，虽当时在紧急的特殊情况下策略性的改省为国，仍应是中国不可分割的一部分。熟读台湾历史的赖和怎么可能不了解这一点，到他生活的年代，台湾仍继续被日本统治。他说的独立，同样也还是独立于日本而不是独立于中国。

赖和非常热爱祖国，这在他的传统诗中表现得极为充分。在《敏川先生书及诗以此上复》中说：“故国相思三下泪，天涯沦落一庸医。”在《中秋寄在台诸旧识》说：“乱世奸雄起并时，中原残局尚难知。茫茫故国罹烽火，飒飒西风陨旧枝。”在《同七律八首》中说：“乘风非有中原志，闻笛宁无故国情。”在《送虚谷之大陆》中说：“袖里乾坤伤迫仄，眼前故国叹沉沦。”

前面已经说明，林子瑾是在日据前就受到完整深刻的传统教育，又不曾参与科考而是走上留学道路，而后又奔向祖国的一代人。从林子瑾到赖和，正说明台湾知识界文人转变的渐进过程，赖和是新旧结合的典型。林子瑾受丘逢甲影响、传承和重视民主思想，提醒后人不要忘记和轻视民主，而影响到赖和。赖和也深感和相信民主总会到来，而继续传承和发挥出进一步的诗篇。传统文化像接力赛一样的薪火相传，以至发展到今日之状况。林子瑾称中国为中原；赖和称中国为故国，这都充分说明他们同出一辙，不是主张“台湾独立”。作为一个爱国的知识分子，赖和感慨地发出“吾生于世究何补”、“眼前救死无长策”的悲鸣。而林子瑾在点燃了非武装抗日之火种、使其长期在台湾燃烧后，便脱离台湾文坛，索性重返大陆为实业救国出力，以期实现祖国强才能解救台湾之观念。赖和后来也曾来祖国大陆观光。林子瑾是把汉文化意识和祖国意识紧密结合在一起而走向大陆，但是赖和留在台湾丝毫不意味他忘掉祖国。

这一时期，《台湾民报》也对新文学运动的发展起到了推动作用，例如创刊号刊载胡适的《终身大事》。叶荣钟也做过努力。在大陆求学的台湾学生也不断向台湾介绍大陆文学革命的情况，同时在《明报》上转载胡适、郭沫若、鲁迅的作品。

台湾新文学运动的另一位巨匠是张我军。1921 年他 19 岁时曾到厦门，1923 年到上海，1924 年初他 22 岁时到北京入师大补习班，同年 10 月底又返回台北工作，1926 年返回北京，1929 年于北师大国文系毕业。这一时期，大陆不但 1915 年发生的新文化运动已经不断深入发展，陆续出现了不少白话文作品，而且也发生五四爱国学生运动。张我军在大陆深受五四运动的影响，在台湾又重新点燃了新文学运动的烈火。

1925 年 1 月 1 日张我军担任《台湾民报》编辑，加入蒋渭水、翁泽生成立的“台北青年体育会”与“台北青年读书会”，1924 年 10 月—1926 年 6 月期间基本在台湾发起新文学运动，开始了对旧文学、旧道德的讨伐，由此引发了一场新旧文学的论战，为新文学的诞生和发展扫除了障碍，被文坛美名为“清道夫”。在掀起台湾新文学运动中，张我军也着手新的文学理论的建设。在《文学革命运动以来》、《诗体的解放》、《新文学运动的意义》、《文艺上的诸主义》等文章中，他对新文学运动的一系列问题如台湾新文学的属性、文学的内容与形式、语言建设、东西文化的关系等作了比较深入和细致的阐述，推动了台湾新文学创作的发生与发展，从而为新文学的登场铺平了道路。

在新旧文学论战中，再次掀起了介绍中国新文学的热潮。他将“五四”文学火种引入台湾，将内地的优秀作品、理论介绍到台湾。张我军在《台湾民报》发表了《文学革命运动以来》一文，介绍五四新文学革命，并将胡适《五十年来中国之文学》的一节全文转载。他对台湾的新文学作了定向和定位，较为准确地阐释了台湾新文学与祖国大陆新文学之间的血缘关系：支流与主流关系，并且从文化归属与统一的角度提出台湾语言建设的主张。无论在理论倡导还是创作实践方面，张我军是台湾新文学运动的一位关键性人物。

张我军主张白话文，却始终反对运用方言于白话文写作，这也是正确的主张。追溯台湾提倡白话文的历史，早期是林子瑾在民初赴大陆后详细研究了汉扬雄撰、晋郭璞解的《方言》（中华民国元年鄂官书处重刊的）并将该书携回台湾（2012 年在台湾发现），后曾于 1921 年第一个在台湾主张白话文。民初林子瑾在北京和天津间往返，他放弃学习天津话，而学会了一口北京普通话。同期蔡培火也曾先后主张过白话文，不过是罗马拼音的，在台湾提倡白话文遇到了采用地方方言的白话文还是大陆北京普通话的白话文的问题，到 1923 年黄朝琴、黄呈聪又重新提出了白话文的问题。张我军主张和大陆一样的白话文是很正确的。抗战胜利后林子瑾在北京成立的台湾革新同志会组织派遣文教人员到台湾推行的“国语”就是北京的普通话。台湾光复后，普通话的推广解决了，证实了林子瑾、张我军的主张是正确的。

我认为从台湾光复后，解决了普通话在台湾的推广问题，这说明政权的重要。日据台湾期间，政权在日本统治者手中，在他们全力推广日语、封杀汉文的总前提下，无论白话文、文言文、新文学、传统文学，只要是中国的，日本人就设法最终取缔。张我军也大力宣传大陆的新文学、白话文，明确主张台湾文学应是大陆文学的一个支流，其后还引发了新旧文学的论战及大陆普通白话文和台湾话的乡土文学之论战。其实这些都是民族文化中的问题，当时起到共同对抗了日本文化侵略的作用。所以我认为从当时保卫中华文化的角度分析，无论提倡台湾话语还是普通白话文、新文学抑或传统文化的形式，都有一个共同点，就是反对日本文化侵略，这是首要的，谁也无法否定，中国的文字是统一的。泱泱大国、各地语言的发音确实不同，过多地强调地方话语，也不能否定中国的统一性，而提倡新文学则肯定是大众化的正确发展方向。

台湾新文学运动是台湾整个新文化运动的一个组成部分，其真实历史发展线索也是明确的：林子瑾 1921 年发表《文化之意义》中首先第一次提出文化发展总纲和白话文主张，并写出了示范性“准白话文”——蔡培火在 1921—1923 年提倡罗马拼音——黄呈聪和黄朝琴分别于 1923 年又提出白话文主张——赖和与张我军的白话文贡献——吴浊流的文学作品——杨逵的典型作品等，这是一条贯穿线，不可割裂、孤立研究。台湾新文学运动实际上就是我前述的台湾启蒙运动的第二阶段，即不但是第一阶段的延伸，更直接受到大陆五四运动时期的影响，明显把大陆五四的新文学主张和作品直接转载到台湾，所以很容易被后人发现。

十二、栎社本身的活动、后来的状况及其成员的影响

日据后台湾诗社的出现是台湾近代史中一个重要的现象，我们以栎社为典型来研究台湾诗社。在台湾文社和台湾文化协会相继成立之后，栎社其自身的诗社活动并没停止而仍在延续。1920 年的栎社春会，也是全岛联吟会，商议辛酉 20 周年祝贺及纪念事。1922 年栎社于莱园庆祝 20 周年社庆，议立题名碑，以资纪念，10 月 8 日于莱园举行落成典礼，与会者 54 人，盛况空前。值得注意的是，栎社 20 年题名碑就是这时设立的。1923 年 2 月 25 日（夏历正月初十日）午，开春会于雾峰宫保第之大花厅。“社友至者 16 人，即莲溪、升三、豁轩、沁园、灌园、太岳、少舲、大智、子材、子昭、望洋、

作敬、笏山、南强、壶隐、鹤亭等。先交宿题‘癸亥正月初十日重集题名碑下感作‘之诗，次由鹤亭报告本期间收支决算及立碑、大会收支决算。因时间所限，不作击钵之吟。拟题‘春夜茗谈’，期以元夕寄交灌园汇钞，分送南强、鹳亭为分甲乙。午后五钟，一同参列雾峰之茶话会。翌朝，乃散。社友现数二十二人。”①

“中华民国十三年（甲子）1924 年三月二十二日（古历二月十八日），午后四句钟，举二十周年纪念银瓶赠呈式于雾峰灌园府第之应接室。社友至者，有基六、升三、莲溪、作敬、沁园、铁生、蕴白、豁轩、壶隐、南强、灌园、望洋、子昭、太岳、少舲、笏山、鹳亭等十有七人。席定，由沁园代表社友赠银瓶于鹤亭，而郑重叙礼；鹤亭感愧交集，拜受后，谨述极感激之谢辞。式毕，以‘栎社第一集’梓成，磋商分配事；卒决定社员每人配付五册，又对已故社友之遗族及全台各诗社、各图书馆各赠与一册；余暂存鹤亭处。此外，尚有一、二议事并报告收支决算。既乃各出赠鹤亭之诗词，又拟‘瓶花’、‘听蛙’二题作击钵吟。翌日，子材亦至。上午九钟，同至莱园为赠瓶纪念摄影。下午四钟，散会。”

“并记：‘栎社第一集‘，计梓三百册。所梓者：无闷、悔之、南强、启运、厚庵、鹤亭、枕山、沁园、壶隐、太岳、子材、豁轩、济若、卿淇、旭东、少舲、铁生、望洋、升三、炳修、基六、雅堂、灌园、蕴白、大智、子昭、肖峰、莲溪、作敬、守拙、笏山、云从等三十二人之诗，都六百十七首。云从虽认为退社，其原因在患精神病，大堪同情；且其诗颇多可取，故为录入。品三则入社未几而卒，未尝与会，无诗可录；故阙之。”

1924 年林子瑾再赴大陆继续落实其实业活动。1925 年社员南强、铁生二社友触治安警察而系狱，社友应集而慰安之，活动中心有向吴子瑜处转移的趋势。1926 年 9 月 1 日于台中吴子瑜怡园，举行秋季雅集及首届“栎社寿椿会”，为五十岁的社员祝寿，自此之后成为定例。1927 年栎社秋会兼第二回寿椿会。1928 年栎社春会，翌日有少侯倡设之怡社成立三周年祝贺会。1929 年 5 月栎社第三回寿椿会、栎社秋会。1931 年 4 月 26 日，栎社于吴子瑜的东山别墅庆祝 30 周年社庆。1932 年栎社第六回春季小集寿椿会。1935 年栎社第七回寿椿会。1937 年栎社春会。1941 年 40 周年后更设“莱园读书会”。1942 年 10 月开理事会，12 月开成立 40 周年纪念大会。战后，社务由林献堂

---

① 傅锡祺：《栎社沿革志略》，台湾银行 1963 年。

负责，曾在彰化银行台中总行二楼集会数次，情况亦甚热烈。1957 年 12 月 22 日，诸社友会于莱园，拟重整旗鼓，推林攀龙为社长，许文葵为干事，假莱园中学礼堂，作重整后的首次雅集。从上述栎社主要活动中我们可以看出，其作为诗社本身，有其自己的沿革。其最重要的活动可算是 1911 年的欢迎梁启超的活动，其重要成员最有历史意义的一个创新行为则是其派生出了“台湾文社”。

十三、连雅堂从保卫汉语出发，在启蒙后期继续保卫汉学

连雅堂在 1918 年完成《台湾通史》之后，心中一块沉甸甸的石头总算落了地，自幼立下的志愿经过努力总算实现了，遂于 1919 年全家迁到台北大稻埕，并任华南银行秘书，开始进入金融界了。如果从 1897 年他入报界工作算起，到 1919 年入银行工作，共总计 22 年。这 20 余年期间他的主要工作是报刊主笔和记者，而业余全力贯注著史和写诗，完成了巨著《台湾通史》及大量诗集。1919 年后，正当林子瑾等全力发起启蒙运动及其后的非武装抗日活动，进而 1924 年又回大陆从事实业救国的年代，连雅堂的精力则主要是放在银行，工作之余，支持林子瑾的启蒙运动，例如给成立“台湾文社”和创办《台湾文艺丛志》写祝词、参加文化协会组织的文化演讲授课等活动，也并未中断其在台湾的保卫汉文化的活动。1931 年，他命独子回大陆服务祖国，自己也重返归大陆。此前这一时期在台湾坚持保卫汉文化的主要活动是：

1.1924 年雅堂创办杂志《台湾诗荟》，1928 年开设“雅堂书局”。

继 1919 年林子瑾等创办的第一个台湾人自己创办的期刊《台湾文艺丛志》之后，1924 年，连雅堂创办了台人自己的第二个月刊杂志《台湾诗荟》，1924 年 2 月到 1925 年 10 月间发行。针对日本封杀汉文化，他保卫中华文化主要表现在提倡祖国文学，以保存汉诗和古今遗着为主旨。在宣扬传统文化，纠正诗界游戏之风，传承诗文、保存文献等方面发挥了作用。内容分有诗钞（今人诗稿）、诗存（古人吟稿）、文钞（今人文稿）、文存（古人文稿），另有传记、杂录、诗钟、骚坛记事。这本杂志多由当时的文坛名流执笔，刊载了一些有关台湾古今的文章，而他自己也先后发表了《台湾漫录》、《台南士迹志》、《余墨》等文。《台湾诗荟》计发行了二十二期，至一 1925 年 10 月停刊，连雅堂因此辞去编务，全家再回大陆，居住在杭州西湖。但因大陆战事再起，他又举家返台在台中参加林献堂先生主持的暑期汉文教学班。后居台北，寄寓“太平町”（今延平北路）。为抗议日本人禁止本省人使用闽南语，

1927 年（一说 1928 年）他在台北与友人在今台北延平北路创办“雅堂书局”，只卖汉文书，不卖日文书，颇有民族气节，但毕竟文人经商效益不佳，经营惨淡，1929 年书店经营结束。

2. 关注语言研究：

在从历史角度论证台湾与大陆关系的同时，连横还从语言方面论证了台湾与大陆的联系。日本侵略者不断在台湾深入进行奴化教育，后来发展到严厉禁止汉文，并不许学生讲闽南话，强迫台湾人民改用日本姓名。于是，面对日本在台湾的奴化教育深化的趋势，连雅堂深感忧虑，担心如此下去，久之年轻一代会忘记自己的语言，便以尽善保存闽南语为己任，决心对闽南语整理并发扬之。他全力投入闽南语研究，对于台湾通用的闽南方言，寻其出处，多方考证。他说：“台湾文字传自中国，而语言则多沿漳、泉。顾其中既多古义，又有古音，有正音，有变音，有转音。昧者不察，以为台湾语有音无字，此则浅薄之见耳。”凡是台湾方言，无不博引旁征，穷其来源，详细收集台湾方言，编成了《台湾词典》四卷。连横用两年时间，撰写《台湾语典》，1929 年开始编写《台语考解》，于 1933 年完成，共费时五年。是一部研究台湾词语字源的书，分四卷，首自序两篇，末附录“雅言”“与李献章书”二种。1930 年 9 月 9 日，三日刊台南《三六九小报》创刊，该报“为台湾语之阐明及研发起见”，自三十五号起连载连雅堂台湾语讲座一年。《雅言》：1933 年前后发表于《三六九小报》的 249 篇短文，是讨论台湾语言的文字，部分选入《台湾语典》。除上述以外，他又校订有关台湾的著作 38 种，为《雅堂丛刊》保存台湾文献非常丰富。

十四、1922—1927 年的台湾议会设置请愿运动的继续发展

继第一次请愿之后，1922 年 1 月林献堂、蔡惠如等赴东京进行了第二次请愿，日本殖民当局激烈反对。在他们的政治高压加上经济萧条引发的银行债务压力下，林献堂等人曾一度退却，被称为“八骏事件”。1923 年 1 月石焕长、蒋渭水等力主继续斗争，发起组织“台湾议会期成同盟”。同盟也有一定社会广度，知识界的林幼春、林子瑾、重视开展农民运动的领导人李应章等人都参加了。同盟被当局以违反《治安警察法》为由于 2 月 2 日即被禁止。但请愿者并未被吓倒，仍照旧开展了第三次请愿。1923 年 2 月 23 日蔡惠如等 278 名联署请愿，日本议会两院皆不予采纳。1923 年 12 月 16 日台湾当局又全面逮捕了台湾议会请愿运动的积极分子。即发生了所谓的“治警事件”，

影响甚大。大陆和台湾岛内抗日力量是相互呼应的。创立于1922年1月的北京台湾青年会，是北京台湾留学生所组成的团体，即是聘请北京大学校长蔡元培、前财政总长梁启超、北大教务长胡适等为名誉会员。1924年3月5日，针对“治警事件”发表“华北台湾人大会宣言”，严词批判台湾总督府的处置方针。该会曾发行会报，并与台湾文化协会有密切联系。青年会主要人物有：在北京的范本梁、林炳坤、郑明禄、刘锦堂（王悦之）等青年学生以及停留在北京的蔡惠如、吴子瑜等知名人士。

虽然总督府1923年底制造了所谓的“治警事件”，但1924年初的第四次请愿照旧进行。1924年1月30日林呈禄70名联署，但因日本议会解散而未果。第五次请愿是1924年6月蔡培火等232名联署，日本议会重新召开，贵族院不列入议程；众议院虽列入议程，但未果。第六次请愿是1925年2月林献堂等780人联署，贵族院不列入议程；众议院分科会虽列入议程，但最终拖延未果。第七次请愿是1926年2月林献堂1995人联署向贵族院提出；林献堂外2003人联署向众议院提出。贵族院不列入议程；众议院虽列入议程，但决定不采纳。第八次请愿是1927年1月林呈禄汇集2470名。贵族院不列入议程；众议院虽列入分科会议程，但拖延未果。第九次请愿是1928年4月林幼春2051名。贵族院未及列入议程；众议院虽列入议程，但拖延未果。第十次请愿是1929年2月林献堂1932名。贵族院未及列入议程；众议院虽列入分科议程，但仍拖延未果。

纵观以上这几次情愿，可以明了以下几点：

1）日本政府根本就不会同意台湾的议会设置。

2）从1921年第一次请愿后，每年日本国会召开时都坚持请愿，历次受挫后仍持之以恒。

3）1923年2月第三次情愿后，1923年12月16日台湾总督府又全面逮捕了台湾议会请愿运动的积极分子，即发生了所谓的“治警事件”。1923年12月16日有人被拘留，到1924年2月—4月决定送台北公审。1925年1—3入狱，5月出狱。总督府当局视蒋渭水为台湾政治社会运动的“第一指导者”、“煽动民族反感”的强烈民族运动者。1923年因治警事件被判刑4个月，以“台湾议会期成同盟会”名义持旗向日本太子请愿，为台湾人因政治请愿被拘禁的第一人。1925年又因反抗总督政令被囚禁4个月，两次入狱被监禁144天。蒋渭水一生受日本方面拘捕、囚禁达十余次之多。虽遭1923年底到1925年间的治警事件镇压，丝毫未能减弱请愿者的意志。这期间仍照常进行了 3 次请愿（第 4、5、6 次），其中第 6 次林献堂又亲自出面领队。

4）1926 年林献堂领队第 7 次请愿后，统一战线继续渐行分裂，林献堂于 1927 年 5 月—1929 年 1 月出国。1928 年的第 9 次、1929 年的第 10 次和 1930 年 4 月举行了第 11 次请愿，已经是在战线分裂后进行的。

十五、1927 年台湾文化协会的分裂和蒋渭水与台湾民众党

1919 年—1929 年世界处于一战后的民族自治浪潮期间。1917 年俄国革命的成功更加促进了共产主义运动的发展。日本处在所谓大正民主时期，社会出现各种思潮。日共自成立后经反复，也已开展活动。前述在中国大陆，1921 年中国共产党成立。1924 年中国国民党改组，孙中山提出联苏、联共、扶助工农三大政策。中国大陆出现第一次国共合作到 1927 年决裂的局面，而台湾工农组织相继出现。在这样的基础和背景下，以 1921 年成立的台湾文化协会为代表的台湾的民族运动统一战线，在活动了 6 年之后，也出现了分裂局面。其实在台湾文化协会内部本来就有三种不同观点：一是受日本社会主义运动影响的社会主义派，以连温卿为代表；一是受中国大陆孙中山后期影响的中间派，以蒋渭水为代表（仿孙中山在大陆的主张，在台湾搞民族主义运动中，侧重了同情和开展工农运动）；一是基本利用日本统治者所标榜的法制框架，在框架内开展运动的一派，以林献堂、蔡培火为代表。这三派暂时统一在林献堂的旗帜下。后来连温卿为代表的左派取得文化协会的领导权，认为请愿运动是乞求而加以反对。1927 年 1 月文化协会临时大会后即宣告分裂，蔡培火、蒋渭水、林献堂等基本均退出文协。1927 年 7 月历经曲折，蔡培火、蒋渭水等先是结成民党，随后结成台湾民众党。又经曲折，蒋渭水取得领导权。民众党自成立后存在了 3 年半。进行了一系列积极活动，直到 1931 年 2 月民众党被禁止，1931 年 8 月蒋渭水病故。

1927 年，无论在大陆和台湾，都是分裂的一年，这似乎是共同点。其实分裂并不仅仅是消极的意义，分裂还意味着发展。实际上在当时世界潮流的发展，世界各地都出现了不同观点的政治派别，台湾也不例外。后期的台湾文化协会在一定程度上没有跟上情况的发展和变化。不过正像大陆在 1937 年后民族矛盾上升为主要矛盾一样，当时台湾面临的主要矛盾却一直是民族矛盾。在这种情况下，民族运动战线的统一与合作是最主要的，任何过激的主张和行动不但都会引起阵线的分裂，而且最终还可造成自身的毁灭。

1. 关于蒋渭水

蒋渭水是一个重量级的人物。他的年龄有三种说法，即生于1888、1889、1891年。他比林祖密等约小10岁，但他从年龄上说仍生于19世纪末叶，所从事的活动与林献堂同期，是一个有见解、能干的后起之秀，所以应该把他划为林献堂同辈的人。蒋渭水的传统文化也有一定基础，曾受业于宿儒张镜光，接受私塾汉文教育，17岁就读公学校，20岁（1910年）考进台湾总督府医学校。1912年蒋渭水与苏樵山、黄调清、林锦生、曾庆福、杜聪明、李根盛、翁俊明等人相继加入中国同盟会台湾分会，之后曾经发电报至国际联盟控诉日本妨碍中华民国之统一，从事进步活动。1913年与同为医学院学生的翁俊明、杜聪明密谋至北京暗杀袁世凯，但未能成功。可见得1911年辛亥革命发生时，还身为学生的他就受到很大影响。

1914年时曾鼓动医学院学生加入“台湾同化会”，短命的“同化会”于1915年1月即宣告解散。1915年蒋渭水毕业后，曾分发宜兰医院实习一年，而后1916年即在台北市大稻埕太平町开设大安医院。1917年他取得宜兰名酒甘泉老红酒的代理权，开设春风得意楼，经常邀集医师、学生与社会人士讨论有关台湾社会弊病与兴革方法。这时，正值林子瑾自1916年从大陆回台，劝导鼓励林献堂振奋起来，发动启蒙运动。1917年与林献堂合作，从发起林氏宗庙的建庙活动入手，通过《台湾文艺丛志》，造舆论、步步为营地开始了台湾的启蒙运动，后来发展到非武装抗日的政治运动，1921年实现了第一次议会设置请愿运动后，1922年又进行了第二次请愿。这次请愿后，林献堂在巨大的政治加经济压力下，不得已曾一度退却，这时蒋渭水便开始活跃，与蔡培火一起组织第三次情愿，并赴东京，利用日本东京和台湾“异法地域”，完成了“议会期成同盟”的备案。

1927年台湾文化协会因为左右派的路线之争而告分裂，1927年7月台湾民众党成立并组成临时中央，9月选出中央委员会蒋渭水出任中央常务委员兼掌财政部长。

2. 关于台湾民众党

蒋渭水实际主持的台湾民众党主张争取地方自治、提倡言论自由，是台湾第一个有现代化性质的政党。政党成立之后，于1928年筹组台湾工友总联盟，蒋渭水担任顾问，且与台湾农民联合进行阶级斗争，但是蒋渭水的行为受到党内右派所反对。蒋渭水深受孙文学说影响，孙文领导时期的国民党联俄联共、扶助工农的主张也深深影响了台湾民众党的走向，在谢春木、蒋渭水等人主导之下逐渐往农工运动迈进。台湾民众党也不止一次向国际联盟控诉日本在台湾贩卖鸦片特许制与制造雾社事件，逼使日本政府采取医疗措施，让台湾的情况得到国际的注意。总督府当局认为蒋渭水是台湾政治社会运动的“第一指导者”、是俱有能“煽动民族反感”的强烈民族运动者。所以民众党在 1931 年被台湾总督府勒令解散。1930 年 8 月林献堂、蔡培火、叶荣钟等人退党并另筹组台湾地方自治联盟。

十六、台湾的农民运动（1919—1928）

第一次世界大战、俄国十月革命、中国大陆五四运动的影响，台湾开展文化启蒙运动后，世界进步潮流猛烈地冲击了台湾岛，现代化的农民运动也在台湾出现了。

1925 年 5 月高雄市陈中和新兴制糖欲将土地收回，赖以生存的耕农惊慌不已，于是组织起来，地主获悉后暂缓收回，组织、团结产生的力量鼓舞了农民。

1925 年 7 月台中州二林地方的蔗农成立了蔗农组合。文化协会成员李应章医生领导了这一运动。在以总督命令确定的采收区域制度下，蔗农只能将甘蔗按指定低价卖给指定糖厂，蔗农受尽压榨。农民坚持据理交涉，告到总督府也解决不了，他们便团结一致，不肯割蔗。10 月官府终于出警镇压，制造事件，逮捕了李应章，最后糖厂易主。当时台湾出现了不少农民组合。如大甲农民组合、曾文农民组合等等。

1926 年 6 月“台湾农民组合”成立。这是各地农民组合组织的联合，中央委员长是简吉，1927 年召开全岛代表大会就遭到当局破坏。不过农民反抗的争议时有发生，1927—1928 年间就有 420 件。

1927 年（昭和二年）新竹农友组合、兰阳农业组合等又相继成立，其活动受到民众党的支持。这一阶段台湾共产党尚未成立，农民运动多是在文化协会或是民众党支持下活动的。

十七、台湾的工人运动（1919—1931）

这一时期的工人运动可分成 2 个阶段：

第一阶段 1919—1927 年，这一阶段是台湾工人组织形成阶段。于 1919 年出现台北印刷从业员组合，具有近代工会性质。后来在大陆工人运动的影响下，1923 年在台湾的大陆工人成立台北华侨洋服工友会等多个工会组织。

第二阶段是 1927—1931 年，这时期的特点是由于各派政治力量和组织的分立，出现由不同组织领导的活动。

民众党领导的工会组织：蒋渭水 1927 年成立民众党后，大力促进劳工团体成立并组织劳工运动。1928 年 3 月发起成立了“台湾工友总联盟”，1928 年底已有 65 个团体加盟，一年发动了 9 次罢工活动，其中有浅野水泥厂罢工事件、台北木工工友会罢工、台湾制盐会社罢工等。

文化协会领导的：文化协会分裂，王敏川、连温卿取得领导权后也曾积极争取领导开展工农运动。1927 年 4 月曾参与组织台湾机械工友会，后为台共所取代。还曾开展嘉义营林所、高雄铁工厂、日华纺织公司台北厂的罢工等一时掀起高潮，后为民众党所取代。

共产党领导的：在 1930—1931 年期间组织过矿工工会、组织高雄州的交通运输工会的工运活动，介入台湾印刷公司争议，组织石底矿坑罢工等。

十八、19 世纪 20 年代世界的时代特点、大陆和台湾概况

19 世纪 20 年代是第一次世界大战后世界性革命潮流大发展的年代，同时又是各政治派别广泛分立的年代。俄国十月革命成功后，成立第三国际，共产主义运动在不断发展。大陆在 1919 年五四运动以后，1921 年中国共产党诞生，开展了工农运动。当时的北洋军阀混战，20 年代，代表中国的北洋政府首脑像走马灯一样不断更迭。孙中山 1922 年着手改组国民党，1923 年 3 月在广州成立革命政府大元帅府，1924 年采取了联俄、联共、扶助工农的三大政策。大陆开始了国共合作的大革命时期。在建设方面孙中山一直坚持实业救国的观点，20 年代仍在绘画着建设的蓝图。1925 年孙中山北上后不幸因患肝癌在北京去世，1926 年广州政府北伐开始。所以 1924—1927 年是国共合作的年代。20 年代即是国共第一次合作的时代，同时又是国共分裂的时代。资产阶级右翼和无产阶级革命分道扬镳，到 1927 年国共合作破裂。其后中国共产党建立了根据地，开展了 10 年土地革命。而 1927 年 9 月国民党在南京改组成立了新的国民政府后，1928 年蒋介石重任国民革命军总司令，国民党军队又继续北伐，占领北京，张作霖退往关外，从此北洋军阀统治结束。南京政府宣告全国统一，首都定为南京，北京改称北平。同时日本制造了皇姑屯事件，炸死退往关外的张作霖。国民党与奉系几经协商，12 月张学良领衔易帜，实现全国形式统一。其后，国民政府各派军事力量矛盾不断上升，以致在 1930 年又发生了中原大战。1931 年日本发动“九一八”事变，占领东

北，1932年建立伪满洲国。民族矛盾日趋上升，国共再度谋求建立了统一战线。1937年日本策划了卢沟桥事变、发动了全面侵华战争，抗日战争全面爆发，日本在台湾则进一步推行“皇民化”。

20年代不但是大陆发生统一战线形成和分裂的年代，也是台湾各阶层反抗殖民主义战线统一形成后又分裂的时代。由于台湾各派思想和政治力量的发展而战线在1927年发生分裂，这是大陆与台湾同时受世界大环境影响而出现的一个现象。自从10年代末和20年代初台湾开展了文化启蒙运动，继而发展到政治运动后，受世界和大陆影响也出现了左中右翼各派政治力量。其中有在民族运动中主张开展阶级斗争的，有倾向同情劳工、赞成仿效孙中山在大陆联苏、联共、扶助工农的，有只限于要求地方自治的。实际上随着台湾经济的负面发展、工业的增长、出现了劳工阶层的团体，阶级利益和观念的不同、分裂的形成是不可避免的，也是时代的特点。

20年代由于政治上的混乱，大陆在经济建设上的进展是迟缓的。民国后，利用1914——1918年第一次世界大战时期获得发展的大陆民族工业，在进入20年代后继续有所发展。尤其是建设周期长的公用事业与公路、航运等领域到20年代才开始建成、投产。台湾的老祖国派林子瑾仍坚定地认为只有祖国变强才能根本解决台湾问题。所以，他在把台湾文化启蒙推入政治运动，使之在台湾时常冲击着日本统治者之后，并不把台湾的希望寄托在非武装抗日运动上，他仍把注意力转回到祖国的建设上来。1924年他重返大陆。

十九、老祖国派林子瑾20年代继续到大陆从事实业救国的活动

台湾发生文化启蒙运动后，紧接着发展成一系列的民族主义政治运动，运动的蓬勃开展不断冲击着日本的殖民统治，这是当时在台湾岛内的情况。我们还必须注意到，与此同时台湾民众和祖国的民间往来也并未中断，这是本时期一个重要的历史现象。有两种事例可以说明，一种是老祖国派在大陆从事实业活动，例如林子瑾继续到大陆从事实业救国的活动，林祖密也继续在闽南活动，连栎社社长傅锡祺也来大陆帮助林子瑾，还有人来大陆开发矿业或从事医务等等职业。另一种事例是健壮成长的新生祖国派，不少青年人来到大陆求学。总之，祖国派队伍不断扩大，老祖国派参加祖国的革命、建设活动，年轻的祖国派来大陆求学。后者将在后面陈述。

1. 台胞从事实业救国的思想根源

前面已经详细阐述了台胞在20世纪初叶就产生了把台湾前途和祖国强

大、振兴中华紧密相连的观念。这一观念便是台胞到大陆进行实业救国活动明确的思想根源，这里不再重复。林子瑾这些持祖国派观点的人虽然在台湾开展了文化启蒙运动和议会设置请愿运动，但那是为了在武装抗日失败后，绝不能停止抗日，决不放弃利用合法斗争开展抗日活动，使日本当局不得安宁。但是林子瑾等则也清楚知道，明确认为祈求日本不能成功，要根本解决台湾问题，必须使台湾从日本回归祖国，而这只有靠中国强大才能实现。值得再三强调，他们在台湾掀起抗日民族运动是为让日本在台湾的殖民统治不得安宁，所以他在把台湾的启蒙引导到以开展议会请愿运动为中心的持续民族运动后，便于1924年再度回到祖国大陆坚持致力于实业救国的活动。而在大陆实业有所发展的同时，在已被日本侵占的台湾，则开始了负面的现代化。林祖密、林子瑾看到后更担心祖国大陆的近代化。这些台胞不但人来大陆，还要把资金从台湾转移到大陆，在资金和人力上，都不愿为日本的负面现代化效力，而愿为发展祖国经济做贡献，为振兴中华出力。因其深受孙中山先生以实业救中国、造路救国的影响，这时林子瑾又从近代台湾文坛有深刻影响的人物发展成为北京第一代台商的代表人物，是民营客运公司“北方长途汽车行”的创办人，并出资修补京古公路，为现在京沈公路、101国道的修建原形。

2. 追溯中国近代史上实业救国思想的出现和20年代的发展

1840鸦片战争后，中国开始饱尝西方列强的侵袭。列强疯狂掠夺中国的资源和主权，中国面临的民族灾难空前严重，如何抵御外敌、挽救这种局面曾引起很多人的思考。在政治上，从变法维新、君主立宪。发展到用革命手段推翻清政府。在经济上，则虽然出自不同目的，但不少人都共同认为要办实业，产生了一股向西方学习先进科学技术，发展民族工商业，以开发实业增强国力来抵御外辱、挽救国家于危亡局面的思潮，即实业救国思潮之由来。此后，在19世纪后期和20世纪初相当长的一段时间里，始终作为一种社会思潮而存在。在洋务运动时期就混杂出现了实业救国观念，郑观应主张兴办实业“富强救国”，提倡“商战”。张之洞认为发展实业可以强国强民，他创办铁厂、兵工厂，并筹办铁路。前述洋务运动开展了30年之久，不仅在大陆，而且波及台湾。清代台湾巡抚刘铭传在台湾大力开展的“洋务”也很有影响。在辛亥革命武昌起义前由于部分实业救国论者反对革命，孙中山对实业救国论曾有过批评。他认为在清朝政权下，是不可能靠振兴实业来救国的，必须用革命手段推翻清朝，才能为振兴实业创造必要的政治前提。这可以说是先要“革命救国”。这时孙中山批评和反对强调实业救国，而另一些人则看重经济发展和实业。特别是中日甲午战争《马关条约》签订后，帝国主义掀起了瓜分中国的狂潮，在空前严重的民族危机面前人们意识到民族的危亡与自身的责任，因之甲午战后又出现了不少民营新式企业。在历史上连续出现两次投资热潮，1895—1898 年为近代第一次投资热潮，而在 1905—1908 年却出现了又一次投资热潮。例如张謇在中日《马关条约》签订后，他就激于义愤，曾于 1902 年赴日本考察，目睹明治维新后建设公路等的情况，回国后就曾致力南通的道路建设。张謇认为要改变国弱民贫的现状在于工农业和教育的发展，他创办有纱厂、面粉厂等多种企业，同时兴办学校，企图实现以实业所得来资助教育，用教育来改进实业，凭实业发展而达到救国的目标。他本着“道路交通为文明发达之母”的思想，开展辟道路、兴河运的事。辛亥革命武昌起义成功后，孙中山于 1912 年 1 月 1 日在南京就任临时大总统，宣告中华民国成立。而孙中山在民国成立后便认为：“今日共和告成，措施自由，产业勃兴，盖可预卜。”因此大力提倡实业救国。认为革命成功，从“革命救国”立刻转变到实业救国。在第二章中已经提到，虽然这个临时政府仅存在了 3 个月，但是也颁布了 30 多件有利民主政治和国计民生的法令和措施。这些法令和措施在经济方面还有些保障工商业的规章，鼓励人民兴办实业，鼓励华侨在国内投资，设立实业部，各省成立实业公司。辛亥革命时期，报刊竞相宣传“实业救国”，并提出国家振兴实业“要道”5 条：改良各种行政机关、调整和统一度量货币、疏通货物流通渠道、收集才智之民归实业界、制定特别保护奖励法规；提出要扩大出口贸易、实行关税保护政策等具体办法，从而形成了比较完整的“实业救国”论。这是当时一个相当重要的思潮，曾影响了很多青年。

在第一次世界大战期间（1914—1918），列强忙于大战，给中国民族工业一个发展机会，客观上又支持了实业救国论。一战期间，据统计从 1912 到 1919 年 8 年间中国建成厂矿 470 余个，只新增资本就达 1.4 亿元，而 1872 到 1911 年近 40 年间中国民族企业总资本才 1.5 亿元。当时轻工业的纺织、面粉发展最快，但重工业、运输业、金融业、发展很迟缓。到五四运动前后，“实业救国”论盛行不衰。因为当时的形势要求大力提倡国货，抵制外国的经济掠夺，维护民族利益。“振兴实业，挽回权利”反映了国人情绪，有一定的群众基础。经济是社会发展的基础和经常起作用的因素，而实业的发展是经济增长和物质积累的基础。社会经济也总是要发展的。市场对商品的需求，促使一些人群从事实业，这也是他们谋生的一种手段，从而也形成了中产阶级。延至20年代，“实业救国”活动仍盛行不衰，从发展生产力的角度看实业救国活动也是有其积极意义和一定影响的。故而在此予以分析。

民初以后，全国许多实业救国项目延续到20年代，因为有些事业和产业周期长，例如公路运输业要首先投资修路，前期很长，而且没有任何效益。又例如教育事业，那时以“实业救国”理念为指导，由著名民族实业家、教育家张謇和著名教育家黄炎培于1912年创建的江苏省立水产学校，到1919年，全部校舍设施建设才结束，到1923年，学校才具规模。又例如四川的卢作孚筹办的民生公司1925年在嘉陵江上成功经营了合川至重庆的航运业务。所以这一时期的实业发展中有不少是发展周期长的实业，作为过去开始的延续而继续发展。上述综合原因使得实业救国的思想和活动一直延续了下来。

所以，从实业救国的产生和发展的历史中我们可以看到：实业救国思潮的主流是作为帝国主义经济侵略和封建王朝出卖民族利益的对立物出现的。帝国主义猖狂的殖民掠夺和封建王朝的丧权辱国，激起广大人民爱国救亡的义愤，也感到自己的生存和发展受到更加致命的威胁。在这种情况下，以发展本国资本主义工商业，以抵制帝国主义侵略、掠夺相号召的实业救国论，成了一个反映民族资产阶级的利益和愿望，在一定程度上又得到国人认可而具有广泛影响的议论。实业救国论者企图通过发展实业来挽救民族危亡，反映了自强救国的进步要求，具有爱国主义的进步意义。在“实业救国”的思潮影响下，民族工商业有了进一步发展，对促进近代民族资本主义的发展起了一定的积极促进作用。对发展社会生产力有一定作用，有利于改变中国社会的经济结构，也为中国政治变革与思想变化提供了经济基础和阶级基础，促进无产阶级队伍壮大，推动了社会发展。客观上也推动了革命，对帝国主义经济侵略则起了一定抵制作用。

我们还可以看到，当时很多人是出于对国家和民族命运的共同关注，都提出了实业救国的思想主张。尽管方案、步骤、重点各有不同，而办实业、发展经济是他们的共识。

3. 林祖密早期开发闽南的活动

林祖密在福建大力开展了地方建设活动，开发闽南矿业。他请香港专家勘查龙岩、漳平等地，发现煤藏储量丰富，准备开采，但考虑运出必经九龙溪水路，但河中有一段乱石，必须疏通。他成立了北溪华岗疏通河公司，立案施工，准备炸药、架设机器并开始造艇。但因春夏水势急涌需秋冬施工，于是两年始得完成，全长 25 公里，耗资 20 多万。

林祖密也重视垦牧业。先后创办漳州径口垦牧公司、后港林场等组织。实际上，在民国以后，他的开发活动已经具有实业救国的性质。

4. 林子瑾继续坚持其实业救国的行动

受民初孙中山造路救国的影响，1924 年林子瑾又回到他曾勘路的、阔别已久而深爱的文化古都北京，继续完成他的发展交通的事业。实业救国的道路的确也是一条泥泞之路。林子瑾平时很勤劳，反对懒惰。事事都要自己动手。他也很坚韧，倔强，他认定对的事，就干到底。他从实业救国的角度出发，不愿兴办城市内小汽车的行业，尽管那易于赢利，又不用投资修路。他特别选择长途汽车业，认为长途汽车业有较强的社会大众公益性质，为此他宁肯首先义务出资修补道路后，并投入了发展汽车运输的事业。

由于北京是文化古都，林子瑾出自对中华文化的热爱，民初时在北京停留的时间长，又做过修路的考察，地理、语言和社会关系都有些基础，这次他索性确定以当时文化中心的古都北京作为在大陆的定居点。他继续了对北京通往古北口长城塞外京古路的考察，这条路向北延伸到承德即京承公路，再延伸到沈阳即京沈公路，这条干线现今已发展成 101 国道。

这条路沿途坎坷，曾有 16 处桥、渡（石桥 9 座，木桥 1 座，渡口 1 处，时桥时渡 5 处）行路非常艰难。他曾沿途考察，那时，他感到自己衰落的祖国多么迫切需要强盛起来啊。于是，他由古北口返回北京，就在这古驿站道路的基础上，先后经多次翻修、铺垫、取直、拓宽路面、解决排水等等问题，才逐渐演变成勉强通行汽车的公路。

为此，他要走访交通部门和当时的顺天府京兆尹公署道路管理部门打交道，还要了解那时政府颁布的“修治道路条例”、内务部制定的“修治道路条例实施细则”、“商办道路规则”和“长途汽车营业规则”以及有关法规、税则、选车、设站、人员、燃料等等诸多方面的问题。修路伊始，创业维艰，尤其在当时，台胞到异地他乡创业并非易事。对他说来就更困难了，因为他本是学文史和法政的诗人和学者，并非商人，即使有些办公司的经验，也还是属于早期的“文人下海”。

道路和交通工具是一对孪生兄弟。原来驿道上多是驮骑、人力车、畜力车、骆驼，而修公路是为走汽车。所以，在修路后，他又着手解决新式交通工具问题。20 年代他开始筹办起北方长途汽车行（当时取的英文名是 The Northern Long Distance Motor—car Co.），那实际上可说是北京历史上第一个完整、有规模、正规的台胞企业。那时汽车刚传入中国不久，均要由洋行购买。例如，美丰洋行代销福特汽车，公懋洋行代销道济汽车。当时，随着汽车的使用，也带动了汽车修理业及为其服务的行业和技术的发展，如汽车配件、电器、蓄电池、充电、燃料、润滑、轮胎的发展。

北方长途汽车行成立后，它的长途汽车曾在翻修过的道路上运行。一是从安定门经高丽营、怀柔、密云到古北口，一是从朝阳门经通县、顺义、怀柔、密云到古北口。那时，他时常起早贪黑，不避严寒酷暑，风餐露宿。时人云："行车二三里，修理四五回，停车六七次，八九十人推。"虽然有些夸张，但也反映了当时车辆、道路的落后状况和行路的艰辛，如果遇到中途抛锚，那真是叫天不灵，叫地不应。有时中途遇到大风或暴雨、雷电交加，或者遇到歹徒，情景还相当恐怖，也很危险。

当年，他虽然在道路上很辛苦，但是听到时人的等车歌谣"望眼欲穿脖梗直，好似婴儿盼奶吃"后，再看到等车的乘客上了车，也曾非常兴奋，认为终于奋力办成了发展交通这件事。当时为发展社会经济，解决了一些长途运输问题，歌谣反映了当时的社会需求。

那也正是军阀混战的年代，汽车常被征用，虽然以借为名，但有借无还。另外，当时不但汽车和汽车零配件由外商把持，由于中国没有石油工业，燃料也由外国操纵，汽油还经常被窃。接踵而来是日本又要进犯华北，他的长途运输企业虽运营了十几年，终于在1936年被迫停业了。这样的结局，也是当时社会发展状况的必然结果。现在看来，他们的上述作为对当时生产发展和社会进步确实起了一些推动作用。作为台胞，资金投入祖国建设，对推动祖国的交通运输事业发展做了些微薄贡献。实际上是从发展生产力的角度，在为中国社会经济长期发展建立基础。

那时的民族工商业有些成功了，也有些失败了，这和业务选择、地区选择，竞争能力均有密切关系。林子瑾兴办的北方长途汽车运输业基本上属于失败之列。究其原因，主观方面本来他不是商人，属于文人下海，加上又是个外来户，人地两生，困难重重。二是他本来就不是从追求商业利润目的出发，已经突破了赚钱做买卖的层面，而是从中华民族伟大复兴的理想出发从事这一活动，以"实业救国"为手段，报效祖国。从客观上分析，在当时的历史条件下和客观环境中民族工商业的发展即使是成功的企业，也受到外国经济势力的挤压和限制，军阀混战的干扰和帝国主义的战争侵略等。

5. 台胞的实业救国活动有几个值得提出的重要特点：

1）提出过以金融开发农业的先进设想。认识到要以农业为基础，从发展金融来促进农业开发的想法和业务选择相当超前。

2）出自为振兴中华的爱国意识。与抗日爱国目的密切相关，选择公益性强的事业，赢利是次要目标。例如林子瑾响应孙中山修路号召，选择长途汽车业，却不愿兴办城市内小汽车的行业，尽管那易于赢利，又不用投资修路。

3）当时历史条件局限，势必受诸多社会和政治影响。例如农业银行一开始便被袁世凯暗杀宋教仁事件所中断；林祖密在福建地区的实业被侵吞，林子瑾的汽车被军阀抢劫，日本的侵华战争造成停业等。

4）开发、运行过程较艰苦。过程的持续时间较长，他们很有顽强的耐心和毅力：例如林祖密在福建为开发矿业和运输矿产，亲临办理疏通九龙溪河道乱石的困难工作。当时的历史条件遇到了复杂情况，过程必定有长期性，特别是发展周期长的实业，例如交通运输业要经漫长的修路过程后才能开始运营。

5）解决了一些社会需求的问题。促使社会经济有所发展，例如随着汽车的使用，也带动了汽车修理业及为其服务的行业和技术的发展，如汽车配件电器、蓄电池、润滑、轮胎的发展。

6）初始参与的台胞并不都是单纯的商人出身，林子瑾就是文人“下海”。他们具有相当高的文化素质和强烈的爱国思想。

台胞对辛亥革命曾寄予高度期望，但是他们不可能预见民国的发展历程和革命的曲折道路。初期走上了实业救国的道路，投入资金，便走了下去，如此势必遇到军阀混战和日本的侵华战争而遭失败。其实中国出现的实业救国的活动有其普遍的意义和失败的教训。实业救国的道路虽然当时曾振奋人心，遇到第一次世界大战时期，也给了它一个发展机遇。到了20年代，因为当时的形势要求大力提倡国货，抵制外国的经济掠夺，维护民族利益，“振兴实业，挽回权利”反映了国人情绪，因此“实业救国”论仍盛行不衰。但它毕竟只是单纯从经济上考虑问题，从现在的理论上说，解决的是社会长期性的基本矛盾，而不是主要矛盾。在主要矛盾没有解决的情况下，必然遇到问题。在当时的历史条件下和客观环境中，民族工商业的发展受到外国经济势力的挤压和限制，和军阀混战的干扰并遭遇帝国主义的战争侵略。例如林子瑾兴办的北方长途汽车运输业虽然一度办成功了，可那时不但汽车和汽车零配件由外商把持，要从洋行购买，由于中国没有石油工业，就是燃料也由外资控制，汽车运营受到种种限制。由于军阀混战，汽车被抢，再后来日本又进犯华北。在当时的历史条件下，存在军阀混战和帝国主义的侵略，单纯的实业救国并不能拯救中华，这是辛亥革命的历史局限，这已为后来的历史发展所证明。

二十、“祖国派”队伍的扩大、一批新生的“祖国派”——二十年代赴大陆的台湾学子

1906 年清朝废除科举后，台湾学子进京赶考便随之中断了。民初时期台胞与大陆的联系主要就表现在老祖国派林祖密、林子瑾、连雅堂、吴子瑜等在大陆的早期活动。到了 20 年代又形成了一个高潮。由于传统文化之爱国热情以及客观上的路途近、语言文字相同、学费相对低廉等直接原因，又有大量学子先后从台湾来大陆上大学，文学家许地山、台湾新文学创始人张我军就是这时期来北京就读的。

在当时大陆和台湾隔离的情况下，台湾青年来大陆求学具有更为重要的意义：这是继林祖密、林子瑾、连雅堂、吴子瑜等民初归国在大陆的早期活动所表现出的认同精神之后，在 20 年代左右台湾新一代人认同精神的传承。

他们当中有不少成绩显著的人，虽然有不同的性格、受不同的影响、在不同的个人处境下各有不同的发展特点，但是他们也有共同的特点，那就是受传统文化的影响，心向祖国。这里列举若干典型人物。

1. 文学家许地山

在 20 年代前夕，许地山于 1917 年去北京燕京大学学习。许地山（1893—1941）是五四运动中的学生代表，著名文学家。父亲许南英是清末台籍进士，曾襄助刘永福在台南抗击日军。许地山在台南出生，他与赖和年龄相近，比林子瑾小 15 岁。1917 年，许地山就考入燕京大学文学院，1920 年获得学士学位后留校任教，做过周作人等几位教授的助教。1921 年 1 月，许地山和沈雁冰、叶圣陶、郑振铎等 12 人在北京发起成立文学研究会，创办《小说月报》，他本人就成为大陆五四时期新文学的代表人物之一。1922 年，许地山前往美国哥伦比亚大学研究宗教史和宗教比较学，获文学硕士学位。后转英国牛津大学，研究宗教学、印度哲学、梵文等。1927 年许地山回国担任燕京大学教授，也在北京大学和清华大学兼课。1935 年出任香港大学中文系主任，进行教育改革。1941 年 8 月 4 日，许地山病逝于香港。

2. 来北京师范大学的张我军和台湾新文学运动

张我军 1902 年生于台湾台北，1909 年 7 岁入学，1915 年 13 岁毕业于公

学校（台湾学童上的小学叫公学校。日本人上的小学叫小学校）。那时期正是日本推行“普及国语”期，他 16 岁时利用工作之余到万华学习汉文，18 岁时又随清末秀才赵一山读书学诗。1921 年他 19 岁时到厦门工作时，一方面赴厦门同文书院接受中国新式教育，接触中国白话文文学，同时也跟着一位当地笔名为“我军”的老秀才接续古典文学的学习。张我军经由老秀才的推荐，在文社当文书，专事记录文社同人吟唱的诗文和互相品评的文字，进一步学习了古典文学，1920 年代发表的二首古典诗《寄怀台湾议会请愿诸公》、《咏时事》（均刊在《台湾》杂志），都是这个时期的作品。我们从他的前进轨道上可以看出，他虽然成长于初期的日据教育时代，但他仅是从日本的教育中获取了日文作为工具。由于个人的努力，在精神上他仍然追求接受传统教育，从而受到影响，尤其领会自强不息的精神和心向祖国的传统，走的也是奔向祖国的道路。他来到大陆的年代，正是五四新文化运动的时期。那时大陆已经经历了一段清末民初的初创民国的混乱局面，进入了五四运动之后的时期，他受到深刻影响。1923 年末由厦门到上海参加了“上海台湾青年会”，1924 年初到北京，入师大补习班。10 月底回台。1924 年 10 月—1926 年 6 月期间在台湾发起新文学运动。1926 年 6 月又回到北京，9 月考入中国大学国学系并于 1927 年 1 月被推为“北京台湾青年会”主席，3 月，与北京大学台湾学生宋斐如创办《少年台湾》杂志，并于同年 10 月转入国立北京师范大学国文系深造。自 1927 年于北平察院胡同自宅开设日文补习班起，曾先后在北平师范大学外国语文学系、北京大学以及中国大学教授日文，深入进行日本文学研究和翻译，直到抗战胜利后返台。

3. 来北京大学的洪炎秋（1902—1980）

洪炎秋是爱国诗人洪弃生之子，自幼不入日本办的学校，而坚持在家随父先学习传统文化，打下基础。1918 赴日本留学，接触了新文化，产生奔赴北京大学求学的愿望。1923 年考入北大教育系。

4. 去广东参与社会实践的学子张深切（1903—1965）

张深切 7 岁入汉书房受传统教育，10 岁入公学校，1917 年到 1922 年在日本读书。在 1919 年的一次击剑活动中，出现了民族意识。不久台湾出现议会设置请愿运动，他认为向日本乞讨没用，1923 年干脆回到祖国大陆上海，先去国语师范学校学习，积极参与社会、文化活动。他看到富人对穷人没有丝毫怜悯，贫富差距很大以及不文明的现实非常沮丧。1924 年国民党改组方案吸引了他，1925 年去广州，1926 年他成立了“广东台湾学生联合会”后改组为“广东台湾革命青年团”，开展纪念孙中山、创刊《台湾先锋》进行抗日宣传，1927 年 5 月返台后因参与学潮而被捕入狱三年。此后他出现了国家民族至上的观点，组织“台湾文艺联盟”，出版《台湾文艺》，1937 年后又来到北京。

5. 独特的“学子”谢雪红

谢雪红（1901—1970）1901 年生于台湾彰化。20 年代左右，在大量台湾学子来大陆（包括北京、上海、福建、广州）学习的同时，一位台湾女子也来到了大陆，她历经了另一个途径。谢雪红比张我军大一岁，由于家境贫苦，1913 年 12 岁时被卖，根本无入学机会，但也受了传统文化的影响，自幼对林祖密就很崇拜。她曾回忆父亲还有一种爱国的情操，时常对他们说：“中国能出一个‘真主’就好啦！对林季商（即林祖密）在福建的活动也很钦佩，说是天上有他的一颗星。”她父亲是 1912 年去世的，那时正是林祖密放弃日本国籍前往厦门的年代。她父亲那一席简单的话语表达和证实了当时台湾一个普通贫苦农民的祖国观念，这其实也是对谢雪红的一个无形的导向。1919 年谢雪红 18 岁时被拐骗到大陆青岛，在那里她还第一次看到国粹艺术家梅兰芳的京剧演出，还听到了爱国学生介绍俄国革命，那正是五四运动发生的年代。当年她又被带回到台湾，那个年代的世界有些新的动向。1920 年美国宪法修正条款中明订女子有立法权和选举权，1922 年苏联成立。那些年在台湾，也正是林子瑾等成立“台湾文社”大力开展文化启蒙运动的年代。1921 年林子瑾为议长的台湾文化协会成立，谢雪红常到文协听课，也是这时期她和林子瑾结识并初学汉诗。林子瑾认为她虽“没文化”，可大有做诗的意境和天赋。直到 1923 年前，她追求做自力更生的职业妇女，曾做美国名牌胜佳缝纫机服务职业。1923 年她再次被带到上海，因谋求学习文化和想自谋生路而自己辗转到杭州。和连雅堂、林子瑾一样，她知道并且曾先后两次去岳飞和秋瑾墓瞻仰，钦佩之至。这说明虽文化层次不同，他们大家还是都深受传统文化的影响，在不同的年代和不同的环境，才有这种共同的一致行为。此后，她又被带回台湾。1925 年她一向崇拜的孙中山逝世，这次，她自筹了一些路费，4 月便和侄子一起秘密逃出台湾到了上海。她积极参加追悼孙中山的活动，又赶上五卅惨案，便由求学的追求发展到参加政治运动和革命组织，被派进入上海大学社会科学习，后来组织派她和林木顺、林仲梓三人去苏联学习。林仲梓的父亲 1921—1924 年参加过文化协会初期的抗日活动，从中我们可以看到台湾启蒙运动的深远影响，影响到他们的后代人所走的道路。1925

年 12 月谢雪红去莫斯科东方大学学习，1927 年 12 月离开苏联，筹建台湾共产党，以后在台湾开展工农抗日活动并被捕入狱。1947 年二二八事件时组织起义，失败后逃往厦门并辗转到香港，11 月创建“台湾民主自治同盟”。1949 年 3 月上旬到达北京，还重新会见了林子瑾。在一次会上，她向大家介绍林子瑾时曾说：“这还是我的老师。”

二十一、二十年代两岸间的呼应

在 20 年代，台湾岛内民众与祖国大陆的联系一直保持，而且有了新的发展。这里可以举出几个重要实例。

孙中山在台湾的影响一直延续，蒋渭水十分崇拜孙中山，被誉为“台湾的孙中山”。1924 年孙中山指导国民党改组，提出联俄、联共、扶助工农三大政策。蒋渭水在台湾成立民众党、指导农工运动。蒋渭水在许多场合演说时呼吁台胞接纳孙先生最后的呼声：和平、奋斗、救中国！

1925 年孙中山去世时，台湾同胞沉痛哀悼。在京台胞撰写挽联为：“三百万台湾刚醒同胞，微先生何人领导？四十年祖国未竟事业，舍我辈其谁分担！”

3 月 13 日，在沪台胞发给《台湾民报》的《哀悼中山先生》通讯中说：“中山先生虽死，中山主义绝不死；中山先生虽亡，民众运动绝不失败。”台湾新文学之父赖和，为追悼会写了挽联：“中华革命虽告成功，依然同室操戈，一统雄心伤未达；东亚联盟不能实现，长使天骄跋扈，九泉遗恨定难消。”

台北、台中、彰化等地群众自动集会，日本殖民当局实行种种手段，阻挠台湾人民的悼念活动。台北有志社决定 3 月 24 日在台湾文化协会开追悼会，会前，日本当局将会中干事传到警察署，强令禁止唱吊歌、发表演说，并将悼词删去“敏感”地方。尽管如此，台湾人民仍自发踊跃地参加悼念活动。24 日夜，台北市滂沱大雨，到会群众仍有 5000 人之多，许多人冒雨在场外默哀致敬。“入会场者尽佩一黑布条，态度严肃悲戚，自 7 时起到 10 时止，无私行退场者，可见台湾同胞对孙中山先生之热诚。”

台湾革命青年团还发表了《告同胞书》：“勿忘台湾！”“台湾的民族是中国的民族！”“台湾的土地是中国的土地！”“孙中山先生精神不死！”“中国

革命成功万岁！”[1]

当时在上海参加反帝爱国运动的台籍人士谢雪红、林木顺、陈其昌等认为，应公开承认自己是台湾人，“让大陆同胞知道台湾人是爱祖国的，大多数台湾人是善良的。”在孙中山逝世公祭仪式上，第一次以“台湾青年一团”名义敬献挽联。两个月后，五卅运动爆发，谢雪红、林木顺等人又提出“收复台湾”的口号，赢得大陆人民的热烈响应。

台湾爱国人士蔡惠如20年代在大陆的活动也很突出。1919年台湾文社成立后，其重要成员分工，林子瑾主内务，林幼春主文务，蔡惠如主外务，于是蔡惠如开始经常从事开展外部联系活动。他做得很出色，除常赴日本东京外，更注意到和祖国大陆的联系。1920年他到过北京，受到五四爱国学生运动的影响后，8月曾在上海的“中韩互助社”茶会上抨击日本在台湾的统治。于年底赴东京与林献堂、林子瑾、林呈禄等会合、统一了思想，开始和林献堂一起从“六三法”撤废运动和同化运动转到台湾议会请愿运动。1921年初他们共同发起了第一次台湾议会请愿运动及以后多次运动（1921—1934）。后来他又到北京、天津、上海、广东，与台湾同乡、青年学生、国民党干部等会面、交流互动。蔡惠如等曾与朝鲜、菲律宾、印度等民族运动人士接触，谋求民族运动的共同战线。1929年蔡惠如病逝。

台湾议会请愿运动遭台湾总督府镇压，1923年发生治警事件时以蔡元培、梁启超为名誉会员、1922年成立的“北京台湾青年会”组织召开华北大会进行了声援，这说明大陆和台湾抗日救国力量的遥相呼应，令日本总督及其警方爪牙极为害怕。

二十二、1925年老祖国派林祖密在大陆的牺牲

1917—1924年，老祖国派林祖密在闽南从事了八年时间的活动。从护法失败，1918年孙中山由广州回上海，到1921年孙中山依靠广东军阀陈炯明力图北伐，再到1922年陈叛变，孙中山离广州到上海，而后孙中山在1923年3月在广州成立革命政府大元帅府，1924年1月在广州召开国民党第一次全国代表大会，5月黄埔军校成立。林祖密在闽南亲身经历了这一时期。

1924年广州的孙中山革命政府的势力仍然仅在广州地区，福建的情况异

① 《孙中山的台湾情》，华夏经纬网 www.huaxia.com/zt/pl/06—062/606071.html，2014—4—21。

常复杂，主要是直系军阀孙传芳的势力范围，闽督周荫人为其部下。原福建督军李厚基的下属张毅投靠孙传芳、周荫人，被任命为福建陆军第一师师长兼厦门镇守使，漳州便成为张毅的地盘。是年7月林祖密参加了国民党人在鼓浪屿召开的秘密会议，策划讨伐周荫人。10月孙中山通令各地讨贼军一律改称“建国军”，林祖密出任闽南建国军高级参议，并于12月参与进袭驻守漳州的军阀张毅部。1925年3月孙中山逝世。林祖密在漳州同时从事着实业活动，曾赴华葑疏河公司任事。是年8月张毅令营长张溪泉诱捕了林祖密，在押送漳州城途中林祖密被杀害，林祖密的实业救国活动也随之结束。我们从林祖密的身影中看到了深埋在他心中的传统文化深刻底蕴和满腔的革命热血。

第四节　台湾的共产主义运动（1921—1931）

一、台湾共产主义运动出现背景

1864年第一国际成立和1871年的巴黎公社以后世界上出现了国际共产主义运动，1889年第二国际成立。1917年俄国十月革命成功，1919年第三国际成立，领导当时的世界共产主义运动。1921年中国共产党诞生。日本共产党于1922年7月15日成立，同年12月加入第三国际。日本共产党是在日本政府宣布非法的情况下成立，1923年曾被检举，1924年解体。1926年再成立，1928年再度被取缔，1935年再度解体。直到1945年8月15日本战败投降，才被宣告合法化。因台湾1895年后曾隶属日本，所以台湾的共产主义运动曾受中共和日共的双重影响。

台湾人中出现的第四次思想转变是当时一些人接受了共产主义思想。在第三章介绍台湾的启蒙运动中我曾写道：“有趣的是，《丛志》对当时新文化引入的同时，还能注意到新文化经济基础的问题，说明资本主义市场经济的缺欠。对不同模式的社会发展显示可能的信号。提醒和引导台湾人注意不同模式的社会发展道路。它甚至还刊登过日本马克思思想家河上肇的《救贫丛谈》、《现代经济组织之陷落》的译文，来说明资本主义市场经济的缺欠。选择后来经过德国式启蒙而后起的德国的发展史略、介绍到台湾，选择当时已发生了1917年革命的俄国的历史介绍到台湾，这显然是开始引导台湾人广泛注意不同模式的社会发展道路的可能性。这些对后来台湾发生的事有一定的深刻影响，很值得研究。”这里所说的“这些对后来台湾发生的事有一定的深刻影响，很值得研究”，实际就是指对台湾共产主义运动的早期影响。

早在1917年俄国发生革命后，1919年创刊的《台湾文艺丛志》中不但及时发表译文《俄国史略》，将俄国介绍给台湾，而且又发表《论爱尔兰自治》，文中承认阶级利益和阶级斗争，并把阶级斗争的观点介绍给台湾。很值得注意的是在1921年时身为台湾文社外务的蔡惠如以及台湾人彭华英曾到上海组成台湾青年会、台韩同志会等革命团体。此外，台湾人许乃昌、谢廉清曾是台湾青年会领导人，他们分别于1924和1925年被派往莫斯科中山大学，又于1925年10月回到北京。不久许乃昌赴东京，1927年曾与日本共产党联系，着手初步组织工作。谢廉清则曾奔走于北京、上海、厦门、广东等地还联络大陆的台湾青年学生，谢廉清在上海组织“赤星会”，发行机关报，进行共产主义研究和宣传。台北人连温卿1923年经销日本共产党的机关报《无产者新闻》。台湾文化协会的骨干石焕长曾在东京请俄罗斯盲人舍甫琴科讲解马列主义。1923年连温卿、石焕长、蒋渭水、蔡世谷等组织社会问题研究会，但不久就因内部看法也有分歧，又遭当局取缔而解体。这些现象组成了一幅台湾共产主义运动出现的背景图。

二、台湾共产党的成立和被破坏

1927年第三国际决定由日本共产党指导台湾的共产主义运动。1927年11月台湾青年林木顺和谢雪红从莫斯科东方大学毕业回到上海，1928年4月林木顺、谢雪红、翁泽生等在上海成立台湾共产党，隶属日本共产党台湾支部。1928年9月林木顺在东京成立台湾共产党东京特别支部，建立与上海驻在干部和台湾岛内的成员联络。1929年日本共产党遭到警察大搜捕，从中又检举台湾共产党东京特别支部，台共与日共关系严重受阻。1931年日本警察在深入摸清线索后在台湾对台共实施了全面搜查，又由于叛徒的出现，谢雪红等一百多名党员被捕。以后虽也曾秘密重建，但在日本的严密统治下，基本上从此结束了活动。从建立到被破坏，总共约3年时间。

三、台湾共产党的内部活动简述（1928—1931）

在这短短的三年中，1928年11月，内部出现“更生运动”。根据日共的指示，台共以机会主义者之名开除蔡孝干、潘钦信、洪朝宗、谢玉叶等，林日高为书记，谢雪红转为中央委员。不久，中共指示台湾的中共党员筹备建立中共党的台湾支部。1930 年 10 月谢雪红在台北召开台共中央扩大会议，讨论台共在劳工团体中的活动问题，党内展开激烈的斗争。王万德、潘钦信、苏新等人另组党内“改革同盟”，主张快速发展组织，此后全台各劳工部门都有党员，掌握了群众组织的领导权，把活动引向群众斗争，瓦解文化协会各支部，扩大党的组织。解散文化协会，停止农民组合的活动，合并为“台湾赤色救援会”来开展活动。结果又被日本警察搜捕，台共进一步被破坏而处于瘫痪状态。

四、台共领导的工人运动和农民运动简述

台共在短短的 3 年中，致力领导工人和农民运动，起初曾以文化协会和农民组合为其外围组织，以它们的名义开展活动。1929 年底也曾组织社会科学研究会，以读书会的形式组织青年农民工人学习共产主义理论。台共的“改革同盟”结成后，认为上述这种活动是错误的，停止了这一活动以后，专门从事赤色工会活动。前述在 1930—1931 年期间组织过矿工工会、组织高雄州的交通运输工会的工运活动、介入台湾印刷公司争议、组织石底矿坑罢工等。1931 年 8、9 月间决定撤销文化协会，专门成立“台湾赤色救援会”，认为民众党和台湾地方自治联盟的活动是欺骗群众，所以开展和他们对着干的工作。还打算进行武装暴动，由于被当局发现，于当年 12 月被取缔。原来组织的大湖农民武装起义于 1932 年也被当局侦破而未能实现。

第五节　战线分裂后的台湾民族运动（1927—1936）

一、20 世纪 30 年代上中期大陆的概况。

自从 1927 年国共第一次合作分裂后，1928 年南京政府继续北伐，占领北京。东北奉系张学良领衔易帜，实现全国形式统一。但国民党内部各军事派系矛盾日益尖锐，1930 年 5 月便爆发了中原大战。阎锡山、冯玉祥、李宗仁等联合反蒋，后来由于张学良进关助蒋，反蒋联盟腹背受敌而溃败，此后在政治上又一度形成一些派别联合统治的妥协局面。1930 年 12 月蒋介石又对苏区发起第一次“围剿”，1931 年上半年又发动了第二次和第三次“围剿”。

日本是亚洲的战争策源地。日本注意到中国连年激烈内战，便于 1931 年

9 月 18 日悍然在中国东北发动了“九一八”事变，开始发动了侵华战争，沈阳陷落，1932 年 2 月哈尔滨陷落，日本迅速占领了东三省。1932 年 3 月紧接着就建立了伪满洲国傀儡政权。而就在 1932 年 1 月，日本又同时在上海发动了“一二八”事变，驻上海 19 路军展开了英勇的淞沪抗战。1932 年 7 月—1933 年 3 月蒋介石对苏区发起第四次“围剿”，日本继而又进犯华北，1933 年 3 月热河失守。自“九一八”事变后，全中国面临民族危机，社会处于抗日救亡运动的气氛中。1933 年 9 月蒋介石对苏区开始第五次“围剿”，1934 年 10 月红军向陕北转移，北上开始长征，1936 年 10 月主力到达甘肃，陕北延安变成了红军根据地中心。1936 年 12 月蒋介石在西安时发生了西安事变。张学良、杨虎城扣留了蒋介石，并发表声明，提出改组南京国民政府，停止一切内战，立即召开救国会议等八项主张。经一系列周折谈判，西安事变得到和平解决后，促进了抗日民族统一战线的初步形成和国共再度合作。1937 年 7 月爆发了卢沟桥事变，日本进行了全面侵华战争。

二、30 年代日本在台湾的统治概况

30 年代前期日本在中国大陆发动了侵略战争得手。那时日本的势力北部已经扩展到库页岛，南进成为日本的国策，要把势力扩展到东南亚，进而获取西太平洋霸权。台湾的地理位置则成为日本南进的基地和跳板，日本海军是台湾“南进基地化”的主要倡导和推进者。1935 年 7 月日本海军成立“对南洋方策研究委员会”，加紧制定措施，台湾总督府相继设立有关南进基地化的预备机构。1936 年日本国内发生了“二二六”事件，日本社会便处于法西斯军人暴政状态，恢复了陆海军大臣的现役武官制，广田弘毅内阁制定了“国策基准”，海军的“南进论”从此和陆军的“北进论”一起并列于国策中。30 年代初台湾还是文官总督，而到 1936 年 9 月台湾总督进入后期武官总督时代（1936—1945），由文官总督又改为武官总督，说明了法西斯统治的进一步强化。这一时期第一任武官总督为海军预备役大将小林跻造（1936 年 9 月 2 日—1940 年 11 月），任期长达 4 年，一切开始向“皇民化”推进，此后经济上也随之工业化。

三、战线分裂后的台湾议会设置请愿运动

自从以台湾议会设置请愿运动为代表的台湾民族运动开展以来，台湾文化协会在运动发展中逐渐成为领导核心，它又是一个涵括不同阶层的统一阵

线性质的组织。1927 年是一个分裂的年代。在大陆，出现国共分裂；在台湾，随着世界潮流的发展和台湾各派力量的发展，台湾文化协会于 1927 年也开始分裂，出现了台湾民众党。而后台湾民众党又再次出现分裂，又出现台湾地方自治联盟。这里所说的战线分裂后的台湾议会设置请愿运动，即是指该运动在 1927 年台湾文化协会分裂后的状况。

1. 战线分裂后的台湾台湾议会设置请愿运动状况及运动的终止

1927 年战线分裂后的台湾议会设置请愿运动仍在坚持进行。1928—1934 年间又进行的 7 次请愿。情况如下：

第九次请愿是 1928 年 4 月林幼春外 2051 名。贵族院未及列入议程；众议院虽列入议程，但拖延未果。

第十次请愿是 1929 年 2 月林献堂外 1932 名。贵族院未及列入议程；众议院虽列入分科议程，但仍拖延未果。

1930 年第 11 次请愿。杨肇嘉联系 1 千余人遇议会解散。后又加 3 百余人。向临时议会提出。蔡培火 1 人为代表。未果。

1931 年第 12 次请愿。1382 名。蔡培火为首，未果。

1932 年 5 月第 13 次请愿。约 2685 人。蔡培火为首，未果。

1933 年第 14 次请愿，以 1492 名提到贵族院了；以 1860 名提到众议院。

1934 年第 15 次请愿，蔡培火、韩石泉为首，林献堂等署名 1171 人。贵族院在分科会提上议程、众议院提上议程，但结果均不采纳。

到了 30 年代，日本在 1931 年已经发动了侵华战争，日本国内军人法西斯势力进一步得势，日本国内已经从一战后的所谓“大正民主时期”走向二战前夕的法西斯军国主义时期。在这种大背景下，请愿骨干根据当时情势和请愿开展以来日本政府的态度，林献堂曾派蔡培火也征求了日本社会上支持请愿运动并曾予以协助的朝野人士的看法后，又召开了骨干会议，大家较普遍认为可以偃旗息鼓了，于是做出决定，终止运动。

2. 台湾议会设置请愿运动的总结

这 15 次台湾议会设置请愿历经 14 年。一方面它注定要失败，因为日本侵略者从本质上不可能接受这一诉求，况且它正走向进一步法西斯化。运动虽然失败，一些骨干起码预知不可能短期成功，但究竟需要多久，是否能有结果，谁也没有把握，一直作为一种尝试来进行。由于开始时的世界民族运动的潮流，日本社会上也存在一些支持者，所以总使人们有些期待，它磨炼和充分表达了台湾民众的顽强意志。就不放弃利用合法斗争这点来说，台湾议会设置请愿也是无可非议的。每次都是先在群众中做宣传工作，动员签名，再争取日本社会和朝野人士的理解支持，组织送别、欢迎等活动，营造声势，扩大影响。这一运动当时也有一定群众基础，是代表个人意愿的超党派的运动，体现台湾民众的意志。它与同化主义绝然不同，它基于民族自治，因而具备要求民主和反殖民主义的进步性，即有向光明前途发展的潜在性，具有一定的进步意义。

四、1930年台湾高山族的雾社起义

台湾在日本的压统治下，1930年还爆发了高山族的雾社起义。1930年10月，高山族酋长莫那鲁道儿子举行婚礼，由于日本巡查破坏了高山族的风俗，导致高山族民众长久积蓄在胸的抗日怒火爆发。在莫那鲁道的领导下，雾社高山族民众发动起义，袭击了多个警察住在所和雾社公学校，杀死警察，夺取枪械弹药。日本殖民统治者得知雾社起义消息后，立即从各地调来军队，配备多种武器包括毒气予以大肆镇压。殖民当局还用“以番制番”的方式借刀杀人，挑起高山族内部仇杀，1931年，日本人继而提供武器，利用高山族内部的分裂，制造了“第二次雾社事件”，又消灭了216人。当局将最后生还的298人全部迁移原住地。

雾社起义虽然失败，高山族民众做出重大牺牲，但这是台湾日据时代少数民族最大规模的一次起义。沉重打击了日本殖民者的嚣张气焰。此事件导致日本总督石冢、总务长官、警务局长等引咎辞职，[①] 也标志着其“理番”政策的失败。(插图雾社起义)。

五、“老祖国派”连雅堂重返大陆和病逝

30年代，连雅堂父子先后返回了大陆。当时中日关系已趋紧张，老祖国派连雅堂爱国心强，当1931年其独子连震东从日本学成归来后，他把连震东送往大陆。他告诉儿子：“欲求台湾之解放，须先建设祖国。余为保存台湾文献，故不得不忍历此地。汝今已毕业，且谙国文，应回祖国效命，余与汝母将继汝而往！”他鼓励儿子效命祖国，他并为震东写了一封介绍信，让震东带去进谒大陆好友张继。信中有这样几句话：“昔子胥在吴，寄子齐国；鲁连蹈海，义不帝秦。况以轩辕之胄，而为异族之奴，椎心泣血，其能无痛？且

① 薛化元：《台湾开发史》，台北三民书局2009年。

弟仅此子，雅堂不欲其永居异域，长为化外之民，因命其回国，效命宗邦也。”张继阅后，深为感动，遂留下连震东协助安排其在西安工作，直到台湾光复才返台。1933 年《台湾语典》定稿，而连雅堂为遂其终老祖国之志，继林祖密牺牲、林子瑾 1924 年返回大路北京定居之后，自己于 1933 年也携眷返回祖国大陆，举家迁往上海定居，这已是他第五次赴大陆。到 1935 年，连雅堂的二女一子均已成家立业，曾谓“且一家均居国内，余心稍慰矣。”于是，他与夫人携手游历关中，登终南、涉渭水后返沪。不幸的是，1936 年 6 月 28 日因肝癌在上海逝世。

连雅堂一生从事新闻与文化工作，并有巨著留于世间。这位爱国诗人也曾不断在海峡两岸奔波，没能看到台湾光复，带着遗恨离开人世。他念念不忘台湾光复事业，临终弥留之际，勉励其子曰：“今日寇凶焰逼人，中日终必一战；光复台湾，即其时也，汝其勉之。”又嘱咐，如孙子出世，取名“连战”，表现了他对日作战必胜的决心。他晚年信佛，耽于理佛。常与观音山上凌云寺的本圆禅师交往。抗战胜利后，他的遗骨被迎回台湾，就曾暂存在凌云寺中，1954 年葬于风景优美的台北县泰山乡。

他的著作还有《剑花诗集》：包括“大陆诗草”“宁南诗草”“剑花室外集之一”及“剑花室外集之二”等四部分，共 915 首诗，其一生所作之诗，几乎都在此集中。《雅堂文集》共分四卷。卷一收论说文 18 篇，序跋文 31 篇。卷二收传状文 12 篇、墓志文 6 篇、杂文 17 篇、哀祭文 7 篇、书启文 7 篇。卷三及卷四都是笔记体的文字，收有“台湾漫录”“台南古迹志”“番俗遮闻”“诗荟余墨”“掇茗录”等。

连氏生平好读书和游历。在《诗荟余墨》中，他说：“人生必有嗜好，而后有趣味，而后有快乐。酒色财货，人之所好也，而或以杀身，或以破家，或以无国。惟读书之乐，陶养性情，增长学问，使人迁善，而进于高尚之域，其为乐岂有涯哉？……”他对后辈也极力劝勉读书，告之以读书写作的门径及购书、择书的方法，指出传承中华文化的途径。他尤其喜欢到祖国大陆游历，每至一处，都撰有诗文，他认为：“文人著书，呕心沥血，必须及身刊行，方可自慰，若委之子孙，则每多零落。”他以一生心血换来了大量诗文，留给后人。我们从连雅堂一生的缩影中看到的是中华传统文化的深刻影响。

表四：中国大陆与台湾近代史 1919—1945 时期关联一览表

<table>
<tr><th></th><th>1919</th><th>1924</th><th>1926</th><th>1927</th><th>1928</th><th>1931</th><th>1934</th><th>1937</th><th>1945</th></tr>
<tr><td>大陆</td><td>五四运动</td><td colspan="2">国共合作</td><td colspan="4">国共分裂
土地革命战争
日本发动侵华战争
与中国局部抗战</td><td colspan="2">全民族抗战</td></tr>
<tr><td>台湾</td><td colspan="3">台湾文化启蒙运动及战线统一时期的民族运动</td><td colspan="4">战线分裂后及 30 年代的台湾民族运动
台湾共产党活动</td><td colspan="2">大陆全民族抗战时的台湾
后期武官总督统治</td></tr>
</table>

第六节 抗日战争时期的台湾（1937—1945）

一、台湾岛内的情况

1937 年 7 月 7 日日本在当时北平西南的宛平县卢沟桥制造了“七七”事变，发动了蓄谋已久的全面侵华战争。中国进入了全民族抗战时期后，日本对台湾的统治更是变本加厉。日本在中国大陆迅速把战火从华北扩展到华中，与此同时，日本在海上的“南进”国策也提上日程。在日本的南进国策中，利用台湾的地理位置和丰富的物产作为其南进的重要基地，加快推进台湾“南进基地化”的步伐。

1. 日本的台湾“南进基地化”和战时经济的全盘统制化

日本把台湾作为不沉的巨大航空母舰。台湾不仅是其南进的军事战略要地，而且又是其南进人力和物力资源的提供地。随着侵华战争和太平洋战争的发展，南进基地化及台湾工业化的推行，日本在台湾的统制经济也从原来农业上的米谷统制发展到包括在工业、物资、物价、资金、劳力、外贸等的一切经济领域全面推行。一切生产、分配都有严格规制，除了制订法律法规，还增设了经济警察，进行行政干预。

2. 台湾“工业化”的实施

台湾产业一直是以农业为中心的。日据前期的方针是“工业日本、农业台湾”，完全把台湾当作原料生产地和产品销售市场。这时日本要转而在台湾实现工业化，主要是为其在中国大陆扩大侵占南支（华南）和在海上扩大侵占南洋的南进战略目标服务，并且通过工业化为台湾进一步“日本皇民化”打下经济基础。纵观日本在台湾的工业化进程，可分为三个阶段。

1）工业化第一阶段（1931—1937）

其实可追溯到1931年“九一八”事变后，日本就打算推行“台湾工业化”，以便于就近取得向华南和东南亚推进的基地。这期间首先在1931年开展电力基础设施建设，日月潭水力发电所工程恢复施工。1934年完成第一期工程，装机容量达10万千瓦，为工业化提供了电力，带动了其他工业的发展。1935年1月台湾总督府设立热带产业调查会，把在1930年冬“临时产业调查会”上提出的米糖增产20年计划，“改为限制米谷经济，积极鼓励特殊热带作物的栽种，朝向农业多元化发展及供应工业性原料，促进台湾工业发展”。[①] 这便进一步明确了向工业化方向起步。

2）工业化第二阶段（1937—1941）

这正是“七七”事变、中日战争全面爆发的年代，台湾随着日本一起进入“国家总动员制”。台湾总督府颁布一系列经济统制法令，鼓励日本大小财阀入台设置企业。在南进方针指导下，1938年开始执行“第一次生产力扩充五年计划”。特别明显是发展军事工业。同时继1937年开辟的台湾—菲律宾航线之后，又在1939年完成了台湾和东南亚建的“南洋航线”，为向南洋运兵打下基础。

1937年追加投资于钢铁、机械、造船、石化等重工业，1939年工业生产值首次超过农业生产值，占生产总额45.9%。

3）工业化第三阶段（1941—1945）

1942年4月台湾总督府开始执行“第二次生产力扩充五年计划”，更侧重于军需工业、重工业、电力的发展。其中包括计划投资3.6亿日元的大甲溪发电厂，[②] 重点生产钢铁、电力、水泥、化肥，发展造船，增建炼铜、石油、天然气利用等工业。总督府直接介入军需工业的监管，整个经济也进入战时统制经济。台湾工业的发展完全取决于日本的战争需要。随着日本在战场上的失败和1944年盟军对台湾的轰炸，生产趋于停顿。

3. 文化教育的进一步“皇民化”

日本在台湾进一步实行了“警察化”，密探宪兵星罗棋布，对台湾人实行

---

① 张静宜:《日据末期台湾经济之发展》，台湾省咨议会编印2004年。

② 日本外务省条约局编《日本统治下五十年台湾》，1954年东京。

“皇民化”统治。他们非常知道要从文化根源入手，于是首先废止使用汉文，强迫学习日语。推行以日语为“国语”的所谓“国语普及运动”，以便使台湾人认同日本。日本统治当局进而又策划成立一些“皇民文学”组织，力图根除中华的传统文化，日本把“皇民化”推向极致。但越是镇压，越引起反抗，中华文化传统精神是永远封杀不了的。例如1944年刑死狱中的抗日学生雷灿南一向崇拜文天祥，因为日本在台湾北边，那时台湾人也称日本人为“北人”。为表示永远不屈服于北人，雷灿南在狱中总是南冠而座，不断吟咏《正气歌》。这一时期在日本统治者的高压和严密控制下，有组织的大规模抗日活动少了，抗日活动多为分散的、小型的，往往在尚未扩大的初始阶段就被破坏和扼杀。广大民众却自觉在生活风俗等文化领域千方百计抵制“皇民化”，青年学生热血沸腾，不断开展力所能及的抗日活动。1936年台北二中发生过“红毛巾事件”，1941年基隆中学发生了“Fman事件”。青年们更继而产生了去大陆抗日或配合盟军登陆台湾、消灭日军的抗日爱国思想，这是非常可贵的。时为台北二中学生的陈炳基和唐志堂等同学1943年曾讨论开罗宣言后要以实际行动迎接台湾回归祖国。他们投身反法西斯战争的行列，因而遭被捕入狱。大陆抗日战争爆发后，台湾岛内每年都有抗日活动发生，如1937年的宜兰矿工暴动、1938年高雄的反战暴动、1939年高雄农民和基隆的反战抗暴、1940年出现了“台湾民族主义青年团”、1941年的“东港事件”、1942年南投民众的反战时措施、1943年的瑞芳煤矿事件、1944年的“苏澳间谍案”。文艺界对“皇民文学”进行了顽强的抵制，一些作家如杨逵、吴浊流等，通过曲折、巧妙的斗争坚持了抗日文学。以上所有事例都充分说明，台湾人民始终坚持和发扬中华传统文化的爱国精神，和抗日到底的决心。

二、大陆沦陷区的台湾人

1937年抗日战争全面爆发，正是在连雅堂于上海去世的后一年。日本人发动了“七七”事变，北平沦陷。随着日本侵略的进展，沦陷区由北京不断南扩。就以北京为例，那时日本人想利用中国人搞伪政权，知识界中也有像周作人等在敌伪机构中任职的。日本人也极力想利用台湾人的双语能力为他们服务，有些台湾人被迫任伪职，例如当伪县长等，而仍有不少台胞在八年抗战中坚持晚节、不为权势所屈，不为利益所动，坚决不为日本人服务、绝不任伪职。那时早在清末时就来京开业的牙医陈顺龙于1938年病逝，早期开办长途汽车业的林子瑾在停业后节衣缩食、闭门明志，厅中还特别高悬巨幅岳飞的横幅，以示抗日到底的决心。

那时在北京的台湾人据说约有800人左右，包括从抗战前就在北京而又继续留下来的人。有些在大学里任教，如张我军、洪炎秋等。有些是开业医生，如大成医院的廖永堂大夫、美容所的石霜湖医生（即石焕长，蒋渭水的内兄）。有些是经商的，如吴子瑜。台籍京剧须生演员陈炳楠的父亲是经营矿业的，还有些是前清的进士后裔、画家等等。

还有一些台胞是在抗战期间先后陆续从台湾、日本等地来到北京的。现今有些人不理解，那时北京也已经是沦陷区，也由日本统治，他们为什么还要来呢？首先，他们的先辈多是大陆去台湾的移民，自己最明确的一点就是自己本是炎黄子孙。大陆地区辽阔，活动谋生的空间更大，这时再回到大陆也是无可非议的。大陆敌占区虽由日本统治，但仍然与台湾地位不同。北京那时完全属日本的非法占领。台湾是日本通过《马关条约》手段胁迫清政府承认割让的，当时则完全成为隶属日本的殖民地。抗战全面爆发后，日本在台湾又进一步推行"皇民化"，他们不愿生活在那里，而他们到大陆毕竟可以和大多数的中国人在一起。他们之中的大多数又是留过学又有专业技能的人，甚至有人还具备很高的音乐、美术等艺术才能。他们自信自己有自力更生的能力，不是仅限于只能在当时已经隶属日本的台湾生活，可以通过各种关系和途径到大陆生活。其中还有具有共产主义信仰的人，还想在大陆可以找到组织。例如苏子蘅（1905—1996）就是1941年36岁从台湾经日本、上海辗转到达北京的。他祖辈是从福建泉州去台湾的，青年时代在日本留学时就相信共产主义。他在北京由张我军先生协助，先是教授日语，后在北大理学院化学系任教，1945年终于到晋察冀边区参加革命。心怀祖国的文人张深切于1937年第二次来大陆时到了北京，他内心深处的民族灵魂一直激励着他。他认为："我们如果救不了祖国，台湾便会真正的灭亡，我们的希望只系在祖国的复兴，祖国一亡，我们不但阻遏不了皇民化，连我们自己也会被新皇民消灭的。""认识我们民族的特性，发挥伟大的民族精神，从日常生活里不断的去和敌人战斗。"他曾任《中国文艺》主编并在北京艺专工作，后来以"违背大东亚共荣圈政策"的嫌疑被迫离职，1945年4月被日本特工组织1420部队拘捕至日本投降。梁永禄医生（1910—1951）是1938年来北京的，先是就任于北大医院妇产科，1942年自己创办三安医院。早在学生时代他就遭受日本学生和当局的欺辱。他曾写道："我一定早日回到大陆看看家乡同胞，做一个堂堂正正的大国民！"江文也先生（1910—1983）是天才的音乐家，

1938年应当时已经在京的台湾音乐教育家柯政和之邀，到北京师范大学音乐系任教。张秋海（1899—1988）也是1938年到北京定居的，他是著名的留学日本油画家，曾先后在北京的美术院校任教。吴三连是1941年来到北京的，1944年又去天津经商。蔡川燕（即李河民）是1944年从日本来北京的，他1946年到晋察冀边区参加医疗工作，他是著名的病毒学专家。

当时还有一些台胞在其他地方特别是上海参加抗日活动，如李应章、刘景浩等。李应章医生1931年到厦门，1935年到上海，开设伟光医院。抗战期间秘密支持抗日战争。在香港则有许地山，他到香港大学中文系任教后直到1941年去世，广泛参加了许多抗日活动。

此外，那时也确有一些台湾人在日伪政权中任职。由于他们明了两国语言和习俗，日本人极想利用他们。他们为谋生，受胁迫利用，但死心塌地为日本人服务并有迫害国人罪行的确是极少数。

三、在大陆国统区台湾人

有一些台湾人士是在当时大陆的国统区参加了抗战。今举例若干。

李友邦（李肇基1906—1952）代表了又一代“祖国派”台胞。他祖籍福建同安，1906年出生于台北县芦洲乡李氏望族之家。1918年，考入台北师范学校，在学期间他还是个少年，就加入抗日先驱所领导的“台湾文化协会”，受到启蒙，积极参加反日活动。1924年，18岁的李友邦与林木顺、林添进等人袭击台北新起警察派出所，遭到日本殖民当局通缉，他连夜逃离台湾来到祖国大陆，进入黄埔军校第二期就读。

1937年“七七”事变，中日战争正式爆发后，在新的形势下，李友邦也继前辈台胞之后，把台湾的命运和祖国密切联系起来。他和林祖密一样的认为欲救台湾，必先救祖国。1912年林子瑾到大陆的时代，时代的要求和潮流是参与实业救国。而当时，时代的要求和主流是参加抗战。“欲致力于台湾革命的成功”，则“必先致力于中国抗战的胜利”，并提出“保卫祖国，收复台湾”的口号。1939年李友邦在浙江金华组建“台湾义勇队”及“台湾少年团”，同年10月国民政府正式委任李友邦担任“台湾义勇队”队长兼“台湾少年团”团长，并晋阶为陆军少将。1943年的开罗会议，确定日本应将所窃取的中国领土，如满洲、台湾、澎湖列岛等归还中国。这时台湾义勇队扩大编制为台湾义勇总队，李友邦升任中将总队长。总队下设四个支队，工作层面涉及前线、后方、敌后与沦陷区。在李友邦将军的领导下，台湾义勇队主要开展了大量工作。义勇队成员熟悉日语，他们利用语言上的便利，开展翻译日军文件，审讯并教育俘虏，进行对敌政治工作，深入敌伪组织设法获取情报。他们还开展医疗救助工作，1939 年曾在浙江金华成立“第一台湾医院”，随后又在浙江衢州、浙江兰溪、福建建阳相继成立 3 所医院。军人、出征人员家属及贫苦民众就医，一律免费。他们还生产军需品及药品。台湾义勇总队的队员中，有许多人掌握生产技术，他们制造药品，首先输送给前线部队，此外也供后方民众治疗使用。台湾少年团是抗战时期全国最著名的儿童团体之一，他们经常到前线及东南省份去巡回表演，用话剧、歌舞等方式开展巡回宣传工作，激发将士和民众的抗战热情。

丘逢甲的儿子丘念台（1894—1967）曾于 1913 年赴日留学，在日本随父加入同盟会。1925 年毕业于东京帝国大学研究部，回国后历任沈阳兵工厂技师、辽宁西安煤矿公司采矿主任。1931 年“九一八”事变后，随马占山部抗日，后自组义勇军，参加长城抗战。1933 年国民政府与日本签订《塘沽协定》后，他便回广州任广东大学、中山大学教授、广东省政府顾问兼广东工业专科学校校长。1937 年抗战爆发后，他曾任第四战区及第七战区少将参议。1943 年，任国民党台湾直属党部执行委员。当年 9、10 月间，中山大学开始疏迁，他以教授身份，主动做抗日宣传工作，走访一些将领，鼓励抗日。1938 年他曾跋涉大后方，先后赴西北、西南等地考察访问，历时九月余，自己也获有持久抗战必胜之信心，并以此信念转告所接触之民众，鼓励抗战到底。是年十月，广州沦陷前后，他曾参与第四路军（后改称第十二集团军）筹划在粤东继续组织抗战事宜，负责担任惠、潮、梅二十五县民众训练，并成立“东区服务队”，号召青年参加训练，作为协助抗战基干。

连雅堂的儿子连震东（1904—1986）1929 年毕业于日本庆应义塾大学经济科。1931 年，连雅堂终不甘于其独子连震东受日本奴役，于是在 1931 年 4 月作书张继（国民党创党元老，北伐时的监军二老之一。当时任以林森为主席的国民政府委员，在国民政府中具有相当高的地位），命连震东持函前往大陆，投奔张继，报效国家。前述他告诫儿子：“欲求台湾之解放，须建设祖国，我为保存台湾文献，暂忍居此、你既已毕业，且谙国文，应回祖国效命，我和你母亲也将到大陆定居。”连震东到大陆后，即随张继在北平西安等地工作。所以连震东于 1931 年便“回国效命”，并且在张继的提拔下 1932 年加入国民党。淞沪战起，张继前往西安，力主设西京筹备委员会，建设西北，作为抗日基地。连震东亦随同前往并被安排在陕西省西安市任“西京筹备委员会”专门委员职务。连震东曾任西安中央战时工作训练团高级教官。1944 年连震东赴重庆任军事委员国际问题研究所组长。

林祖密的儿子林正亨 1937 年他考入南京中央陆军军官学校（前身是黄埔军校）淞沪抗战时，上海、南京相继沦陷后，军校辗转迁至汉口、长沙，1938 年迁到重庆。他于 1939 年毕业，1940 年随部队到广西作战，为 96 师参谋处任少尉军官，出生入死，在前线与日军激烈战斗。后来又投入远征军开赴缅甸战斗，是位落地有声、名副其实的抗日斗士。

林祖密的女儿林双盼（即林冈）1936 年从雾峰离家出走时年仅 18 岁。她辗转到了南京，找到自己姐姐。“七七”事变后，她参加抗日救援会，后辗转到长沙和贵州的铜仁，又到了重庆。在重庆妇女难民服务队工作。后来转入大陆革命根据地。

四、大陆陕甘宁边区的台湾人

有一些台湾人士在当时的陕甘宁边区参加了抗战，有些台湾抗日志士先是在福建抗击日本，后又辗转到皖南。

例如 1919 年出生于台南的蔡啸自幼饱受日人的欺压，1934 年到厦门，抱着赶走日寇、光复台湾的愿望，1937 年投奔到福建龙岩的闽西南抗日游击队，参加闽西南抗日义勇军第 2 支队，任政治部宣传干事，后调任新四军教导总队第 1、2、3 队副队长，新四军第 6 师 18 旅教导大队大队长，新四军苏中军区 1 分区作战科科长，苏中军区侦察科科长。

又例如杨诚（原名杨继诚）1916 年出生在台湾省台南市，1917 年随母去印度尼西亚中爪哇日惹市与父亲团聚，1928 年杨诚毕业于日惹中华小学。30 年代，他由印度尼西亚回到祖国，先后就读于厦门集美学校和北平大学。在北平大学期间，参加了“一二·九”运动，1937 年 7 月 7 日抗战爆发后到达延安参加抗战工作。

总之，这一时期是日本从全面侵华发展到发动太平洋战争。日本法西斯开始了其全国投入战争的紧张时期，也是它疯狂并走向死亡的时期。台湾此时被日本紧紧绑在战车上，这也是对台湾压榨最严酷的时期。表面上，日本法西斯垂死挣扎的台湾“皇民化”似乎是日本在台湾压倒一切的胜利，台湾的民族运动似乎完全失败，但是，台湾民众实际上经受了长期的斗争锻炼，其民族、民主意识越发的牢固了。

第三章

台湾光复初期（1945—1949）

第一节　国民政府接收台湾

一、台湾民众喜庆光复

1943年中、美、英三国政府在开罗举行的首脑会议于12月1日发表《对日作战之目的与决心之公报》，即通称的《开罗宣言》。公报明确宣示："三国之宗旨，在剥夺日本自从一九一四年第一次世界大战开始后在太平洋上所夺得或占领之一切岛屿。在使日本所窃取于中国之领土，例如东北四省、台湾、澎湖群岛等，归还中华民国。"中国人民经过艰苦卓绝的抗战，通过国民政府外交努力，得到美、英两国的承诺，解决台湾在日本战败后的归属问题，避免了台湾归属的国际化，为中国最终收复台湾取得了国际法律依据。《开罗宣言》发表后，处于重庆的国民政府国防最高委员会辖下的中央设计局于1944年4月成立了台湾调查委员会，制定了《台湾接管计划纲要》。

1945年7月26日中、美、英三国发表《促令日本投降之波茨坦公告》，8月15日日本宣布无条件投降，中国收复台湾进入实施阶段。陈仪被任命为行政长官兼台湾警备总司令，掌管军政大权。陈仪在重庆筹组的前进指挥所于8月飞抵台北，10月25日上午10时在台北市公会堂举行了中国战区台湾省受降典礼仪式，从此台湾回归祖国。台湾民众欢欣鼓舞、喜极而泣、鞭炮锣鼓、响彻云霄。下午3时台湾民众在公会堂举行了民众庆祝台湾光复大会，陈仪发表演说，林献堂致辞，表达了台湾人民无比兴奋的心情。同日，行政院宣布自即日起，台胞恢复中国国籍。1946年，林献堂率"台湾光复致敬团"前往南京谒拜中山陵，到陕西祭拜黄帝陵，表达了台湾人民心向祖国的衷情。

不仅在岛内的同胞喜庆光复，在大陆的台湾同胞也同样欣喜的彻夜不眠，眼泪盈盈。老"祖国派"同龄人林祖密、连雅堂、林子瑾三人中，林祖密1925年遇害，连雅堂1936年病逝。他们二人都没能亲眼见到台湾光复，唯有林子瑾有幸亲见台湾光复。他感慨得马上道成诗句朗诵，题为：《台湾光复有感》："割让行成自马关，虎旗终掩泪潸潸。连城赵壁非轻与，合浦秦珠可见还。胡越不分重握手，弟兄相遇忽开颜。回头细数茹荼日，五十余年瞬息间。”这也是他最后发表的一首诗。[①]这首诗中首先强调台民抗日史事，并道尽台湾被割让后历经的血泪苦楚，被迫接受殖民的无奈，也肯定祖国坚持奋斗、绝不会轻易放弃台湾、台湾终究必须归还祖国的坚定信念。尤其期待回归中国后，大陆各省民众与台湾民众能以兄弟之姿不分彼此、携手并进。

在此，我虽然只用一段简单的文字表达台湾民众喜庆光复的盛况，但是当时台湾民众那种喜极而泣、欣喜若狂的心情却是无法以语言文字表达。喜庆光复的场面确实是近代史中千万颗在屠刀下也不曾被日本征服的台湾民众之心汇聚成的第九个大亮点。

二、行政长官公署在台湾的治理

行政长官公署开始了接收的工作。在行政管理上，基本成立与原总督府各部门对口的框架，以便全面接受各部门的具体工作并进行重建。陈仪宣示了施政方针，废止一些不当税收，以减轻民众负担；废止一些日本法令，保障民众权利；主张增加台胞受教育机会；建立民意机关，予以民众参政机会；增加台胞工作力量。为保证行政、工商、学校的不停运作，不急于变更的原有机构则尽量保持。过去分散或不健全的机构要接管后逐渐集中整顿，不符国情的日式制度则要立即改革。

在日产的庞大接受工作中，也出现不少问题。因为其中混杂有台籍人士的血汗、股份、利益，容易产生纠纷。特别是一些接收人员不能廉洁奉公，乱收乱占、化公为私、监守自盗的现象引起台胞的不平和愤恨。

在经济上，行政长官公署采取了统制政策，建立了庞大的省营体系，台籍资本受到打击。行政长官公署承袭了日据时期烟、酒、樟脑等项的专卖体系，以获取税收，而米价却放开，结果出现米价上涨，民众不安的状况。这时大陆的法币贬值波及台湾，米价上涨促使整个物价上涨，引起民众的不满。

在接收过程中，对于大小贪官污吏的贪腐和仗势横行现象，虽有一个闽台区接收处理工作清查团赴台工作，查出专卖局和贸易局的问题，公署处分了两个局长，但并没有严办大案，以平息民间的愤怒不平。

① 载于台湾省旅平同乡会机关刊物《新台湾》第1卷3号，1946年4月1日，第16页。

第二节　大陆台胞开展的文化交流活动（以当时北平为例）

一、台湾光复后的台湾省旅平同乡会和北平台湾革新同志

1945年抗战胜利后，国民政府从日本人手中接收北京，又改称北平市。滞留在北平的台胞们在1945年9月9日成立了台湾省旅平同乡会，会长是洪炎秋。理事有张深切、张我军、林朝棨、洪耀勋等。与之密切合作的北平台湾革新同志会1945年10月成立，会长是林鹰（即林子瑾），会员大多也是同乡会的会员，尤其是其中文化层次较高的成员，约500人。[①]

同一时期天津的台胞发起成立了天津市台湾同乡会，会长吴连三。由于台胞共同面临的问题和利益，平津台胞联合起来，成立了台湾省平津同乡会。大家以不同组织名义提出台胞的诉求、愿望和呼吁。

1945—1946年的北平台湾革新同志会曾组织台湾光复后两岸首次民间交流活动，这一事件需要学界进一步探索、考证和研究。1945—1946年北平台湾革新同志会及其附设的“文教人员讲习班”也是京台文化交流史中的一个重要环节，即当时在京的台胞从传统文化的传承出发，自觉地培训教学人员赴台推广普通话，为台胞教授国语，致力在台湾恢复中华文化，说明了中华传统文化的传承是两岸文化交流的基础。这是台湾光复后，京台首次交流活动。这代台胞自发的祖国意识、传承中华文化的意识也极为珍贵，有其更深一层的特殊的意义。

当前海峡两岸文化交流已经受到人们的重视，回顾两岸的文化交流史也是很有必要的。古都北京历来是个文化中心，京台两地区的文化交流是两岸文化交流的核心和重要组成部分，也具有一定代表性。两地间的文化交流历史悠久，清朝科举时代，许多台湾学子赴京赶考。《马关条约》后，台湾沦为日本的殖民地，直到1945年台湾光复，前后长达50年，在这期间也有些台湾同胞辗转来到北京。除民国初期林子瑾、连雅堂、吴子瑜等台胞带头来京复籍外，20世纪20年代，又有许多台湾学子设法来北京的大学求学，并把北京的文化影响传到台湾，这些情况已有一定文献记载和研究了。

---

① 北京档案馆存资料《台湾革新同志会宣言》，1945年10月14日，档案号J—002—002—00151。

自 1949 年后两岸又曾隔绝数十年，近年再度出现了文化交流。那么，从历史角度看，自 1945 年抗战胜利、台湾光复后到 1949 年期间，在这一历史时期中京台是否存在较为重要的民间文化交流呢？两地之间人们思想感情的自然发展轨迹是什么？这在两岸文化交流史学术研究中是一个值得探讨的空白问题。

现考据，1945 年抗战胜利后，京台间有过一次较为重要的民间文化交流。在北京（时称北平）的台湾同胞热情、自觉地发起成立民间组织台湾革新同志会、特别是附设组织“文教人员讲习班”，培训教学人员去台湾，推广国语和普通话，以消除日本侵略的影响，在台湾恢复中华传统文化的初步措施。这是当时滞留北京的台湾人所做的一件重要的事，至今看来仍有深远意义。该会不仅是京台文化交流史研究中一个被忽略的重要环节，而且也是大陆和台湾民间文化交流的重要代表事例，一直没有一个专题的研究，资料也较为稀缺，需充实和填补这一空白。该会在实现台胞当时的共同诉求的工作中又发挥了主力军的作用，所以我们以该会为重点代表陈述这一历史时期北平台胞的活动。

二、台湾革新同志会成立的时代背景

自从 1937 年卢沟桥事变后，中国人进行了 8 年艰苦卓绝的抗日战争，这也是世界反法西斯战争的重要组成部分和东方战线。1945 年 8 月 15 日日本被迫投降，世界反法西斯战争取得胜利。10 月 25 日台湾光复。日本投降后，国共便开始了重庆谈判。10 月 10 日签订《会谈纪要》即“双十协定”。协定规定，避免内战，在和平、民主、团结、统一的基础上建设中国。继而在 1946 年 1 月 10 日，国共签订停战协定，宣布停止内战并召开了政治协商会议。这都是全中国人的期盼和当时发生的大事。但对大陆的台湾同胞来说，当时又发生了一件牵肠挂肚的大事，那就是 1946 年 1 月中华民国政府行政院竟然核定公布了《朝鲜人台湾人产业处理办法》，此办法把台湾人与朝鲜人并列，并以敌人同论。把台胞视同韩侨和敌伪，引起寓居大陆台胞的群起反对。同年 7 月国共内战全面爆发。后来到 1947 年 2 月，台湾又爆发了二二八事件。这一时期的物价不断上涨，在币制上，法币、关金、金圆券的快速转换，通货膨胀加剧，百姓生活不断下降。这就是台湾革新同志会成立前后的历史时代背景。

三、抗战胜利后北京台胞的思想动态和台湾革新同志会成立的动机和宗旨

抗日战争胜利、台湾光复的当年，举国上下一片欢腾。中国人历尽8年艰苦浴血奋战，付出巨大牺牲，普遍期待和平，期待战后重建祖国、振兴中华。在大陆的台胞包括当时北京的台湾人，也更关心沦亡了50年的台湾家乡的重建。他们在兴奋的同时，首先想到的即是台湾被日本侵占了50年，而其中最深层次的侵略便是文化侵略。日本侵略者在台湾推行日语、推行“皇民化”，力图使台湾人自幼忘记自己是中国人，所以台湾光复后的重要工作必须首先是在台湾推行国语，恢复中华文化。以该会的发起人、会长、北京的老台胞林子瑾先生为例，从他的主导思想和行为也可反射出该会的主旨，该会成立时他已68岁。这里我们可以再回顾他所走的道路可以更明确他的观念，如前所述，他一直认为自己是中国人，在台湾传承中华文化是自己的义务。这是他根深蒂固的牢固观念，他致力传统文化是一线贯穿的。分析起来，因为他这一代台胞在中日《马关条约》之后台湾沦陷前受到了完整的传统文化教育，完成了国学的系统学习，历史知识渊博，牢固树立起了传统文化中的爱国观念，非常重视民族气节。因此，这一辈台胞自幼多高度崇拜屈原、岳飞、文天祥、郑成功等民族英雄，他还深入研究过南明的历史。辛亥革命发生时他非常拥护，前述他把历史上郑成功的事迹和辛亥革命联系起来，曾著诗《郑成功》表示台湾人民欢迎辛亥革命，留下了珍贵文献。他曾是辛亥革命后第一位恢复中国国籍的台湾人。他也曾响应孙中山的实业救国的号召来大陆开发公路、办交通实业，他也曾把大陆传统文化和新文化带到台湾，在台湾开展文化启蒙运动，为在台湾保卫中华文化和汉语而和日本正面周旋，受到日本人迫害。抗战胜利后，他从必须在台湾首先恢复中华文化的观点出发，团结在大陆北方京津地区的台湾人，自发成立民间组织台湾革新同志会，这是他受传统教育、传承中华文化思想观念的必然结果。那时，他曾和文化界、医务界的同乡如梁永禄、洪炎秋、张我军、苏子蘅、张深切等有所商议。抗战胜利了，他们在兴奋的同时，认识和考虑到当时急需在台湾恢复中华文化传统这个非常重要的问题。客观上，由于台湾经历了整整50年日本殖民统治的奴化教育，不少台湾人对祖国语言文字生疏。消除日本奴化教育的影响，在台湾恢复中华文化，开展学习国语，推广汉字和普通话的活动是摆在当时国人面前的现实问题。他们认为在文化古都北京的台湾同胞更应关心，也更有义务、责任、条件和能力出面争取及早解决这个问题。于是他与在北京的台湾同乡组织成立了该会，亲自出任会长。为此，他虽已是老年之躯，却仍

满腔热忱，风尘仆仆地开始工作，在北风呼啸的冬季，他经常冒着严寒从东直门住所跑到师大、中大，给文教人员讲习班主持授课活动。后来台湾发生二二八事件。在北京纪念“二二八”一周年的集会上，他还冒风险亲自致了悼词。从这一事例中看出了传统文化对台胞的深刻影响。

从中，我们也可以看到学习和传承中华传统文化精神的重要性，它能决定人们一生言行和主张，也能影响许多人，从而促进文化发展和沿着正轨前进。因此，继续遵循这种精神，重视传承中华文化，仍是我们两岸教育的重要内容。

台湾革新同志会当年的成立宗旨、成员、工作计划、活动内容等资料仍部分保留在今天的北京档案馆。台湾革新同志会于 1945 年 10 月成立于当时的北平南长街 57 号，会长林鹰（林子瑾），负责人王文义。下设有执行委员会及其各部以及监察委员会。各部门负责人有柯文政、梁永禄、林铿生、黄辉煌、赖尚昆、周东源等人，会员总数 562 名。成员文化素质较高，多具大学文凭。该会系在北京的台湾人自发组织的民间团体，从其宣言分析，其宗旨也很明确。该会出自传承中华文化自强不息精神，“尊重国史”，庆幸台湾回归祖国怀抱，憧憬战后建设祖国，期盼祖国富强、中华复兴。同时也指出由于台湾不少的年轻一代被日本强制奴化教育长达半个世纪，长期在日本的统治、宣传教育笼罩之下，久别祖国的“六百余万人民已泰半通用日语”却对祖国语言文字生疏。对祖国情况生疏，“祖国之情感已渐次稀薄”，急需加强对他们的帮助，大力开展交流工作。这些在当时北平的台湾人认为他们自己“或籍隶于福建，或生长于台湾，或以思想行动被迫而离故乡，或以生计而服务于祖国，与（岛内）台胞休戚相关，利害一体，既欣长复之荣幸。尤感责任之重大”。[①] 认为在京台胞有责任成立民间团体，开展交流工作，进一步使大陆和台湾融合为一体，于是便在师大和中国大学开设“文教人员讲习班”，设法协助输送不少大陆的青年学生到台湾去，教台湾青年学生国语、汉字，使晚辈台湾青年恢复中国文化。也使彼此隔离长达半个世纪的两岸同胞进一步沟通、了解和融合。

① 北京档案馆存《台湾革新同志会宣言》，1945 年 10 月 14 日，档案号 J—002—002—00151。

四、台湾革新同志会的工作计划内容、特点

1．创办“文教人员讲习班”，完成输送学员到台湾的工作。

台湾革新同志会非常务实。与当年大陆各地方其他台胞组织相比，该会最重要的特点是具体举办了“文教人员讲习班”。自成立之始就同时设立和开办“文教人员讲习班”。该会与讲习班始终并存，组织一些在京的大陆和台籍的青年学生和教师，包括北京大学、师范大学、中国大学的一些毕业生，开展台湾知识、语言、风俗习惯、地理历史及到台湾应注意事项等的讲解和培训（同时存在的其他台胞组织都没有具体办培训班，所以选该会作为典型）。该会也为讲习班学员向中国善后救济总署申请旅费，接着便协助输送这些大陆的青年学生到台湾去从事教育工作，利用北京普通话的优势，进行国语教学，推广普通话。战后台湾的师范学校及中等以上学校的国文教师，有许多是该会输送来的。近年北京的台湾会馆重张后，2011 年 5 月 10 日下午，以大陆著名表演艺术家蓝天野、朱旭、濮存昕、导演李六乙为首的北京人民艺术剧院《家》剧组一行 50 余人来到北京台湾会馆体验生活。在参观中，朱旭老师详细了解了台胞乡亲组织的历史与变革，讲述了他的亲人在 20 世纪 40 年代，“应台湾革新同志会号召，投身台湾国文教育事业的感人事迹。”朱旭的哥哥曾在台湾光复之后应台湾革新同志会号召到宝岛教授国语，他对会馆中搜录的这段史料非常感兴趣。并希望市台联对此类史实进行深度挖掘。”[①] 又有记载：台湾革新同志会除在平、津两地开设训练机构，为完全不谙国语的台胞（包括被迫充当日军军夫而到大陆的台胞）讲习国语，还派出文教服务团赴台任教。[②] 还有记载说：继为故宜兰中学教员赵桐烈士父亲赵鸿年先生起立致辞称：“赵桐系去年参加（台湾）革新同志会文教服务团赴台任教，服务于宜兰中学，平常甚得当地父老之敬仰，观该地朋友屡次来信，则可证明，后因与该校校长意见不合，致于二二八发生后被害，桐儿一生耿直，为台湾教育竭尽微力，可谓无党无派之士，只为正义而竟遭毒手，设能因其死而有所裨益于台胞及台省将来之建设，则其本人之死，又何足惜！”语甚沉痛。[③]

2．提倡和计划演出《郑成功》剧目。

该会另一个重要特点就是提出开展演出民族英雄郑成功的演剧活动，并

---

① 见台胞之家网，北京市台联李中禹（文）、裴芝荣（图），2011 年 05 月 10 日。

② 汪毅夫：《爱国爱乡两岸情—纪念梁永禄先生》，团结报 2010/4/1。

③ “台湾省旅平同乡会”和“天津市台湾同乡会”合编的《二·二八周年志》（1948 年 3 月 28 日出版）。

列于自己的工作计划当中。从中更看出传承传统文化一线贯穿的重要特点。当时著名艺术家欧阳予倩就曾领团赴台湾演出话剧《郑成功》，受到台胞民众热烈欢迎。[①]

3．维护台湾同胞的利益，理直气壮地反对国民党政府公布的《朝鲜人台湾人产业处理办法》，并召开了记者招待会。

台湾革新同志会 1945 年 10 月成立后，到了 1946 年 1 月中旬的时候，当时的行政院发布《朝鲜人和台湾人产业处理办法》。此文件一经发布，当即遭到在大陆台湾同胞的反对。该会也即刻投入了这一活动，公开勇敢地提出正面反对当时当权的国民党政府没收在大陆台湾人财产的决定，并致使当局改变了这一错误决定。1 月 19 日台湾革新同志会和台湾旅平同乡会联合在北京前门外煤市街泰丰楼举行记者招待会，到会的有美国新闻处、中央社北平社、西北社、世界日报、益世报、华北日报、英文时报、人言周刊社、世界知识社、大众文艺社、南北文艺社等二十余单位，三十余名代表。开会时，首先由台湾革新同志会会长林鹰（林子瑾）义正词严地致开会辞，继由台湾省平津同乡会联合会委员张深切讲话，呼吁社会舆论主持公道、援助台胞。后由台湾革新同志会的黄硕刚讲话，强调台胞产业问题事小，台胞法定地位事大，要求对该办法修正。他们的讲话引起全场热烈讨论，据说空气颇为紧张。“台湾旅平同乡会”的代表梁永禄讲述了自己在日本严厉压迫下，仍与敌暗斗，说明台胞的国家民族意识。词语沉重，大家深受感动。[②] 这一活动反映出当时在国民党政权下，在北京的台湾人伸张正义的意识和勇气。

4．协助北漂台胞返乡。

所谓落叶归根，台湾光复使得当时不少滞留在大陆的台胞都很想念阔别多年的家乡。于是，该会也顺便帮助了在京台胞、在东北台胞、在天津台胞返台。当时也还组织包括在东北和天津的台胞，这是因为当时东北大连港已无赴台海运，而东北、北京的台胞也要经天津塘沽出海。

五、台湾革新同志会意义

台湾革新同志会在抗战胜利、台湾光复时迅速组建，又于许多台湾同胞

① 木本相：《百年话剧百样人生——为中国话剧奠基的先行者》，《人物》杂志 2007 年第 6 期。

② 新台湾社：《台湾人产业处理办法实有难于忍耐之点》，《新台湾》创刊号，1946 年 2 月 15 日出版。

返回家乡后自行消失，从1945年10月到1946年7月，前后实际只存在了10个月。存在时间虽很短暂，我们却发现该会在历史上的重要性，并值得在学术上做更深入研究。

该会的重要意义在于它是一个具有代表性的台胞组织，自觉致力于在台湾恢复中华文化，使当时彼此隔离了长达半个世纪的两岸同胞进一步沟通，了解和融合。它是光复后第一次由台湾同胞自己为传承中华文化而自发组织的两岸民间文化、教育的交流活动，加强了两岸同胞彼此了解的活动。这代台胞自发的传承中华文化的祖国意识也极为珍贵，是他们一贯认同中华文化的强烈表现。

从台湾革新同志会的成立及其开展的活动中我们看到，抗战胜利以后，这是两岸首次具规模、有意义的民间交流是文化交流活动，更属在教育方面的首次交流活动，应该给它一个合理的定位。2012年4月我曾应邀参加了在台湾彰化举行的关于郑成功的学术研讨会。会上会下和一些学者接触的过程中以及对台中、台北一些大学和研究机构中的学者的参访过程中，我感到大家对京台文化交流深感兴趣。一些学者对当年的台湾革新同志会和老一代台胞的思想观念研究也甚感兴趣，因此我想可以循此课题深入探讨中华文化传承对两岸文化交流的影响问题，中华文化的传承是两岸文化交流的基石。而在大陆的台湾同胞能及时自觉提出和组织两岸民间文化交流的首要任务是在台湾推广普通话，这是台湾民众在近代史中应该提及的第十个亮点。

六、台湾革新同志会等组织的奋斗成果、大量台胞返乡的实现

1.1946年3月初至4月底有500多名台胞分3批返台，7、8、9月又有几批台胞返台。7月27日第一批88人，包括了非台胞、大陆人启程赴台。洪炎秋、张我军、张深切、陈天锡、林朝棨等人自己也在这一时期返台。抗战胜利、台湾光复之后，虽然北平（即北京）的许多台胞再回到故乡台湾，但有一部分人仍然坚持继续留在北京生活，林子瑾便是其中之一。他帮助促成同乡实现返乡愿望，自己却继续留在了北京，以坚定地实现其终老祖国之志。

2. 促成当局更正对台胞财产的不当处理办法。（已如上述）。

3. 台湾革新同志会输送非台胞教师赴台是为传承中华文化和促进两岸交流的明确目的，上述北京人民艺术剧院名演员朱旭所提供的材料和台湾岛内的材料便是明证。

七、抗战胜利后来北平的台湾人

这时期虽有大批台胞返乡，却也有新到北平的台胞。这就是我们需要研究的两岸双向交流的现象。例如台胞魏正明毕业于日本九州岛大学医学部。抗战胜利后，他协助被日本抓去做苦役的华工重获自由，并护送他们从日本回国，他先在保定行医。1948 年魏正明、王碧云夫妇携女魏丽惠等从保定来到北京开办医院。

此外，这一时期还有因台湾官费派到大陆来上学或自费而来大陆上学的台湾学生，例如彭克巽（到北大）、陈弘、江浓（到上海）等人。

第三节　二二八事件及当时大陆台胞的反应

一、1947 年台湾二二八事件

1. 二二八事件的社会背景。1945 年台湾光复后，当时的国民政府接管了台湾。成立了行政长官公署，以作为将来向省政府的过度。蒋介石任命陈仪为行政长官和台湾警备司令部总司令，到 1947 年 2 月的时候已执政约 1 年半。庞大的日产全部充为公有，这其中有台资的部分并未细致考虑。在经济政策上，又再实行统制经济，推行公营经济政策，束缚台湾民营企业的发展，引起台湾本地资本不满。长官公署建立和控制了庞大的省营经济体系，紧控专卖局和贸易局。以官营贸易获取主要财政收入。而在统制经济的同时，对关系民生的米却采取自由流通放任的政策，金融上承袭日本造成的膨胀，又再大量发行货币，结果货币贬值、米价飞涨、其他物价随之而长以至失控，民众不安。前述在接收过程中，接收大员有乱收乱占、监守自盗、化公为私的现象存在，大小贪官污吏营私舞弊、贪污腐败引起广大民众强烈不满，对于其中几个大案没有及时严办，平息民怒。一些干部行政水平、效率低下。大陆籍官僚垄断了台湾省的主要权力，影响台籍精英参政。企业的负责人也多是官府从大陆带来的亲朋好友，台湾人被排挤在外。用人不重考核、任人唯亲，财政困难造成裁员，而台籍人士则首当其冲。日籍技术人员迅速撤离，工厂普遍开工不足，失业现象严重。经过实战的闲散人员生活不安定，游荡荡于社会上。国民党为了大陆内战而调动了台湾驻屯的兵力。

台湾行政长官陈仪曾经两次留学日本，其夫人也是日本人，1935 年曾去台湾考察过，是当时国府高层官员中少有的“日本通”、“台湾通”，深得蒋介石的器重。他其实对台籍精英有偏见，认为他们有奴化色彩，并进一步认为台湾民众不会讲国语，许多青年不识汉字，没经过大陆当年的军政、训政时期，不懂三民主义，不懂民权。而在台湾民众看来，自己虽政治地位低下，但心知肚明他们自己热爱祖国。他们早就知道孙中山，一战以来经过文化启蒙，长期坚持过抗日的议会请愿斗争、争取民权的斗争，深刻明了地方自治的意义和要求，并未上日本同化的当，也有一定的知识和经验。他们甚至有水平草拟出台湾省地方自治法，送请中央参考。他们还搬出孙中山的建国大纲来和当时的宪法比较。台湾沦陷50年来与大陆走上不同道路：大陆战乱不断、无暇建设；台湾现代化虽是负面的、却早完成。即使假法制，他们也经历过，尤其是经历过抗日斗争的洗礼。50年后重逢，他们是何等欢迎光复，可光复一年半以来，他们却又看到歧视他们的长官，所谓的“台湾通”其实对台湾的了解非常肤浅，对法制和自治的理解更差，执政水平并不高。他们反对的是贪官污吏和腐败现象，而长官公署的执政败笔也确实无法令人信服其水平。这就是当时的基本社会概况。

2. 二二八事件的发生和简况：

1）缉私血案：当时长官公署的专卖局对于大的走私案件无力破获，就从全力取缔贩卖香烟的街头小摊贩入手。1947年2月27日专卖局人员捉拿小摊贩时，结果只诱抓到一个以贩烟为生的老妇。过程中被打伤。围观者见执法者盛气凌人打伤老妇，便与查缉人员打斗，又有查缉人员开枪示警，子弹击中围观市民，伤者不治身亡，形成血案。

2）二二八请愿血案的扩大：缉私血案后的次日（2月28日），死者亲友率众游行，一路高呼：“严惩凶手，杀人偿命。”激起许多民众共鸣。民众在米价、房租暴涨的情况下，加之专卖局警员平日作威作福，民众早对长官公署的低劣治理不满、群情激昂。行进中，冲击了一个出面制止、平时又借势凌民的派出所和专卖局台北分局。及至长官公署向陈仪请愿，陈仪与幕僚筹谋对策并寻找闽南语翻译人员准备出见。这时守卫与激昂的请愿者发生了激烈的冲突，一名卫兵被击伤。卫兵开枪还击、驱散群众，结果死伤各一，6人被捕，又形成血案。民众控制了电台，广播批判贪污、米粮外溢。台北的抗争迅速演变成全台一场反专制独裁，反暴行、争取民主自治的群众运动，出现了罢工、罢市、罢课。

3）台籍精英要求政治改革：

3 月 1 日台北市参议会召开了紧急会议，邀请了当时的国大代表、国民参议员、省参议员参加、公推一些人士至长官公署向陈仪情愿提出三项要求：一、立即撤销戒严令，制止军警开枪。二、释放被捕之台胞。三、政府派员与民意机关合组紧急处置委员会。于是陈仪派员参加由台北市参议员等组成的“台北市二二八事件处理委员会”并发表了广播谈话，解除戒严。

3 月 2 日上午陈仪曾接见台籍人士蒋渭川。

3 月 2 日下午 3 时陈仪又再次发表广播谈话，要求恢复秩序。但未能平复群众情绪。这时事件已很快波及全岛了，要求省政改革的呼声也越发高涨。也是在 3 月 2 日下午 3 时许，“台北市二二八事件处理委员会”召开第一次会议，陈仪派来的官方代表主张恢复秩序。民间代表主张撤销警察大队，改革省政，不只限于单单处理血案。双方矛盾尖锐，最后形成政府五委员退出会场。

台湾人士认为，陈仪无权决定台湾的行政体制，应由南京国民政府速派大员来台调处，改革省政，落实地方自治。但南京最后定性为“暴乱”，迎来的是武装镇压。

3 月 6 日下午，由于事件已扩大到全省，在紧急中又组成的“台湾省二二八事件处理委员会”在台北补开成立大会，提出了 32 条处理大纲，涉及政府武装部队暂时解除武装，县市长实行民选，反对人事上的省籍歧视政策等等。

3 月 6 日晚 8 时半陈仪广播谈话，向台胞承诺政治改革，可同时写信给蒋介石，“就事情本身论，不止违法而已，显系叛乱行为。严加惩治，应无疑义。”这时“台湾省二二八事件处理委员会”尚未正式递送 42 条要求，这说明此前陈蒋已欲镇压。

3 月 7 日“台湾省二二八事件处理委员会”又举行会议，除通过 32 条外，又通过追加十条，涉及撤销警备司令部的内容（一说这并非处委会主持人的本意，而是有人提出此内容以嫁祸于台籍精英）。这 42 条于当日晚 7 时向全省广播后 8 时提交给陈仪，陈仪见此，严词拒绝。后来这些涉及军权、治权的紧急仓促决定的不成熟内容便成为政府定性和镇压事件的根据。

4）二二八事件波及全岛，十六县市的抗争：

另一方面，二二八事件已波及全岛，十六县市出现抗争 3 月 1 日台中、彰化等县市参议会赞同台北市参议会所提要求，致电全省各地参议会并获得响应。事件已不仅是单纯处理缉私血案和请愿血案的问题，而发展成全省范围的要求政治改革的运动了。基隆、新竹、嘉义、台南、高雄等各地出现况不尽相同，其中台中是中部连贯南北的交通枢纽。消息很快传到台中，谢雪红等得知后迅速开展活动抨击政治腐败，组建二七部队与官府武装抗争。他们失败后辗转经大陆到香港，又遵循民主自治思想成立了台湾民主自治同盟，后来响应中共五一号召到北京参加了新政协。

5）军事镇压：早在3月2日，陈仪在应付局面的同时，就急电南京："台湾发生暴乱，已及全省，形势危急，请速派国军赴台救援。"南京就认定二二八事件是"暴乱"，立即电令21军赴台镇压。3月8日先头部队登陆台湾，3月8日晚台北发生袭击长官公署、警备总部等军政机关的事件。3月9日，台北再次戒严，开始了大规模镇压和清乡活动。

6）本事件是民众对长官公署一年半来的治理的否定，对贪腐现象、物价飞涨、失业状况、统制经济、用人不公等问题的严重不满和积怨的总爆发。在大规模的群众运动中，出现各种要求和主张是不奇怪的。台湾精英的主要诉求是省政改革，包括地方自治、发展自由经济、保障民众权益等，而这些省政改革的正当诉求都被忽视。

虽然本事件中在初始和后期都出现了很严重的省籍间（包括外省籍和本省籍）的被害情况，但这绝不是省际间的矛盾。台籍精英多次明确表示他们不但绝不排斥而且还欢迎外省来台协助工作的人，并对混乱中发生的情况表示非常遗憾。在混乱中，也发生过多次台胞搭救素不相识的外省同胞，使他们免遭不幸的感人故事。

二、以在京台胞为代表的大陆台胞的反应

1947年2月28日，台湾岛内爆发二二八惨案后，在平津的台胞即刻声援。3月6日，旅平同学会的梁永禄等人曾召开联席会议，讨论旅平同乡、同学对此次惨案所应采取的态度，后经全体一致同意发表《告全国同胞书》，说明惨案真相以唤起全国各界人士的同情。为郑重表明决心与责任，与会代表全体签名。同时会员自动踊跃捐款，以作印刷费用，并当场一致通过《致电蒋介石》，要求撤办台湾行政长官陈仪、释放被捕同胞。随后，旅平同乡会与长春、沈阳、青岛、天津等地同乡会和旅平同学会共同署名发表了《为台湾"二二八"大惨案告全国同胞书》，阐明了"二二八"真相。

3月11日，在京台湾同学和同乡乘载重汽车走访各报社及知名教授，并在重要街道张贴宣言；梁永禄、王碧光、陈威博（杨威理）等人将《告同胞书》递到苏联、美国领事馆。

3月14日，"同乡会"和"同学会"在王府井京华酒店召开有美国新闻处、合众社、《联合报》及英、法、瑞等国记者参加的招待会，由梁永禄、王碧光和学生代表致辞，呼吁爱好和平、民主的各国朋友主持正义。

4 月 20 日，在平津的台胞共同编印《台湾“二二八”大惨案：华北舆论集》数千份，绝大部分秘密寄回台湾。

1948 年在“二二八”起义一周年之际，旅平、旅津同乡会在北平台湾会馆隆重举行了“二二八”殉难烈士追悼会，并联合编印了《“二二八”周年志》。

大陆台胞深深理解同情家乡发生的惨案实质，他们绝不是仅仅出自乡情。例如老“祖国派”林子瑾当年曾在台湾发起文化启蒙、提倡自治，明了陈仪等所谓“台湾通”并不深知台湾。光复后见到国民政府行政院处置台胞和韩侨财产并列的错误决定（后经台胞人士痛陈、反驳而予以纠正）深感其行政水平低劣。又结合当时全国性的货币贬值、物价飞涨，官府接收大员之乘机营私舞弊的全国性现实，深知事件乃是台湾民众积怨的爆发，是对当局甚为失望的表现。他冒着当时白色恐怖的危险，在当时北平“二二八”一周年追悼会上，负责致悼词。

第四节　国民党当局退据台湾

一、抗战胜利后的大陆概况

1945 年日本投降时，便出现受降问题的争议。国共合作联合抗战的团结局面开始分化。当时国民党军队多在西南、西北，而原日本占领区则在东北、华北、华东、华南的大城市和铁路沿线等发达地区。国民党军队赶到日占区后，陆续完成接收工作，举行了日军投降仪式。中共则坚持针锋相对，力争受降的立场，在边区、华北、华东的抗日根据地接收占领了一些中小城市，重要的有张家口、承德、邯郸、长治、焦作、烟台、威海、盐城等地。同时国共都注意争取东北地区，中共 1945 年年底就在东北成立过 7 个省政府，控制东北近一半的县，建立了东北根据地。

抗战胜利后，国人历经 8 年艰苦抗战、普遍希望和平、民主、建国，曾出现了一百多个大小党派，也有战前就存在的政党。这些政党被视为国共两党外的中间党派和政治力量，其中有中国民主同盟、中国民主促进会、中国民主建国会、中国农工民主党、中国致公党、九三学社、中国国民党革命委员会、台湾民主自治同盟、青年党、民社党等，其中有的倾向共产党，有的倾向国民党。

面对国人实现和平建国、不愿再起内战的强烈愿望以及美苏等世界大国出自自身利益也不希望中国再起内战的情况，国共重庆和平谈判应运而生。毛泽东应蒋介石邀请赴重庆，于 1945 年 8 月 29 日至 10 月 10 日间进行了和谈，签订了《双十协定》。国共谈判中有共识、有妥协、有激烈争议的问题，双方都做了以后继续商谈的表示。

在和谈的同时，双方仍在激烈战斗、武装冲突加剧，引起美苏关注。1945 年 12 月下旬美、英、苏三国外长会议在莫斯科发表公报，强调了中国停止内部冲突的必要。美国派马歇尔来华调处国共冲突，1946 年 1 月 10 日，由美方马歇尔、国民党张群、共产党周恩来组成的三人会议签署了《关于停止冲突恢复交通的命令与声明》，国共双方均同意先行停战再解决有关军队整编事宜。于是当天，蒋介石和毛泽东分别下达停战令。1946 年 1 月军调部在北平成立，负责停止冲突等具体事项。

在国共高层的“重庆谈判”结束后，国共两党代表在重庆继续商谈，决定由国民政府召集政治协商会议，邀各党各派和无党派人士参加。结果 1946 年 1 月 10 日在重庆召开了政治协商会议。

但是这些政治活动并没能真正起到制止内战的作用，1946 年 6 月，全面内战终于爆发。

二、国民党政权退据台湾

在政治上，1946 年 11 月，国民党在南京召开了“国民大会”，制定并通过了“中华民国宪法”。1947 年 11 月又进行选举“国大代表”的活动，1948 年 3 月继而召开了“行宪国大”。4 月蒋介石当选为总统，李宗仁当选为副总统，国民党内部派系权力、地位斗争加剧。

其实在经济上，由于内战经费激增，造成财政赤字，物价飞涨，人民生活急剧下降，对国民党失去信心。1947 年 5 月一些大城市爆发了“反内战、反饥饿”的大规模学生运动。中共也加强了国统区的地下工作，开辟了第二条战线。在沦陷区接收的币制兑换中，国民党政府大大压低伪币币值，残酷掠夺沦陷区民众，使民众对其极为失望。1948 年 8 月国民党政府又宣布用金圆券代替法币，这已是面临经济崩溃的措施，其大量发行更加剧货币迅速贬值。百姓的血汗积蓄被剥夺。蒙受了巨大损失。而政府随后将币改中回收的库存黄金转运到台湾，据说总数不少于200万两。另一方面，远在抗战中后期，大后方的腐败现象就在蔓延。抗战胜利后，国民党接收大员徇私舞弊，常变敌产为己有，大发胜利财，普遍丧失民心。这种政治状况，加之在军事力量对比上，不断下降。国民党军队不断战败。

经过辽沈、淮海、平津三大战役，国民党军队退据江南。在平津战役中，文化古都北平于1949年1月和平接管，4月开始了渡江战役，占领南京，国民党政府逃往广州。解放军陆续占领杭州、武汉、南昌、上海。10月攻克广州，国民党政府逃往重庆。11月攻克重庆，国民党政府迁往成都。12月蒋介石飞往台湾。结束了国民党在大陆的统治。

附记：50年代初大陆和北京台胞的简况

近代到1949年为止。作为本书余波，以附记为题，简略述及大陆1949年后台胞群体的形成和今日的发展。

一、继续滞留大陆的台胞

以北京为例，当时滞留北京的台胞有清朝来京的台胞或其后人，民国时期来京的及其后人，抗战时期来的极其后人，台湾光复后公派北京就读的学生。民初来京的林子瑾到1949年已71岁。林祖密和连雅堂都早已过世。经历了多年风风雨雨的林子瑾，特别是抗战八年的艰苦度日生活，尤其是抗战胜利后又接连经历了内战时期的法币、关金、金圆券等一系列货币贬值、物价飞涨，林子瑾只好靠变卖房产、家具等生活，经济上几乎消耗殆尽。他在劳作时手指扭伤，当时在北平王府大街救世军开业的台湾同乡魏正明医生帮助他开刀治疗。1949年他还会见了刚刚到京的谢雪红，出席过台湾民主自治同盟早期的会。谢雪红向大家介绍说："这位还是我的老师。"（指谢雪红早年常去台湾文化协会听课和参加文协组织的活动。）但林子瑾因年老体弱、长期缺乏营养、不幸感染，经9年病痛，长期救治无效后，于1956年病逝于北京，葬八宝山公墓。北京的台湾省旅平同乡会代理会长是林铿生，时常去看望病中的林子瑾。台盟的秘书文英、沈毅等受台盟主席谢雪红委托也去看望他。早年一起开展非武装抗日运动的石焕长医师于50年代后期曾一度从上海来北京看望故友林子瑾，但遗憾的是林子瑾已于1956年病逝。后来石医师还给我看过一份他准备上交给周恩来总理的他的活动经历，可惜都没保存好而遗失。林子瑾病逝后，谢雪红曾到他家去慰问。

二、香港赴京的台胞

1949年后除了原来滞留在北京的老台胞外，又有不少从各地来北京的台胞，其中包括1949年3月以谢雪红为首的台湾民主自治同盟总部从香港迁到北京来了一批台胞。这时谢雪红和阔别多年的林子瑾在北京见面了。在台中时他们曾是邻居，林子瑾家失过大火，谢雪红曾帮助他家救火，并帮他包扎烧伤的伤口。那时谢曾一度作为进步的开明职业妇女经营缝纫机业务，也常去文化协会听课并向林子瑾学习研讨汉诗。谢虽然没有文化基础，但林子瑾曾吃惊地发现她很有做诗的天赋，还常对人说她有追求进步、顽强抗日的硬骨头精神。谢雪红到京后也曾住过东华门南河沿的翠明楼招待所，郭沫若的日本夫人来京时住在那里，中央曾派她在这里协助这位夫人做日文翻译工作，她也曾到过林子瑾的住所。1949年7月又成立了台盟华北总支部，林铿生任主委。1951年11月台盟总部迁往上海。1952年陈炳基（参加过二二八事件，是一位非常热心为台胞服务的领导者）任华北总支部主委，文英（文英即陈定澜，曾任中央社会主义学院图书馆馆长，是陈天锡大律师之子。学生时代从北京去边区参加革命，化名文英。他也去看望过林子瑾。他近年逝世在世时几次和我谈到，他非常佩服林子瑾坚持文化传统的精神）为秘书处处长。1955年台湾民主自治同盟总部又迁回北京。

三、从各地到京的台胞

林祖密的女儿林冈（即林双盼）曾于抗战初就辗转参加了革命，1949年随中共中央到北京。1958年调北京市女十二中（即前贝满中学）任校长。台胞蔡管仲及其夫人翁琼英1943年到大陆，先是在山西大同行医，1949年初来到北京。后来他们无偿捐献了自己开办的向安医院和向安高级助产学校。1949年4月吴克泰、叶纪东等离开台湾到达北京。5月教育家陈文斌来到北京。林祖密的儿子林正亨1950年1月在台湾牺牲后，他的妻子沈宝珠（即沈毅）逃离台湾到了香港，这时他的两个在香港的孩子已经被送到北京了，随后她也奔赴北京找到了孩子。她被安排在台盟总部工作，后来做谢雪红的秘书。台湾民众党创始人蒋渭水的儿子蒋时钦和夫人傅莉莉是于1952年从福建调往北京工作的。学生时代从北京到边区参加革命的何标（即张光正，张我军之子。参加革命时化名何标）、文英也先后回北京工作。曾任台盟中央主席的蔡子民和李玲虹夫妇是1954年从上海调到北京工作的。曾任北京市台湾同胞联谊会会长的黄幸则是部队驻京机关的。曾是台湾公派北平的大学就读的毕业生彭克巽等毕业后也留在北京大学工作了。

四、从日本归国的台胞

爱国台胞陈丁茂先生（1922—1995）于1951年从日本回国。他是一位工程师，是北京汽车工业的奠基人。1952、1953年有几批旅日华侨归国，其中大多为台湾同胞，因为后来有许多台胞从台湾去日本留学。他们来京后陆续先后被安排到重要工作岗位。林丽韫、李敏宽、陈木森、蔡文庆等就是这时从日本来京的，所以汇聚在北京的台胞不断增多。

此后已在北京为代表的大陆台胞便随大潮进入了一个新的历史时期。开始历经全新的组合和生活。

五、对台湾近代史在中国近代史中的意义和历史地位的认识

世界的近代史一般以1640年的英国资产阶级革命为开端。作为世界近代史的重要内容包括了资产阶级革命、列强的形成和帝国主义侵略以及殖民地的反侵略斗争、帝国主义的角斗、第一次世界大战、国际共产主义运动等等内容。

世界近代史的研究往往不会把我们中国自己的内容放入其中，于是中国这时期的历史事件和世界的比较和观察往往容易被忽略，而在一定程度上存在一些形成孤立研究的倾向。例如在世界近代史中，日本的明治维新被纳入，在提到亚洲的觉醒时注意到了许多地区，而不同时讲中国。2011年中国大陆纪念辛亥革命100周年的时候，北京大学组织了“辛亥革命与世界”的学术讨论会，许多论文把辛亥革命放入世界大环境中讨论，才凸显出辛亥革命的世界意义。其实中国是世界上的泱泱大国，又是文明古国，数千年的传统文化传承至今。中国1911年的辛亥革命和孙中山提出的三民主义及其后的五四新文化运动在世界近代史中，在反封建和反殖民主义方面都应该占有重要地位。

中国的台湾在这一历史时期又沦为日本殖民地50年。因此就像上述我们研究世界近代史时往往不把中国自己放入其中一样，在中国近代史中，又往往不把台湾近代史的日据时期列入其中。于是台湾这时期的历史现象在中国史中往往容易被忽略，而在一定程度上也形成孤立研究的倾向。而在台湾近代史中台湾民众反对日本的殖民统治，特别是在辛亥革命的影响下，无论是武装斗争如罗福星的苗栗起义还是非武装的民族运动、如启蒙运动、议会设

置情愿的政治运动，都是与辛亥革命或其后的大陆五四新文化运动密不可分的，有着千丝万缕的联系。所以只有把台湾近代史放入中国近代史研究，才能凸显出当时台湾是中国领土沦为日本殖民地的史实。台湾近代史中反殖民斗争在中国近代史中又有突出的意义和地位，从而在世界近代史中都应具有重要意义和历史地位。这也是我为什么要从全新的角度，重新审视台湾近代史的原因之一。所以我写本书的意义在于第一次试图把台湾近代史、特别是日据时期作为中国近代史的一部分来写的，这是一个初步的大胆尝试，所以一定会有很多缺点和不妥之处，等待大家批评指正。

后记

本书收笔后，我深深感到如果以台湾民众为主体观察台湾近代的事，我们就可清楚地看到台湾民众在台湾近代史中除了已发生并已被重视的重大历史事件外，还写就了本书描述的十个亮点、四次思想转变和形成了一条线索，即：第一个亮点：突出的郑成功文化；第二个亮点：中法战争中的抗击法军侵略、保卫家乡的战斗；第三个亮点：台湾洋务运动的进展速度和项目硬件的质量是台湾民众配合政府在开发建设台湾上创造的奇迹；第四个亮点：台湾地区维新思想的产生。这说明台湾知识界中开始有人从封建传统思想第一次转变到维新思想。出现了第一次思想转型；第五个亮点：清廷割台时，力主抗倭的"五人上书"；第六个亮点：在清政府割台的紧急情况下，民主政体观念的迸发及其后的发展。第二次思想转变及其明朗化；第七个亮点：和大陆一起，全面参加了辛亥革命运动；第八个亮点：台湾的文化启蒙运动。第三次思想转变。旧文化向新文化的转变、旧文人向新文人的转变；第九个亮点：民众中千万颗未被日本征服的心凝聚一堂、欢庆光复；第十个亮点：光复后台湾民众自觉重视两岸民间文化交流和主动在台湾恢复中华文化。这十大亮点说明台湾人民有自觉的醒悟，根据世界和祖国大陆的发展，经过自己的思考，开展有本地区特点的活动，这是台湾民众可引以为傲的，也是应该充分肯定我们的台湾民众在近代历史上的亮点、成就，予以历史的关心和肯定，从而也就成为能够尊重他们的原因。

这十个亮点从思想发展的角度分析，可以明确看到四次思想转变的产生。台湾维新思想的产生是台湾知识界思想倾向出现的第一次转型，即从固有文化到变法维新思想。传统知识分子在第一次思想转变（变法维新思想）之后，又发生了第二次思想转型，包括两个阶段：第一阶段是萌芽阶段，即在清政府割台的紧急情况下迸发的民主政体观念；第二阶段是深化阶段，这种民主意识又不断深化和明朗而发展到对辛亥革命的全面参与及对民国的期盼以至进一步确立日据时期“大陆和台湾仍是整体”的思想和老“祖国派”的形成——这是台湾知识界的第二次思想转变继续深化和明朗化的结果。而一些先驱的祖国情怀也日趋浓厚，抛弃了只做悲叹和呻吟的诗人躯壳，辛亥革命后，就公开开始了奔向祖国（他们心目中的民主国）的行动。这一深化过程还包括了他们部分人出现了自治思想的萌芽。第三次转变则是在日本的文化围剿下，完整地走上自治、科学、白话文的道路，开展了文化启蒙运动，是旧文化向新文化的转变、旧文人向新文人的转变，在台湾保持和发展了汉文化。台湾民众中曾出现的第四次思想转化主要是工人队伍出现后，接受当时世界国际共产主义思潮发展的影响而出现。

从这十个亮点和四次思想转变中我们又可清晰地找出一条线索，即中华传统文化的传承，前后贯连，一脉相承。台湾民众在近代史中，从固有文化出发，在日据时期认同祖国，保卫和发展汉文化。重要的是，光复后又再主动发起在台湾恢复被日本破坏的中华文化，实行推广普通话。这些行动前后贯连、始末呼应，形成一条明显的线索。这是海峡两岸都应予以重视的中华文化认同，这就是应该明确弘扬和传承的精神，也是将来国家和平统一的一条生命线。正确了解和理解台湾民众过去的主线并予以正确看待和肯定，帮助青年获知和追思前人的轨迹，才能理解台湾民众现在的心境，才能准确判断他们的未来。

本书收笔后，笔者还愿在此提出本研究课题外的两个想法。我有个三部曲的想法。本书即是第一部，也是第一步：重新探讨台湾近代史，重视台湾民众和大陆关系研究，增强彼此的认同。

大家从本书中可了解到林祖密、连雅堂、林子瑾、吴子瑜等人是继续受传统文化影响，继清朝科举时代一批来京应试的台湾学子和日本占据台湾时的内渡台胞之后，也就是在日据台湾初期，在中国进入民国时代后，第一批带头来到大陆的台湾同胞。在日本占据台湾后，他们延续前人香火，开创了日据和民国后两岸民间继续不断来往交流的新的历史篇章，谱写了台湾被割据后两岸民间继续认同、交流的历史。民国以后也正是中国和世界继续巨变的时期，其后人们在激烈的碰撞中滚爬、迁徙，卷入历史风暴，各人境遇不同。但此后不断出现继续先后汇聚在大陆的台湾同胞，其后包括不少青年台胞步其后尘，继续先后来到大陆，“祖国派”队伍不断扩大。他们同样具有报效祖国、振兴中华、亲近祖国人民并与之继续融合的想法。虽然认识上存在差异，也都曾有过不同程度追求进步的设想。这些台胞是通过种种不同渠道、不同时期来到大陆，本书仅包含了这部分人的内容。其实交流是双向的，在这一中国巨变的历史进程中，还有不少卷入激烈的历史风暴、由于各种原因由大陆去台湾的人，特别是其中有不同省份的退伍“老兵”，他们随军挟裹到台湾。所以除了本书涉及的大陆台湾同胞外，还有很多从大陆到台湾的同胞。这两大部分人有一个共同的特点，就是他们不但都是炎黄血脉，而且头脑中都依稀传承着中华民族传统的文化观念。他们离别故乡和亲人之后，又历经了两岸曾继而隔绝长达近半个世纪的悲剧。如今他们的后人和亲友分居两岸甚至国外，而且愈繁衍愈多。年代越发久远，而找回记忆前辈的史实，案头翻阅并继续传承，也发展成为一件必要的事。

近代史告诉我们应该注意到，台湾民众与大陆民众相比，还有着一段特殊的经历，即曾有长达 50 年的隶属异国统治经历，经历过日本的殖民初期、所谓的大正民主时期、后期的“皇民化”时期，其在日据时期产生的民主要求和自己管理自己、决定自己命运的自治愿望，及为此而开展的长期坚持不懈的斗争精神和韧性，后来又经过二二八事件的打击，一直是非常强烈的，并且在不断发展，充分理解和尊重台湾民众的经历和愿望是一个很重要的观念。由于抗战后中国的内战，两岸民众分离至今又有近 70 年，所以，彼此的认同，尤其是在青年一代，是一个必须积极面对的问题。

近代已经过去，现在正是 21 世纪初叶新的历史时期。历史是一面镜子，可以以史为鉴。只有熟知台湾历史的过去，才能充分理解台湾的现在，较准确的分析台湾的将来。此时重返台湾近代，回顾过去台湾前辈人的足迹，重视认同祖国的观念和坚持两岸不断的交流，正视和珍惜现在两岸交流开展的艰辛历程，可以展望将来总的趋势，科学地增强实现中华民族伟大复兴的信心。现代随着两岸经济文化往来不断发展，大陆的老台胞群体中又增加了新来自台湾的企业界人士、两岸婚姻家庭组合和来大陆求学的新一代台湾人。大家共同展望的就是继续融合、不断发展、振兴中华、共同传承中华文化。本来的一家人，最后终于会团圆，这也是将本书的出版作为第一步的愿望。而只有我们大家的自身建设、各种制度的不断改进完善，人民当家做主的管理水平不断提高，传统文化的传承和不断发扬，民众的素质和受教育的水平不断提高，才能更有效地增强彼此的认同。认同的问题完全是个自觉的问题。

第二步是建议启动将台湾近代史特别是日据时期的近代史纳入中国近代

史的工程。因为在中国各省中，只有台湾被割让过，而且长达50年，形成50年的一段在日本殖民统治下特殊的历史经历。因此台湾近代史与其他的地方史相比，的确有其特殊性。既不能像对其他省份一样，可以有共性的部分不必在国家的近代史中特别写出，也不可对具有全国意义的重要事件，只提他省，而忽略台湾。例如本书中所述及的十个亮点，就应涵括在国史当中。总之我们必须体现处处、时时关怀自己的人民和领土台湾。清廷割让台湾是被迫的，重要的是后来仍回归了中国。因此一方面台湾近代史只可作为中国的地方史之一，却不可作为单独的历史，更不可归入日本的历史，特别要警惕日本右翼篡改历史的阴谋。所以另一方面应该特别注意，单只把台湾近代史作为中国的地方史之一是远远不够的，而必须把台湾近代史的日据时期归入中国的国家历史的一部分。在中国近代史的各个阶段，必须加入这个最早"沦陷区"的重要情况和发生的重要历史文化事件。

第三步是建议和期盼启动两岸学者同修中国近代史的第一阶段（即1840—1919年），因为这一阶段，大家共同的认识可能多些，实现的可能性较大些。

在本书出版过程中，得到国务院台办研究局苏振学处长、九州出版社以及大陆和台湾地区和国外一些学者的重视和大力支持，例如台湾的学者许雪姬院士、台大黄美娥教授、中兴大学廖振富教授、台湾书刊资料专家秦贤次先生、中国社会科学院文学研究所黎湘萍教授、张重岗教授、北京大学历史系欧阳哲生教授、王晓秋教授等等，在此谨向所有提供支持的海内外人士表示深切谢意。